Frankreichs schönste Weinregionen

Margarete Botzian
Beate Kuhn-Delestre

MERIAN-TopTen

Höhepunkte, die Sie unbedingt sehen sollten

 Notre-Dame in Reims
Die himmelstrebende, mit mehr als 2300 Figuren geschmückte Kathedrale ist ein Triumph der gotischen Architektur (→ S. 15).

 Madonna im Rosenhag
Wer mittelalterliche Malerei liebt, sollte sich in Colmar das berührende Bildnis von Schongauer ansehen (→ S. 30).

 Hôtel Dieu in Beaune
Auch bei Regen schön: Dann schimmern die bunten Dachziegel und das rosafarbene Pflaster wie lackiert (→ S. 44).

 Pays des Pierres dorées
Im Land der Goldenen Steine verbreiten 40 Dörfer aus ockerfarbenem Kalkstein ein toskanisches Flair (→ S. 56).

 Palais des Papes in Avignon
Hinter den trutzigen Mauern des einstigen Papstpalastes verbergen sich herrliche Wandmalereien (→ S. 68).

 L'Abbaye de Thoronet
Die Abtei ist ein wunderbarer Ort der Stille, die überraschende Akustik in der Kirche ein Phänomen (→ S. 82).

 Les Baux-de-Provence
Wie ein Adlerhorst thront der Ort mit seiner mittelalterlichen Burgruine auf einem Felssporn der Alpillen (→ S. 87).

 Führungen unter der Erde
Halb Höhle, halb Gotteshaus: Die Felsenkirche von St-Emilion wurde direkt in den rohen Kalkstein gehauen (→ S. 95).

 Chauvigny
Einer mittelalterlichen Zeitreise gleicht ein Bummel durch Chauvigny mit den Ruinen seiner fünf Burganlagen (→ S. 113).

 La Borne
Kunsthandwerk, Taverne und ein exotischer Laden machen dieses Künstlerdorf zum beliebten Ausflugsziel (→ S. 122).

MERIAN-Tipps ⟶
finden Sie auf Seite 128

Inhalt

 MERIAN-TopTen
Höhepunkte in Frankreichs schönsten Weinregionen, die Sie unbedingt sehen sollten
⟵···· Seite 1

 MERIAN-Tipps
Tipps und Empfehlungen für Kenner und Individualisten
Seite 160 ····⟶

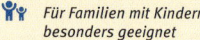

Erläuterung der Symbole

👪 *Für Familien mit Kindern besonders geeignet*

♿ *Diese Unterkünfte haben behindertengerechte Zimmer*

Preise für Übernachtungen im Doppelzimmer ohne Frühstück:
●●●● ab 150 €	●● ab 60 €
●●● ab 100 €	● bis 60 €

Preise für ein Menü mit Vorspeise und Dessert, ohne Getränke:
●●●● ab 40 €	●● ab 20 €
●●● ab 30 €	● bis 20 €

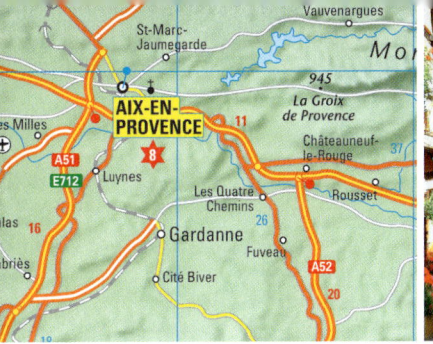

Karten und Pläne

*Französische Weinregionen
Übersichtsplan ..... Umschlagkarte vorne
Französische Weinregionen
Faltkarte .... Umschlagklappe hinten*

*Die Buchstaben-Zahlen-Kombinationen
im Text verweisen auf die Planquadrate
in der herausnehmbaren Faltkarte, z. B.
→ H 3 Faltkarte*

Mit Straßenkarte

→ S. 145

MERIAN *live!*-QUIZ
presented by **OLYMPUS**

Frankreichs schönste Weinregionen stellen sich vor

Das Winzerdorf Hunaweier (Hunawihr, → S. 32) im Elsass ist ringsum von Weinstöcken umgeben. Ob wie hier an der deutschen Grenze, am Königsfluss Loire oder im mediterranen Südfrankreich: Wein ist allgegenwärtig im französischen Alltag.

Zum sprichwörtlichen »Leben wie Gott in Frankreich«
gehört ganz sicher Wein, aus welcher Ecke des Landes auch immer. Jede Region hat ihre Reize, jede ist
stolz auf ihre eigene Weingeschichte und -kultur.

Corsage« habe der Wein, oder gar »cuisse«, also Schenkel. So sinnlich sprachen Franzosen von Rebensaft, bevor sich das Vokabular der Verkoster zu Gunsten der Präzision technisierte. Die poetische Dimension des Weins jedoch blieb. Noch immer ist er weit mehr als ein Getränk, gilt als Muntermacher, Kommunikationsförderer, Stimmungsheber, ja als Sinnbild französischen Lebensgefühls und der Kultur Frankreichs schlechthin.

Von Philosophen und Schriftstellern bis zu populären Chansonstars singen alle regelmäßig Loblieder auf den Wein: »Wer nur Wasser trinkt, hat etwas zu verbergen«, warnte Charles Baudelaire. Und Voltaire, vom Wein beflügelt, nannte ihn »die Nachtigall unter den Getränken«. Er sah in ihm gar eine Verkörperung französischer Spritzigkeit (»Le Mondain«, »Weltbürger«, 1736) … und einen wesentlichen Grund dafür, dass ihm das Leben auf Erden schöner und genussreicher schien als einst das Dasein im Paradies bei Adam und Eva. Eine Behauptung, die – obwohl in wohlklingende Verse verpackt – bei der damaligen Obrigkeit einen Skandal auslöste.

Seit 2000 Jahren schon begleitet Wein die Geschichte Frankreichs, seit die siegreichen Römer zusammen mit anderen Errungenschaften der griechisch-lateinischen Zivilisation dieses »geistige« Getränk nach Gallien brachten. Schon damals kam dem Wein bei philosophischen Zusammenkünften und heidnischen Orgien, aber auch in der neuen christlichen Religion ein besonderer Kultstatus zu. Und da die Gallier praktischerweise endlich das Fass erfunden hatten, standen dem weiteren Siegeszug des Rebensaftes nur die klimatischen Gegebenheiten der nördlichen Regionen entgegen.

Doch die wirkliche Demokratisierung des Weines – der in Frankreich zu den Grundnahrungsmitteln zählt und auch auf dem ärmlichsten Esstisch steht – ist eine recht junge Erscheinung. Lange war der edle Kulttrank den Mächtigen vorbehalten, den Bischöfen, Feudalherren, schließlich den Industriebaronen und der städtischen Bourgeoisie. Daraus folgte, dass die Weinberge bereits im Mittelalter in der Umgebung der Städte oder aber an Flüssen und anderen Wasserwegen angebaut wurden, damit die Ernte schnell zu den Kunden transportiert werden konnte.

Seit jeher umgibt ein besonderes Flair die Produzenten dieses prestigereichen Kulturgutes. Einen Weinberg zu besitzen – ein weitverbreiteter Traum in Frankreich und anderswo – bedeutet gesellschaftliche Anerkennung und persönliche Selbstverwirklichung. Der Beruf des Winzers – oder die Berufung? – steht für Daseinsfreude, Lebenskunst, philosophische Weitsicht, auch die wundersame zauberhafte Kombination von Alchemie und Natur.

Brad Pitt, Gérard Depardieu, Jean-Louis Trintignant, Pierre Richard, Luc Besson, Christophe Lambert, Francis Ford Coppola … zahlreich sind die Medienstars – diese Adelsschicht der Moderne –, die sich den Traum erfüllt haben und im Zweitberuf Winzer wurden. Mit Unterstützung erfahrener Experten entwickelten sie ihre eigenen Weine.

So berief Coppola im Sommer 2008 einen der besten französischen Önologen, auf dass er aus seinen Trauben in Bestlage des Napa Valley einen exklusiven internationalen Spitzenwein mache. Dieser Stéphane Derenoncourt gilt übrigens als Phänomen: Der gebürtige »Chti« jobbte nach einer Ausbildung zum Drechsler in einem Weinberg bei Bordeaux, wo er seine wahre Leidenschaft erkannte, seiner Berufung folgte und in wenigen Jahren die steile Karriereleiter vom Hilfsarbeiter der Weinlese zum international anerkannten »Winemaker« erklomm. Heute berät er mit seinem siebenköpfigen Team rund 50 französische Weingüter in Aquitanien und anderswo. Man muss also nicht unbedingt mit der Weintradition aufgewachsen sein, um in dieser Branche Erfolg zu haben – auch wenn die allermeisten Önologen nach wie vor aus alteingesessenen Winzerfamilien stammen.

Die Kunst der Veredelung von Wein und das langsame Reifen bis zur geschmacklichen Blüte beruhen auf zwei wichtigen Erfindungen des 18. Jahrhunderts: Glasflasche und Korken. Erst damit konnten

Cognac, Armagnac und Brandy

Winzer die Qualität ihrer Produkte entscheidend verbessern. Die Weinliebhaber zeigten sich begeistert, verfeinerten ihren Geschmack und straften minderwertige Ware mit Missachtung. So beschlossen die Händler kurzerhand, nicht verkaufbare Weine zu brennen – die Geburtsstunde des Branntweins alias »branvin« oder »vin brûlé« alias Brandy. Unter der Bezeichnung Cognac und Armagnac fanden diese neuen französischen Handelsgüter schon bald begeisterte Anhänger und

Abnehmer, besonders in der Neuen Welt jenseits des Atlantiks, wo Cognac noch immer »brandy« heißt.

Traditionelle Erzeugnisse wie Bier und Cidre, Modegetränke aus der Neuen Welt wie Kaffee und Schokolade, synthetische Alkoholika wie »absinthe« – ein Renner im 19. Jahrhundert – machten dem Wein zeitweise Konkurrenz, gewannen aber nie dieselbe spirituelle und kulturelle Bedeutung.

Heute jedoch droht dem französischen Wein Gefahr aus dem Ausland – vor allem aus klimatisch für den Weinbau prädestinierten »neuen« Ländern wie Südafrika, Australien, Chile, Kalifornien –, wo die Produktionsvorschriften nicht immer genauso streng sind und die Etikettierung es dem Laien einfacher macht, sich zurechtzufinden im Dschungel der Rebsorten. Frankreich beharrt auf der Tradition des »terroir«, des Zusammenwirkens von Klima, Boden und Mensch auf relativ kleinem Gebiet, das einem Wein seinen typischen Geschmack verleiht. Aber nicht jeder mag sich intensiv mit den vielen einzelnen Herkunfts- und »châteaux«-Namen beschäftigen,

Im 18. Jahrhundert erfunden und seither nicht mehr wegzudenken: Glasflasche und Korken haben der Weinproduktion zu entscheidender Qualitätssteigerung verholfen.

um im Regal den Tropfen auszuwählen, der seinem persönlichen Geschmack am ehesten entspricht – und natürlich seinem Geldbeutel.

Denn als Kulturgut haben edle Rebsäfte durchaus ihren Preis. Auf prestigeträchtigen Auktionen werden sie von Christie's oder Sotheby's wie andere echte Kunstwerke für mehrere Tausend Euro versteigert. Den Rekord hält mit 200 000 € bislang eine Flasche 1784er Château Lafitte, als der teuerste Wein des 20. Jahrhunderts gilt mit 23 000 € der 1945er Mouton Rothschild.

Es geht natürlich auch preiswerter. Und mit der richtigen Nase sowie fundierten Kenntnissen über Rebsorten, Kellertechnik und Terroir kann man bei weniger bekannten Winzern durchaus günstig edle Tropfen ausfindig machen. In allen französischen Weinanbaugebieten lässt sich eine solche önologische Schatzsuche wunderbar kombinieren mit dem Eintauchen in die regionale Kulturgeschichte, dem Entdecken von Kunstwerken und historischen Orten, gastronomischen Highlights und Schönheiten der Natur. In jedem Gebiet haben die Weine ihren eigenen Charakter und verraten viel über Geschichte, Lebensgefühl und Werte der Region, in der sie wachsen und reifen. Den Menschen sind sie ein Spiegelbild ihrer jeweiligen Heimat. Dies gilt in gleicher Weise für die germanisch-lateinische Grenzregion Elsass mit dem typischen Sylvaner oder Riesling, für das traditionsbewusste Burgund mit dem begehrten Chablis, für die flache Champagne und ihre weltberühmten spritzigen Champagner, für die älteste französische Weinregion am Mittelmeer mit den sommerfrischen Rosés, für das lange Zeit englisch besetzte Aquitanien im Südwesten mit den berühmtesten Châteaux-Weinen der Welt. Und dies gilt natürlich auch für die beiden großen französischen Flusstäler der Loire und der Rhône, traditionelle Verkehrs- und Handelswege für Einheimische und Fremde, wo fruchtige Rotweine zu Hause sind.

Angesichts dieser regionalen Vielfalt, im Bewusstsein der innigen Verbundenheit von Kulturgeschichte und Rebsaft, verkünden die französischen Winzer voller Freude,

Zunftzeichen in Hautviller – der Beruf des Winzers hat in Frankreich eine lange Tradition, seit er von den Römern begründet und später von Mönchen weiterentwickelt wurde.

dass Wein wieder im Trend liegt. Vielleicht auch, weil er – in Maßen getrunken – durchaus gesundheitsförderlich ist. Aus diesem Grund feiern beispielsweise französische Bioweine in Asien und insbesondere Japan seit einigen Jahren immer neue Absatzrekorde. In Europa haben viele in der Önologie, der Wissenschaft vom Wein, ein bereicherndes Hobby gefunden, für das sie kulturell interessante Weinregionen bereisen, deren kulinarische Spezialitäten kosten und genießen oder intensive Gespräche fachlicher und privater Art mit engagierten Winzern führen. In einer der beliebten neuen »bars à vin« kann man sich dann mit anderen Kennern austauschen, Vorträgen lauschen, Weine kosten oder ein Konzert genießen.

Wein zählt im nationalen Bewusstsein der Franzosen noch immer nicht so ganz richtig als Alkohol,

Qualität statt Quantität

obwohl zunehmende Kontrollen der Autofahrer und härtere Strafen (vor allem das Punktesystem des Führerscheins) dazu geführt haben, dass man zumindest mittags im Restaurant nicht mehr eine ganze Flasche Wein bestellt, sondern vielleicht nur ein Glas (»un verre« oder »un ballon«). Seit einigen groß angelegten Werbekampagnen des französischen Staates steht überall ein zweites Glas für Wasser neben dem Teller ... Und man gibt zu, dass auch Wein – im Übermaß genossen – Schaden anrichten kann. »Un verre ça va, deux verres bonjour les dégâts« heißt der jedem Franzosen vertraute Slogan des Verkehrs- und Gesundheitsministeriums (»ein Glas ist in Ordnung, bei zwei Gläsern droht Unfallgefahr«). Inzwischen hat sich die Erkenntnis durchgesetzt, dass Qualität wichtiger ist als Quantität. In allen französischen Weinbaugebieten – auch in lange für einfache Tafelweine verrufenen Gegenden wie dem »pays de l'Aude« – setzen Winzer jetzt auf gepflegte gute Weine, auf eine geringere Produktionsmenge, dafür aber höhere Qualität. Zumal die Konkurrenz auf dem Weltmarkt groß ist und die nicht eindeutig für eine bestimmte Region und Rebe stehenden, aus mehreren Produktionen gemischten Weine früherer Jahre keine Abnehmer mehr finden.

Viele Franzosen bleiben oft lebenslang dem Wein ihrer Heimatregion treu. Das gilt für alle sozialen Schichten. Selbst bei armen Familien steht an Festtagen »une bonne bouteille«, eine gute Flasche Wein, auf dem Tisch. Für Essen und Trinken wird noch immer viel Geld ausgegeben in unserem Nachbarland, denn nach wie vor haben die »arts de la table«, die Künste rund um den Tisch, einen hohen Stellenwert im kollektiven Bewusstsein.

Und abgesehen vom bierliebenden Norden – dem »pays des Chtis«, berühmt seit dem gleichnamigen Film, der im Jahr 2008 in Frankreich überraschend zur erfolgreichsten Kinoproduktion aller Zeiten avancierte – bleibt Wein in all den Regionen, wo er wächst, das Lieblingsgetränk. Ein Kulturgut, einer der raren noch verbliebenen Gründe für berechtigten Nationalstolz.

Ganz Frankreich identifiziert sich mit Wein und allem, wofür er steht. Als 1954 der damalige Präsident René Coty beim Dinner im Elysée-Palast mit einer Flasche Bier fotografiert wurde, ging ein entsetzter Aufschrei durch Presse und Volk. Und noch 1999 wurde der offizielle Staatsbesuch iranischer Diplomaten annulliert, weil diese es strikt ablehnten, im Rahmen des offiziellen Empfangs mit Wein auf das iranisch-französische Treffen anzustoßen. Für die Franzosen aber ist ein alkoholischer »toast« eben unverzichtbar, Diplomatie hin oder her. Santé!

Unterwegs in Frankreichs schönsten Weinregionen

Ob zu Fuß, mit dem Fahrrad oder dem Auto: Bei Streifzügen durch die Weinberge sollte man sich Zeit lassen, um den bukolischen Reizen der Landschaft auf die Spur zu kommen.

Vielfältig ist die Landschaft der französischen Weinregionen zwischen Rheinebene, Loire-Tal, Atlantikküste und Mittelmeer. Doch überall eint die Winzer
die große Liebe zu ihrem Beruf und ihrem Wein.

Champagne

In den weitläufigen Kellerlabyrinthen der Städte ruhen Millionen Flaschen voll kostbarer Perlen.

Die Avenue de Champagne in Epernay (→ S. 16) ist steingewordene Champagnerge-schichte. Hier reihen sich die prächtigen Firmensitze namhafter Marken aneinander.

Champagne

Im Nordosten Frankreichs liegt die Region Champagne-Ardennes. Von hier kommen drei AOC-Weine: die Côteaux champenois, der Rosé des Riceys und der berühmteste aller Weine, der **Champagner**. Laut Madame Pompadour ist er »der einzige Wein, der eine Frau nach dem Trinken noch schön sein lässt«.

Champagner! Einer Studie zufolge genügt schon das »Plopp!«, mit dem der Korken aus der Flasche schießt, und das Stimmengewirr auf einem Fest wird lauter. Die aufsteigenden Perlen im Glas fangen den Blick, und prickelnde Aromen öffnen Nase und Mund zugleich. Champagner ist kein täglicher Wein, nein, er hat das Privileg, besonderen Momenten Glanz zu verleihen. Eine Hochzeit? Ein Kind ist geboren? Die Ausbildung geschafft? Champagner! Mit ihm verbinden sich Erfolg und Freude. Sportler besprengen mit seinem Schaum ihre Siege, und bei Schiffstaufen zerschellt die Flasche am Bug.

Prestigemarken wie Veuve Clicquot, Moët & Chandon oder Pommery haben ihre Namen in alle Welt getragen – nicht zuletzt durch exklusive Preise. Entdeckungslustige können in der Champagne aber auch gute Kellereien finden, die zu klein sind, um groß Werbung für sich zu machen. Ihre Produkte überraschen nicht nur durch Geschmack, sondern auch durch Erschwinglichkeit.

Die Champagne krümmt sich in Form eines Croissants zwischen Belgien im Norden und dem Burgund im Süden. Im Osten liegen Lothringen und Franche-Comté, im Westen das Pariser Becken. Drei Städte pochen darauf, zumindest geistige Hauptstadt der Champagne zu sein: **Epernay** mit prachtvollen Belle-Époque-Häusern, **Reims**, Krönungsstätte der französischen Könige, und die mittelalterliche Messestadt **Troyes**. Verwaltungskapitale aber ist das unbekanntere Châlons-en-Champagne.

Dass in der Champagne die Rebe gedeiht, ist eine Laune der Natur, liegt das Gebiet doch am nördlichen Rand jener Klimazone, in der Trauben noch reifen. Doch die Champagne besitzt einen wahren Bodenschatz: das Kreidegestein. Es kann Wasser ableiten aber auch wieder abgeben und außerdem Wärme speichern. Das ist für die Rebe überlebenswichtig, denn auf die Champagne wirken zwei Klimata ein. Das maritime bringt regelmäßigen Niederschlag, das kontinentale sichert den Sonnenschein im Sommer, droht aber noch im Frühjahr mit Frösten.

Champagner fußt auf Kreide

Auf insgesamt 35 000 ha pflanzen die Weinbauern fast ausschließlich die drei Rebsorten Pinot Noir, Pinot Meunier und Chardonnay. Das waldige **Marnetal**, die **Montagne de Reims** und die **Côte des Blancs** formen das historische Herz des Gebiets mit den besten Lagen, den Grands Crus. Die Hügel, von langen Rebstöckreihen bewachsen, wirken oft wie gekämmt und gescheitelt.

Die **Aube**, wo mehr Felder und Wälder die Weinberge durchsetzen, liegt im Süden der Champagne. Ihr Anbaugebiet, die Côte des Bar, ist durch die Plaine de Champagne abgetrennt, eine weite Ebene, auf der vor allem Getreide und Mais, aber auch Mohn und Raps wachsen.

Im Süden, wo die Hügel des Burgund ausrollen, gruppieren sich die drei Dörfer **Les Riceys**. Von ihren Hängen kommt ein stiller Wein, der Rosé des Riceys. Aus der Aube stammt auch ein feines regionales Gericht, das Champagner-Sauerkraut, und der Kuhmilchkäse Chaource.

Reisende sollten aber nicht nur ins Glas oder auf den Teller schauen, dazu sind die Städte, Kathedralen und alten Winzerdörfern zu schön.

Reims   ⇢ G 2/3

Die Bischofsstadt Reims ist neben Epernay wichtigstes Zentrum der Champagnerherstellung. Millionen Flaschen lagern in 250 km Tunneln und Kellern, die teilweise schon zu gallorömischen Zeiten in die weiche Kreide gegraben wurden. Sie können bei Besuchen der Champagnerhäuser begangen werden. Viele von diesen haben im Viertel Champ de Mars, unweit des Marsbogens, ihren Sitz. Während des Ersten Weltkriegs wurde die Stadt schwer beschädigt und evakuiert. Bei ihrer Rückkehr hatten die Reimser einige Freiheit beim Wiederaufbau ihrer Häuser; das erklärt die Stilvielfalt der Bürgerhäuser und das überraschende Zusammentreffen von Alt und Neu.

Stark vertreten ist der Art-déco-Stil mit seinen floralen und geometrischen Formen. Schöne Beispiele dafür sind die ehemalige Oper, die heute ein Kino ist (Rue de Thillois), und die Carnegie-Bibliothek (1928) auf der Südseite der Kathedrale. Die wichtigsten Plätze im Zentrum sind die Place Royale mit einer Statue von Ludwig XV. und die Place du Parvis mit einer Statue von Jeanne d'Arc. Eine wichtige Geschäftsstraße ist die Rue de Vesle, die die Place Royale kreuzt. Viel Leben herrscht auch an der lang gezogenen, von Restaurants und Straßencafés gesäumten Place d'Erlon, in deren Mitte ein Brunnen die vier Flüsse der Region symbolisiert: Marne, Vesle, Suippe und Aisne. Eine Spezialität der Stadt ist ihr mit Champagner verfeinerter Schinken.

HOTELS/ANDERE UNTERKÜNFTE
Hôtel Crystal
Das sehr zentral gelegene Hotel überrascht mit einem üppig begrünten Innenhof, in dem bei gutem Wetter das Frühstück serviert wird.
86, place d'Erlon; Tel. 03 26 88 44 44; www.hotel-crystal.fr; 31 Zimmer ●/●●

Hôtel Azur
Charmantes und familiär geführtes Haus mit kleinem Patio. Das Zentrum ist zu Fuß in 10 Min. erreichbar. Die Besitzer verraten ihren Gästen gerne die besten Adressen des Viertels.
9, rue des Ecrevées; Tel. 03 26 47 43 39; www.hotelazurreims.free.fr; 18 Zimmer ●

Die prächtige gotische Kathedrale Notre-Dame von Reims war vom 12. bis zum 19. Jahrhundert die Krönungsstätte der französischen Könige.

SEHENSWERTES
Kathedrale Notre-Dame

Für Franzosen ist diese Kirche, die weltweit zu den wichtigsten gotischen Sakralbauten zählt, ein Nationalheiligtum. Jahrhundertelang wurden hier die französischen Könige gesalbt und gekrönt. Errichtet wurde die dreischiffige Basilika zwischen 1211 und 1311. Sie überstand einen Brand im 15. Jh. und die Bombardierung im Ersten Weltkrieg. Wenn die Abendsonne strahlt, scheint ihre Rosette zu glühen.

Das Hauptportal ist der Krönung Mariens gewidmet. Die Königsgalerie unterhalb der Türme zeigt in der Mitte Chlodwig I., den ersten König Frankreichs, sowie seine Nachfolger. Am linken Gewände sieht man die bekannteste Skulptur, einen lächelnden Engel mit mandelförmigen Augen. Insgesamt hat die Kathedrale mehr als 2300 Skulpturen. Großflächige Buntglasfenster verbreiten eine der Alltagswelt entrückte Atmosphäre. Die Chorfenster entwarf Anfang der Siebzigerjahre Marc Chagall. Ein Fenster von 1954, auf der Südseite, ist thematisch der Champagnerherstellung gewidmet. Seit 1991 gehört die Kathedrale zum UNESCO-Weltkulturerbe. Über den Palais du Tau ist der Besuch der oberen Stockwerke möglich.
Place du Cardinal Luçon; www.cathedrale-reims.com; tgl. 7.30–19.30 Uhr, keine Besichtigung während der Messe

Palais du Tau

Ehemaliger Palast der Erzbischöfe, in dem die Könige die Nacht vor ihrer Krönung verbrachten. Der Palast, zu dem eine Kapelle aus dem 13. Jh. gehört, zeigt Skulpturen, Wandteppiche und andere Objekte, die an die Krönungsfeierlichkeiten erinnern. Seit 1991 UNESCO-Weltkulturerbe.
2, place du Cardinal Luçon; Tel. 03 26 47 81 79; www.monum.fr; 6. Mai–8. Sept. 9.30–18.30, 9. Sept.–5. Mai 9.30–12.30, 14–17.30 Uhr, Mo geschl.

Basilika St-Rémi

Die romanische Benediktinerabteikirche, die in nachfolgenden Zeiten umgebaut wurde, ist nur 26 m breit, dafür beeindruckende 122 m lang. Vom letzten Samstag im Juni bis zum ersten Samstag im Oktober gibt es im Inneren eine Licht- und Musikinszenierung. Führungen vermittelt das Fremdenverkehrsamt.
Place du Chanoine Ladame

ESSEN UND TRINKEN
Le Boulingrin

Typische Reimser Brasserie im Art-déco-Stil, freskenbemalte Wände.
48, rue de Mars; Tel. 03 26 40 96 22 ●●

Café du Palais

Brasserie, in deren bunter Einrichtung sich die rund 90-jährige Familiengeschichte des Restaurants widerspiegelt. Gute Bistroküche und große Champagnerauswahl.
14, place Myron Herrick; Tel. 03 26 47 52 54; www.cafedupalais.fr ●●

La Vigneraie

Das Drei-Sterne-Restaurant, nur wenige Schritte von der Kathedrale entfernt, bietet in elegantem Ambiente eine raffinierte Küche.
14, rue de Thillois; Tel. 03 26 88 67 27; www.vigneraie.com ●●

EINKAUFEN
Biscuiterie-Patisserie Fossier

Seinen Ruhm verdankt diese Patisserie ihren rosafarbenen Biskuits, die es in mannigfaltigen Variationen gibt. Vor über 200 Jahren kam ein Patissier der Familie Fossier auf die Idee, seine Kekse rosa zu färben. Er wollte die schwarzen Pünktchen der echten Bourbonvanille im Teig überdecken, die in den Augen der Kunden ein wenig wie Mäusedreck aussahen. Eine Besichtigung der Fabrik ist mit Voranmeldung möglich.
Biscuits Fossier; 25, cours Jean-Baptiste Langlet; Tel. 03 26 40 67 67; www. biscuits-fossier.com

FESTE UND EVENTS
Jedes Jahr im Juni finden die **Fêtes Johanniques** statt. Zwei Tage lang feiert die Stadt mit Umzügen, Tanz und Musik seine Heldin Jeanne d'Arc. Infos beim Fremdenverkehrsamt.

SERVICE
Office de Tourisme de Reims
2, rue Guillaume de Machault; Tel. 03 26 77 45 00; www.reims-tourisme.com; Mo–Sa 9–19, So, Fei 10–18 Uhr (im Winter 11–16 Uhr)

Epernay   ---> G 3

Epernay (26 000 Einwohner) liegt als Knotenpunkt zwischen den Anbaugebieten Marnetal, Montagne de Reims und Côte des Blancs. Prestigeträchtige Champagnerhäuser wie **Moët & Chandon** haben hier ihren Sitz und vor allem ihre Keller, von denen Epernay geradezu unterhöhlt ist. In Stollen von mehr als 100 km Länge lagern Millionen von Flaschen. Markantestes Bauwerk ist der Turm des Champagnerhauses **De Castellane**, den man besteigen kann (→ S. 22). Zu den ältesten Monumenten gehört das **Portail St-Martin** (begonnen 1540) an der Place Hugues Plomb, das zu einer nicht mehr vorhandenen Kirche gehörte.

HOTELS/ANDERE UNTERKÜNFTE
Villa Eugène
Stilvolles Drei-Sterne-Hotel im top renovierten Palais aus dem 19. Jh., direkt am Ortseingang von Epernay. Vom Frühstücksraum aus geht der Blick auf den Park. Zum Hotel gehört ein Schwimmbad.
82–84, avenue de Champagne; Tel. 03 26 32 44 76; www.villa-eugene.com; 15 Zimmer ●●●/●●●●

Hôtel La Cloche
Zwei-Sterne-Hotel, das neben einem Restaurant auch ein Bistro für den kleinen Hunger bietet.

3, 5, place Mendès France; Tel. 03 26 55 15 15; www.hotel-la-cloche.com; 19 Zimmer ●

Chambres d'hôtes in Epernay und Umgebung
In und um Epernay gibt es schöne, in Privathäusern gelegene Gästezimmer. Adressen erhält man über das Fremdenverkehrsamt (auch auf der Webseite) oder die Servicestelle **Allô, chambres d'hôtes** unter 08 91 16 22 22. Gästezimmer und ländliche Unterkünfte auch beim **Relais des Gîtes de France et du Tourisme Vert de la Marne** (Tel. 03 26 64 95 05; www.gites-de-france-marne.com).

SEHENSWERTES
Avenue de Champagne
Hier reiht sich ein imposantes Stadtpalais ans andere. In vielen haben große Champagnerhäuser ihren Firmensitz. In den Fassaden, die mit Reliefs, Friesen, steinernen Blumengirlanden und Figuren geschmückt sind, mischen sich die Stile: Klassizismus, Renaissance, Art déco und Art nouveau. Das Fremdenverkehrsamt hält zwei Faltblätter bereit, die Rundgänge vorschlagen und die Augen für die Architektur öffnen.

Notre-Dame
1897 im Stil des 17. Jh. erbaut, wurde die Kirche im Ersten Weltkrieg bombardiert und 1924 wiedererrichtet. Ihr Turm ist 80 m hoch. Bemerkenswert sind ihre Buntglasfenster, die ursprünglich aus der Kirche St-Martin stammen und Stationen aus dem Leben Mariens zeigen.
Place Mendès France

MUSEEN
Musée des anciens métiers du Champagne
Das Museum, das im Gebäude und Turm der Firma De Castellane untergebracht ist, widmet sich den früher bei der Champagnerherstellung eingesetzten Techniken, aber auch den

zuliefernden Handwerken, wie der Küferei oder Druckerei (→ Méthode Champenoise, S. 136).

Öffnungszeiten → De Castellane, S. 22

La Table Kobus

Kleines Bistro mit dem Ambiente einer Pariser Brasserie um 1900. Rustikale Gerichte, auf den anspruchsvollen Geschmack zugeschnitten. 3, rue Dr-Rousseau; Tel. 03 26 51 53 53; www.latablekobus.com; So und Do abends sowie Mo geschl. ●●/●●●

Les Cépages

Das Ehepaar Virginie und David Mathieu bietet seinen Gästen eine raffinierte, innovative Küche und eine Palette ausgewählter Champagner. 16, rue de la Fauvette; Tel. 03 26 55 16 93; www.lescepages-epernay.com; 12–13.45, abends ab 19 Uhr, Mi, So geschl. ●●

La Cave à Champagne

Spezialität dieses kleinen sympathischen Restaurants ist die »potée champenoise«, ein herzhaftes Gericht aus Fleisch und Gemüse, verfeinert mit Champagner. Gutes Preis-Leistungs-Verhältnis, große Wein- und Champagnerkarte. 16, rue Gambetta; Tel. 03 26 55 50 70; www.la-cave-a-champagne.com; Di, Mi geschl. ●●

Fremdenverkehrsamt Epernay

7, avenue de Champagne; Tel. 03 26 53 33 00; www.ot-epernay.fr; 15. April–15. Okt. Mo–Sa 9.30–12.30, 13.30–19, So 11–16 Uhr, sonst Mo–Sa bis 17.30 Uhr, So geschl.

Ziele in der Umgebung

Den besten Weg, um dem Terroir des Champagners näher zu kommen, bietet die **Route touristique du Champagne**. Sie führt auf drei Strecken durch die Anbaugebiete abseits der großen Verkehrsachsen.

Die **Route durchs Marnetal** folgt beiden von Wald und Wiesen gesäumten Flussufern. Ein Stopp lohnt Hautvillers. In der Kirche St-Sindulphe der Abtei ist Dom Pérignon, Benediktinermönch und Vater der heutigen Champagnerbereitung, begraben. Unweit von hier liegt Aÿ, weiter westlich eröffnet sich von Châtillon-sur-Marne aus ein Panoramablick über das Tal und 22 Orte.

Die **Route durch die Montagne de Reims** umrundet das Bergplateau, an dessen Hängen vor allem der Pinot Noir wächst, und führt nach Verzenay und Bouzy. Bei Verzenay steht eine Windmühle und – noch viel kurioser – ein Leuchtturm aus der Jahrhundertwende. Im Turm und in einem großen Komplex daneben ist das modern gestaltete Museum **Le Phare de Verzenay** (→ S. 18) zu finden. Wenige Kilometer vor Verzenay führt die D 26 in Richtung Aube an einer botanischen Kuriosität vorbei, den Faux de Verzy, dem weltweit größten Vorkommen sogenannter Süntel-Buchen. Deren bizarr gewundene Äste senken sich zu Boden und formen Schirmdächer.

Auf den Spuren des Champagners: die Route touristique du Champagne.

Die **Route durch die Côte des Blancs** verläuft südlich von Epernay. Ihre nach Osten gerichteten Hänge kehren dem feuchten Westwind den Rücken und lassen den feinen Chardonnay gedeihen. Die Strecke führt an den Crus und Grands Crus wie Cramant, Avize oder Oger vorbei. Oger zählt mit seiner Kirche aus dem 12. Jh., seinen Brunnen, Waschhäusern und dem üppigen Blumenschmuck offiziell zu den schönsten Dörfern Frankreichs.

Aÿ ····⟩ G 3

Von April bis Oktober bietet das **Institut International des Vins de Champagne** jeden ersten Samstag im Monat um 14.30 Uhr eine kommentierte Verkostung an (23 €/Person, Reservierung empfehlenswert). Gruppen ab vier Personen können angepasst an ihre Vorkenntnisse auch Schwerpunkte wählen, z. B. die Verkostung alter Jahrgänge, Verkostung nach Terroirs oder die Abstimmung von Champagner und Speisen. Für eine vierköpfige Gruppe kosten drei Stunden 39 €/Person, ein ganzer Kurstag 229 €/Person (Villa Bissinger, 15, rue Jeanson; Tel. 03 26 55 78 78; www.villabissinger.com; Mo–Fr 9–12, 14–18 Uhr, 25. Dez.– 1. Jan. geschl.).

Wer in Aÿ übernachten will, dem sei das **Castel Jeanson** ans Herz gelegt. In diesem Drei-Sterne-Hotel verbinden sich Stil und Klasse mit familiärer Herzlichkeit. Besonders schön sind die originalen Jugendstilfenster. Zur Anlage gehört auch ein Pool (24, rue Jeanson; Tel. 03 26 54 21 75; www.casteljeanson.fr; 17 Zimmer ●●●).

SERVICE

Fremdenverkehrsamt Hautvillers
Place de la République; Tel. 03 26 57 06 35; www.tourisme-hautvillers.com; 16. Okt.– 31. März Mo–Sa 10–12, 14–17, 1. April– 15. Okt. Mo–Sa 9.30–13, 13.30–18, So, Fei 10–17 Uhr, 23. Dez.–2. Jan. geschl.

Weinbergmuseum: Le Phare de Verzenay ····⟩ G 3

Multimedial dokumentiert das Museum die Arbeitsschritte rund um die Rebe heute und in früherer Zeit. Geschickt gesetzte Fenster lenken den Blick nach draußen und schaffen eine Verbindung zwischen den realen Weinbergen und den vermittelten Inhalten.

Musée de la Vigne; Tel. 03 26 07 87 87; www.lepharedeverzenay.com; tgl. außer Mo 10–18, Sa, So, Fei 10–18.30 Uhr; letzter Einlass 1 Std. vor Schließung

Wanderungen im Weinberg: Sentier du Vigneron bei Mutigny, Montagne de Reims ····⟩ G 3

Gut 2 km langer Lehrpfad, der an zwölf Stationen auf unterhaltsame Weise Reichtum und Eigenheiten der Weinberge veranschaulicht.

Di–So geführte Touren, Anmeldung beim Rathaus von Mutigny: Mairie de Mutigny; Tel. 03 26 52 31 37

Troyes G 4

Größte Stadt der Aube (rund 63 000 Einwohner) und frühere Kapitale der Champagne. Die Befestigungsbebauung des Mittelalters und der Lauf der Seine haben der Altstadt witzigerweise die Form eines Champagnerkorkens gegeben. Im 12. Jh. blühte hier die Textilindustrie auf, und noch im 18. Jh. wurden in Troyes Strümpfe hergestellt, die europaweit konkurrenzlos waren. In die Tradition der Stoffproduktion stellen sich heute mehrere hundert Modefirmen, die auf riesigen Arealen Fabrikverkäufe anbieten.

Historisch und architektonisch spannend ist Troyes aber wegen seiner zahlreichen Kirchen, die oft direkt nebeneinander stehen. In vielen von ihnen fällt das Licht durch wunderbare Glasmalereien, eine Kunst, für die die Meister von Troyes ab dem 13. Jh. berühmt wurden. In der Altstadt drängen sich schöne Fachwerkhäuser dicht an dicht, manche von ihnen abenteuerlich geneigt. Kürzliche Renovierungen haben einige Häuser von ihrem Putz befreit und darunter bemalte Fassaden zu Tage gefördert. In den engen Gassen und auf den kleinen Plätzen des Viertels Quartier St-Jean fanden im 12. und 13. Jh. wichtige Messen statt. Besonders schöne Häuser sind die Nr. 32, 46, 48, 50 in der Rue Kléber sowie das Hôtel du Lion in der Rue Emile Zola Nr. 111.

HOTELS/ANDERE UNTERKÜNFTE
La Maison de Rhodes
Schönes Vier-Sterne-Hotel in einem neu renovierten Fachwerkhaus nahe der Kathedrale in einem ruhigen Sträßchen gelegen. In dem winzigen Restaurant bedient der Koch noch höchstpersönlich.
18, rue Linard Gonthier; Tel. 03 25 43 11 11; www.maisonderhodes.com; 11 Zimmer ●●●● ♿

Comtes de Champagne
Das Hotel ist in einem Ensemble aus vier Fachwerkhäusern in der Altstadt untergebracht und bietet sowohl schlichte als auch komfortable Zimmer, einige mit Kochgelegenheit. Verleih von Fahrrädern möglich.
54/56, rue de la Monnaie; Tel. 03 25 73 11 70; www.comtesdechampagne.com; 29 Zimmer ●/●● ♿

SEHENSWERTES
Kathedrale St-Pierre-et-St-Paul
Die Kathedrale (13.–17. Jh.) besitzt eine reich geschmückte Fassade im Flamboyantstil. Der Turm St-Paul ist seit 1545 unvollendet. Der größte Schatz der Kirche sind seine rund 1500 qm Glasfenster (13.–19. Jh.).
Place St-Pierre; Di–Sa 9–12, 13–17, So, Fei 10–12, 14–17 Uhr, Mo geschl.

Ste-Madeleine
Die Kirche (12.–16. Jh.) beherbergt einen Lettner aus dem 16. Jh. sowie eine bemerkenswerte Säulenstatue der hl. Martha aus der Werkstatt des »Meisters der trauernden Figuren«, die mit ihrem kummervollen Gesicht der Skulpturenschule des 16. Jh. von Troyes entspricht.
Tgl. 9.30–12.30, 14–17.30 Uhr, außer So morgen

MUSEEN
Musée d'Art Moderne, Palais Episcopal
Im einstigen Bischofspalast sind zahlreiche Maler der Klassischen Moderne ausgestellt (Picasso, Matisse, Modigliani, Cézanne, Seurat u. a.).
Place St-Pierre; Tel. 03 25 76 20 80; tgl. außer Mo und Fei 10–13, 14–18 Uhr

Musée des Outils et de la Pensée d'Ouvrier
Das ehemalige Stadtpalais **Hôtel de Mauroy**, errichtet im 16. Jh., beherbergt das weltweit bedeutendste Werkzeugmuseum mit einer Sammlung von 20 000 Utensilien aus dem 17. bis 19. Jh.

Im Quartier St-Jean in Troyes lehnen sich Fachwerkhäuser aus dem 16. Jahrhundert dicht an dicht aneinander.

Hôtel de Mauroy, 7, rue de la Trinité; Tel. 03 25 73 28 26; Mo–Fr, Fei 10–18 Uhr, an Weihnachten und 1. Jan. geschl.

ESSEN UND TRINKEN

Aux Crieurs de Vin
Trendiges Bistro, gemütlich, aber ohne Schnickschnack. Die Küche legt Wert auf die Verwendung frischer, lokaler Produkte. Große Auswahl an offenen Weinen und Champagner aus der Region, viele davon aus biologischem Anbau.
4, place Jean Jaurès; Tel. 03 25 40 01 01; www.auxcrieursdevin.com ●/●●

Jardin Gourmand
Dieses charmante Restaurant ist die beste Adresse der Stadt, um die berühmten »andouillettes« zu essen.
31, rue Paillot de Montabert; Tel. 03 25 73 36 13; tgl. außer So und Mo-mittag ●

EINKAUFEN

Factory Outlet Stores
Mehrere hundert Bekleidungsmarken bieten in Gewerbegebieten außerhalb von Troyes ganzjährig Fabrikverkauf an. Überblick über Angebot und Adressen verschaffen Faltblätter des Fremdenverkehrsamts. Auf dessen Webseite kann man unter der Rubrik »Shopping« nach Marken, Ladennamen und Bekleidungsart suchen.

Marché Les Halles
Rund 100 Händler bieten in der Markthalle ihre Waren feil, darunter regionale Produkte der Aube wie die »andouillettes«, Würste aus dem Gekröse von Schwein und Kalb, oder den rahmigen Kuhmilchkäse Chaource, der durch ein AOC-Label geschützt ist. Man findet zudem Cacibel, einen Aperitif aus Apfelcidre, Honig und Cassis, und natürlich Champagner in reicher Auswahl.
Place du Marché, Place St-Rémy; tgl. geöffnet, Sa großer Markt

SERVICE

Fremdenverkehrsamt Troyes
16, boulevard Carnot; Tel. 03 25 82 62 70; www.tourisme-troyes.com; Nov.–März Mo–Sa 9–12.30, 14–18.30, So, Fei 10–13, April–Okt. Mo–Sa 9–12.30, 14–18.30 Uhr, So, Fei geschl.

Ziele in der Umgebung

Bayel   ⸱⸱⸱⸻⸼ H 4
In diesem Dorf hat seit dem Jahr 1666 eine der wichtigsten Kristallfabriken Frankreichs, die **Cristallerie de Bayel**, ihren Sitz. Bekannte Designerfirmen lassen hier nach ihren Entwürfen Karaffen, Champagnerkübel oder auch gläserne Türgriffe fertigen. Neben fehlerfreier Ware kann auch günstigere B-Ware erstanden werden, deren Makel für den Laien quasi unsichtbar sind.
Besichtigungen über das Fremdenverkehrsamt Bayel, 2, rue Belle Verrière; Tel. 03 25 92 42 68; www.bayel-cristal.com

Brienne-le-Château ⋯⃗ H 4
Am 20./21. Sept. findet die **Fête de la Choucroute** statt, bei der das lokale Gericht schlechthin, das Champagner-Sauerkraut, gefeiert wird.
Fremdenverkehrsamt Brienne le Château; Tel. 03 25 92 82 41; www.ville-brienne-le-chateau.fr

Colombey-les-Deux-Églises ⋯⃗ H 4
Berühmtester Einwohner der Stadt war Charles de Gaulle, zu dessen Ehren hier eine vielfältige Gedenkstätte errichtet wurde (www.memorial-charlesdegaulle.fr).
Unweit von Bayel und günstig für Reisende aus Richtung Burgund liegt das Hotel **La Grange du Relais** (26, route Nationale 19; Tel. 03 25 02 03 89; www.lagrangedurelais.fr; 10 Zimmer ●/●● ♿).

Essoyes ⋯⃗ H 4
Das Umland dieser kleinen Ortschaft, knapp 50 km südöstlich von Troyes gelegen, gefiel dem impressionistischen Maler Pierre-Auguste Renoir (1841–1919). Mehrmals machte er sie zu seinem Motiv. Essoyes war auch der Geburtsort seiner Frau Aline. Renoir kaufte 1895 ein Haus in dem Dorf, wo er im Jahr mehrere Monate verbrachte und arbeitete. Sein Atelier und der Garten des Anwesens können besichtigt werden. Auf dem Friedhof von Essoyes befindet sich auch die Grabstätte der Renoirs.
7, rue de l'Extra; Tel. 03 25 38 56 28; 15. April–Sept. (außer Juni) 10.30–12.30, 14–18.30, Okt.–1. Nov. tgl. 14–18.30 Uhr

Les Grands Lacs ⋯⃗ H 4
Rund 25 km von Troyes entfernt liegt der Parc Naturel Régional de la Forêt d'Orient mit den Seen Lac d'Orient, Lac du Temple und Lac Amance. Ein großer Teil davon ist Naturschutzgebiet: ein Paradies für Segler, Angler, Wanderer – und Vögel.
Infos bei der Maison du Parc (im Park zwischen Géraudot und Mesnil-St-Père); Tel. 03 25 43 38 88; www.pnr-foret-orient-fr

Les Riceys ⋯⃗ H 4
Ricey-Bas, Ricey-Haute und Ricey-Haute-Rive mit ihren insgesamt nur rund 1300 Einwohnern formen ein Dorfensemble im Süden der Aube. Von hier kommt der Rosé de Riceys, ein stiller Wein. Er wird lediglich in guten Erntejahren und nur aus den besten Pinot-Noir-Trauben hergestellt. Der Rosé des Riceys ist von einem dunklen Rosa, der »Farbe des Abendrots«, die von Jahr zu Jahr variiert. Seine intensiven Aromen erinnern an Walderdbeere, Johannisbeere oder rote Stachelbeere.
Trotz ihres erfolgreichen Weins sind die Riceys drei unaufgeregte Dörfer mit Kirchen, Häusern und Brunnen aus hellem Kalkstein. Wunderbar verwildert ist die alte Platanenallee des Schlosses **Château Riceys Bas** im Zentrum des Orts. Auf höfliche Anfrage bei der Baronin de Taisne kann man sie beschreiten. Die begabten Maurer von Les Riceys wirkten auch in Versailles. Dorthin brachten sie ihren Rosé mit, der daraufhin einer der Lieblingsweine von Sonnenkönig Ludwig XIV. wurde.
In der Route de Tonnerre befindet sich das ruhige Zwei-Sterne-Hotel **Le Magny** in einem Steinhaus mit großem Garten, schöner Terrasse und Pool (Tel. 03 25 29 38 39; www. hotel-lemagny.com; 12 Zimmer ●● ♿).
Die in den Wäldern und Weinbergen versteckten »cadoles« sind reizvolle Ziele für Spaziergänger und Mountainbiker. Verschiedene Rundwege sind ausgeschildert. Jedes Jahr im Oktober gibt es eine Nachtwanderung zu den alten Steinhütten, die dann mit Kerzen von innen beleuchtet werden. Nähere Informationen erhält man beim Fremdenverkehrsamt.

Service
Fremdenverkehrsamt
14, place des Héros de la Résistance, Les Rices; Tel. 03 25 29 15 38; Mo–Fr 9–12, 13–17 Uhr, Mai–Aug. auch Sa, So

Weinberge so weit das Auge reicht: Auf dem typischen Kreidegestein der Champagne gedeihen Pinot Noir, Pinot Meunier und Chardonnay ganz vorzüglich.

Weingüter

De Castellane ····﹥ G 3

Ein 66 m hoher Turm überthront das alteingesessene Champagnerhaus, das 1895 von Vicomte Florens De Castellane begründet wurde. Wer die 237 Stufen nicht scheut, kann in ihm aufsteigen und von oben weit über Epernay, die Marne und die umliegenden Weinberge blicken. Verschnaufpausen bietet auf jedem Stockwerk eine Kollektion alter Castellane-Werbeplakate. Im Gebäude und auch im Keller ist ein Museum eingerichtet, das die früheren Herstellungsmethoden des Champagners zeigt. Schön ist die alte Etikettensammlung.

Das Kontrastprogramm dazu ist der Besuch der hochmodernen Cuverie mit ihren rund 100 Stahltanks und den Abfüll- und Verpackungsmaschinen. Interessant ist dabei ein Grundriss des Hauses: Er zeigt, wie weit sich die 9 km Gewölbe vom eigentlichen Haus entfernen. Unter den Cuvées ist auch der »Brut Croix Rouge« der Klassiker, der den typischen Stil des Hauses repräsentiert. **57, rue de Verdun, Epernay; Tel. 03 26 51 19 11; www.castellane.com; tgl. 10–12, 14–18 Uhr, 24. Dez. nachmittags sowie 25. und 31. Dez. geschl.; Führungen auf Deutsch, Gruppen ab 15 Personen nur mit Anmeldung**

Champagne Drappier ····﹥ H 4

In einer sanften Landschaft aus Feldern, Weinbergen und Wäldern liegt der Ort Urville und an seiner Hauptstraße das 200 Jahre alte Familienunternehmen Drappier. Seine Kellergewölbe wurden bereits von den Zisterziensermönchen von Clairvaux im 12. Jh. gegraben. Zur Philosophie der Drappiers gehört, dass die mineralreichen Kalkböden, die denen um Chablis ähneln, und die Überraschungen, die die Natur bereit hält, in den Cuvées zum Ausdruck kommen. Zudem fügen sie ihrem Champagner nur eine relativ kleine Menge Dosagelikör zu. Dadurch ergeben sich trockene und fruchtige Weine, die schon De Gaulle gerne trank.

Die meisten Drappier-Champagner basieren größtenteils auf Pinot Noir, die ausgefallenste Cuvée des Hauses ist aber die »Quattuor«, ein Blanc de quatre blancs, bei der neben Chardonnay zu gleichen Teilen drei fast vergessene, aber zugelassene weiße Traubensorten enthalten sind: Arbane, Pinot blanc vrai (Echter Weißer Burgunder) und der weiße Petit Meslier. Eine Besonderheit ist auch der »Carte d'Or«, der mit seinem rund 90-%igen Anteil dunkler Trauben fast ein »Blanc de Noirs« ist. Die Weine der Drappiers sind kaum oder gar nicht geschwefelt. Das gibt ihnen einen goldfarbenen Ton und macht sie auch für kopfwehgefährdete Menschen genießbar. In einem stilvollen Salon mit Wohnzimmeratmosphäre kann man die Weine probieren.
Rue des Vignes, Urville; Tel. 03 25 27 40 15; www.champagne-drappier.com

Guy de Forêt ⤳ H 4

Auf dem Weingut, das bereits seit dem 18. Jh. existiert, bearbeitet das Ehepaar Francis und Sylvie Wenner rund 7 ha Rebfläche mit Hingabe als »manipulants recoltants«, also als Winzer, die nur eigene Trauben ohne Zukäufe verarbeiten. Das garantiert einen für ihr Terroir sehr typischen Wein. Zum Besitz gehören Parzellen, die auf den steilsten Hängen von Les Riceys liegen. Einige von ihnen wölben sich mit über 40 % Steigung der Sonne entgegen. Gerne rumpelt Monsieur Wenner mit Besuchern in seinem blauen Kleinlaster durch die Weinberge, um ihnen das Gelände und die oft im Unterholz versteckten »cadoles« zu zeigen, jene aus Trockensteinen errichteten Rundbauten, die den Weinbauern als Unterschlupf bei Unwetter oder

als Schattenplatz für die Mittagspause heute noch dienen. Manche von ihnen sind rund 200 Jahre alt.

Bei der Produktion ihres Champagners vermeiden die Wenners die malolaktische Gärung. Das schenkt ihren Champagnercuvées eine überraschende, angenehme Säure. Vor allem die Cuvée »Brut« hinterlässt einen frischen Geschmack, der an Zitronen oder Pampelmusen erinnert. Wenn die Traubenqualität es erlaubt, wird auf dem Weingut auch der »Rosé des Riceys« hergestellt.
Route de Tonnerre, Les Riceys; Tel. 03 25 29 98 73; Führung möglichst nach Vereinbarung, 11–17.30 Uhr

Champagne G. H. Mumm ⤳ G 2/3

Mitten im Reimser Quartier Champ de Mars liegt dieses ebenfalls sehr traditionsreiche Champagnerhaus. Der Weinberg von Mumm ist mehr als 218 ha groß, zu ihm gehören Parzellen in den acht besten Lagen der Champagne. Darunter sind Aÿ, Bouzy, Avize, Verzenay und Cramant, aus deren Reben das Haus seine Spitzencuvée »Grand Cru« herstellt. In der »Cordon Rouge« hingegen werden Weine von 77 Crus miteinander verschnitten! In besonderen Jahren produziert Mumm einen »Millesimé«, der die Weine nur einer Ernte, aber aller Crus, die zur Verfügung stehen, enthält. Die Keller sind insgesamt über 25 km lang und beherbergen fast 25 Mio. Flaschen. Die älteste Flasche, die hier ruht, stammt aus dem Jahr 1893. An einigen Stellen lässt sich auch die Saugfähigkeit der Kreide gut verstehen: Die Wände sind feucht und glatt, mancherorts tropft das Wasser von der Decke. Eine der Kellergalerien ist fast 400 m lang und heißt hausintern »Champs Elysées«.
34, rue du Champ de Mars, Reims; Tel. 03 26 49 60 67; www.mumm.com; 1. März–31. Okt. tgl. 9–10.50, 14–16.40 Uhr, sonst nach Vereinbarung. 25. Dez. und 1. Jan. geschl.; Führungen auf Deutsch

Elsass

Die traditionsreiche Region bietet eine einzigartige Mischung aus französischer und deutscher Kultur.

Eine Welt wie aus der Puppenstube: Die alten Fachwerkhäuser der Dörfer und Städte entlang der Elsässischen Weinstraße sind im Sommer über und über mit Blumen geschmückt.

Elsass

Ins Elsass reisen ist ein wenig wie in Nachbars Garten Kirschen pflücken. Von Baden-Württemberg ist es nur einen Katzensprung über den Rhein entfernt, im Norden grenzt es an den Pfälzer Wald, im Süden an die Schweiz. Orte mit Namen wie Kaysersberg oder Katzenthal klingen vertraut. Und auch das Elsässerditsch, der alemannische Dialekt, der auf dem Land und vor allem bei Winzern noch viel gesprochen wird, verrät die jahrhundertelange Anbindung an den deutschen Kulturraum. Hinzu kommen diese beneidenswert vielen Sonnenstunden. Da sind die blau, rosa, grün oder gelb gestrichenen Fachwerkhäuser und die von Geranien überquellenden, fast puppenstubenhaft niedlichen Dörfer, die Dächer mancherorts gekrönt von mächtigen Storchennestern. Hinzu kommt die Exotik der französischen Kultur, die Lebensart, Sprache und die Leidenschaft für gutes Essen. Schon die Variationen an Sauerkrautgerichten, der herzhafte Munsterkäse, die im Mund schmelzende »foie gras« und der flaumige »Kougelhupf« sind eine Reise wert, vom Wein gar nicht erst zu sprechen. Auf 15 450 ha Anbaufläche gedeihen verschiedene Traubensorten, die insbesondere zu Weißwein verarbeitet werden.

Von Marlenheim, westlich von Straßburg gelegen, bis hinunter nach Thann reihen sich auf 130 km die Winzerdörfer wie in einer Perlenkette aneinander. Die Häuser drängen sich eng an eng, oft umgeben von einer mittelalterlichen Wehrmauer, als wollten sie den Rebstöcken die besten Plätze lassen. An Böden findet man hier fast alles: Kalk, Lehm, Mergel, Gips, Schiefer, Gneis, Granit, Sandstein und Mischformen. Entstanden ist dieses Mosaik vor über 50 Mio. Jahren, als durch tektonische Bewegungen das Gebirge,

das Vogesen und Schwarzwald verband, auseinanderbrach und den Rheingraben bildete. Die geologische Vielfalt lässt eine Palette von sieben Rebsorten besonders gut gedeihen: Riesling, Gewürztraminer, Muscat, Pinot Gris (Grauburgunder), Sylvaner und Pinot Blanc sowie als einzige rote Traubensorte den Pinot Noir (Spätburgunder).

Das Appellationssystem ist leicht zu verstehen. Auf den Etiketten der »Alsace«-Weine wird stets die Traubensorte angegeben. Das Terroir besserer Lagen wird eine Stufe höher gewürdigt, indem zusätzlich der Name eines »Lieu-dit« oder, noch

Dörfer wie an einer Perlenkette

hochwertiger, eines der 51 Grand Crus vermerkt ist. Eine eigene Appellation ist der Crémant d'Alsace, ein nach dem Champagnerverfahren hergestellter Schaumwein aus lokalen Traubensorten. Bekannt ist das Anbaugebiet auch für seine hocharomatischen Spätlesen und likörartigen Trockenbeerenauslesen, die nur in besonderen Jahren möglich sind und einen höheren Zucker- und Alkoholgehalt haben. Typisch sind auch der Gentil und der Edelzwicker, harmonische Cuvées mehrerer weißer Rebsorten, die zu mindestens 50 % aus den Edeltrauben Riesling, Pinot Gris, Gewürztraminer oder Muscat bestehen müssen.

So schön die Weinstraße ist, wer ein wenig Zeit mitbringt, sollte einmal in den Vogesen wandern, die mit dem Grand Ballon auf 1424 m ansteigen. In ihren urwaldähnlichen Mischwäldern stößt man auf Schritt und Tritt auf Hexentanzplätze, Teufelsküchen und Druidensteine. Aus dem felsigen Bauch der Vogesen stammt auch der wunderbare »grès rose«, der in allen Rosatönen changierende Buntsandstein, aus dem ganze Dörfer oder auch das Straßburger Münster errichtet wurden.

Straßburg   ⤍ K 3

Die Stadt (272 500 Einwohner) bietet eine Mischung aus kleinstädtischer Entspanntheit und kosmopolitischer Offenheit. Reizvolle Stilbrüche in der Architektur verdankt sie ihrer Geschichte und ihrer heutigen Rolle als Sitz des Europarats, des Europäischen Gerichtshofs für Menschenrechte und des Europäischen Parlaments. Der historische Stadtkern liegt in den Armen des Flüsschens Ill und eines Wassergrabens, die eine mandelförmige Insel formen. Hier steht das Straßburger **Münster**, zu seinen Füßen die **Maison Kammerzell**, das schönste Haus der Stadt mit Schnitzereien in der altersdunklen Holzfassade. Dort befindet sich das erstklassige gleichnamige Restaurant. Das Münster umgeben schmale Straßen mit vielen Lokalen und Delikatessenläden.

Am westlichen Ende der Insel durchziehen Kanäle die mittelalterlichen Quartiere **Petite France** und das einstige Gerberviertel. In unmittelbarer Nachbarschaft steht der nüchtern-moderne Bau des Musée d'Art Moderne et Contemporain, auf dessen Vorplatz junge Straßburger mit ihren Skateboards üben. Wilhelminisch ist der Stil zahlreicher repräsentativer Gebäude, die um die Altstadt herum liegen, z. B. der Universität und des Justizpalasts, die nach 1871 entstanden, als das Elsass an das deutsche Kaiserreich fiel.

In dem futuristischen Halbrund aus Stahl und Glas am Rhein-Marne-Kanal im nördlichen Teil der Stadt versammelt sich einmal im Monat das **Europäische Parlament**. Dann hört man in den Straßen alle Sprachen Europas, Restaurants und Hotels sind ausgebucht. Stolz sind die Straßburger auf ihre moderne Trambahn mit riesigen Fenstern, in der man durch die Stadt gleitet. 20 km westlich beginnen bei Marlenheim die Weinberge und die Route des Vins.

HOTELS/ANDERE UNTERKÜNFTE

Le Cathédrale
Stilvolles Drei-Sterne-Haus, die Zimmer verfügen teilweise über einen Blick aufs Münster. Fahrradverleih. 12–13, place de la Cathédrale; Tel. 03 88 22 12 12; www.hotel-cathedrale.fr; 47 Zimmer ●●●

Kinderbuchillustrationen und drastische Satire – das Musée Tomi Ungerer zeigt die ganze Bandbreite des Schaffens des talentierten Straßburger Grafikers.

La Cruche d'Or

Kleines, im Zentrum gelegenes Hotel mit unprätentiöser Zimmereinrichtung, dafür ausgezeichnetem Restaurant. Wild- und Fischgerichte.
Rue de Tonneliers; Tel. 03 88 32 11 23; www.cruchedor.com; 14 Zimmer ●●

Chambres d'hôtes Le Biblenhof

In Soultz-les-Bains, am Beginn der Weinstraße, kann man in einem restaurierten Bauernhof in einfachen, rustikal-elegant eingerichteten Zimmern übernachten. Angeschlossen ist ein Restaurant mit Terrasse.
Le Biblenhof, Soultz-Les-Bains (ca. 20 km westl. von Straßburg); Tel. 03 88 38 21 09; www.lebiblenhof.fr; 9 Zimmer, 3 Ferienwohnungen ●/●●

SEHENSWERTES

Petite France

Mit seinen Kopfsteinpflaster-Gassen, kleinen Brücken und Schleusen und den niedrigen Fachwerkhäusern kann man die Petite France nur als malerisch bezeichnen. Ihr Flair vor allem an warmen Sommerabenden, wenn man lange draußen sitzen kann, ist einmalig. Begehen sollte man die mittelalterlichen **Ponts Couverts**, die überdachten Brücken, mit ihren vier Wachttürmen. Im Norden wird das Viertel begrenzt durch die Grand' Rue, die »Longstross«, wo sich Geschäfte, Cafés und Restaurants aneinanderreihen. Die Panoramaterrasse der **Barrage Vauban** bietet einen schönen Blick auf das Viertel.

Straßburger Münster

Das Wahrzeichen der Stadt ist mit seiner Ein-Turm-Silhouette weithin sichtbar. Den rosafarbenen Vogesensandstein setzt eine abendliche Beleuchtung grandios in Szene. Gewändefiguren, Fialen, Wimperge und die Rosette sind zu einer himmelstrebenden Harmonie zusammengefügt, unterstützt von dem hier erfundenen Hafenmaßwerk. Johann Wolfgang von Goethe, der zuvor die Gotik als überladen verachtet hatte, leistete beim Anblick des Straßburger Münsters Abbitte.

Berühmt ist im Inneren der Engelspfeiler, daneben eine 18 m hohe **Astronomische Uhr** aus der Mitte des 16. Jh. Ihr bis heute funktionsfähiger Mechanismus wurde im 19. Jh. erneuert und ist von faszinierender Genauigkeit. Von einer Aussichtsplattform blickt der Besucher bis zum blauen Band der Vogesen. Um das beliebte Münster mit ein wenig Ruhe besichtigen zu können, bieten sich die frühen Morgenstunden an.
Tgl. 7–11.20, 12.30–19 Uhr

MUSEEN

Musée d'Art Moderne et Contemporain

Einen besonderen Stellenwert haben die Werke des Straßburger Künstlers Hans (Jean) Arp und seiner Frau Sophie Taeuber-Arp, die Anfang des 20. Jh. die dadaistische und surrealistische Avantgarde begleiteten. Gezeigt werden auch Braque, Picasso, Monet, Klimt und Ernst sowie deutsche Künstler jüngeren Datums. Das **Art Café** im Museum glänzt durch seine Terrasse mit toller Aussicht und gehobenen Preisen.
1, place Hans Jean Arp; Tel. 03 88 23 31 31; www.musees-strasbourg.org; Di–Fr 11–19, Do 12–21, Sa, So 10–18 Uhr, Mo geschl.; Eintritt 5 €

Musée Tomi Ungerer

Seinem »enfant terrible«, dem Illustrator Tomi Ungerer (*1931), der mit spitzem Zeichenstift gern das Klischee vom beschaulichen Elsass aufspießt, hat die Stadt ein Museum gewidmet. 8000 unveröffentlichte Grafiken, Plakate, Gemälde und Skizzen, außerdem Ungerers Sammlung alter Spielzeuge.
Villa Greiner, 2, avenue de la Marseillaise; Tel. 03 69 06 37 27; www.musees-strasbourg.org; tgl. außer Di 12–18, Sa, So 10–18 Uhr; Eintritt 4 €

Le Clou
Traditionelle »Winstub« mit typischen Gerichten wie »Baeckeoffe« (Gemüseeintopf mit Rind-, Schwein- und Lammfleisch) und verschiedenen Sauerkrautvariationen.

3, rue Chaudron; Tel. 03 88 32 11 67; www.le-clou.com ●●

Le Cornichon masqué
Gemütliches Lokal unweit der Kathedrale, an einem der schönsten und zugleich autofreien Plätze Straßburgs gelegen, der bis in die Nacht hinein belebt ist. Küche mit mediterranem Einschlag. Offene Weine.

17, place du Marché Gayot; Tel. 03 88 25 11 34 ●●

L'Oncle Georges
In diesem der Slow-Food-Bewegung verpflichteten kleinen Restaurant in Pfettisheim gibt es knusprige, im Holzofen gebackene Flammkuchen. Vollkornmehl, Käse, Speck, Gemüse stammen aus der Region und zum großen Teil aus biologischem Anbau. In Kursen weiht der Besitzer, ein echter Elsässer, in das Geheimnis einer guten »tarte flambée« ein. Offene Weine aus dem Elsass.

25, rue Principale, Pfettisheim (12 km nördl. von Straßburg); Tel. 03 88 69 85 03; www.loncle-georges.fr; nur Fr–Mo ●

Cave historique des Hospices de Strasbourg
In den Gewölben des mittelalterlichen Weinkellers (14. Jh.) des Krankenhauses lagert der älteste Weißwein der Welt. Er stammt ebenso wie sein Fass aus dem Jahr 1472. Obwohl nicht mehr trinkbar, soll er noch ein Bouquet haben, das nach Honig, Kampfer und Vanille riecht. Zu sehen sind auch eine Presse von 1727 und ein enormes Fass von 1881, das über 26 000 l fasst. 40 unabhängige Winzer bringen jedes Jahr einen Teil ihrer Weine hierher und lassen ihn in gemieteten Fässern reifen. Die Weine haben einen guten Ruf, mit den Gewinnen erwirbt das Krankenhaus medizinische Geräte.

1, place de l'Hôpital; Tel. 03 88 11 64 50; www.vins-des-hospices-de-strasbourg.fr; Mo–Fr 8.30–12, 13.30–17.30, Sa 9–12.30 Uhr

Déclinaison Chocolat Bar
In dem Süßigkeitentempel bekommt man Schokoladencreme gewürzt mit Basilikum, Ananasstückchen mit Estragon, Makronen mit gepfefferten Erdbeeren und andere außergewöhnliche Kreationen.

6, rue du Fossé des Tailleurs; Tel. 03 88 22 28 38; www.declinaison-chocolat.com

Fremdenverkehrsbüro
www.ot-strasbourg.fr;
– 17, place de la Cathédrale; Tel. 03 88 52 28 28; tgl. 9–19 Uhr
– Place de la Gare (im Bahnhof); Tel. 03 88 32 51 49; tgl. 9–19 Uhr

Fête de la Musique
An den Wochenenden rund um den 21. Juni füllen sich nicht nur die Konzerthallen, sondern auch alle Straßen und Plätze der Stadt mit Sängern, Musikanten und Orchestern aller Musikrichtungen.
Informationen beim Fremdenverkehrsamt

Marché de Noël
Vom 25. Nov. bis 7. Jan. findet in der Innenstadt ein beliebter und stets gut besuchter Weihnachtsmarkt mit viel nostalgischem Glitzer statt.

Ziele in der Umgebung

Haut-Kœnigsbourg (Hohkönigsburg)   ⋯⟩ K 4
Die auf einer Bergkuppe liegende Burg existiert seit dem 12. Jh. Ende des 19. Jh. nur mehr eine Ruine, ließ sie der deutsche Kaiser Wilhelm II. zwischen 1901 und 1908 aus dem ro-

safarbenen Vogesensandstein »originalgetreu« rekonstruieren und mit Möbeln, Wandschmuck und Teppichen einrichten. Damit spiegelt sie auch das damalige Wissen über mittelalterliche Burgen wider. Nicht nur für Kinder spannend (12 km westl. von Sélestat, A 35 Ausfahrt über Kintzheim oder St-Hippolyte, N 59 über Lièpvre; Tel. 03 88 82 50 60; www.haut-koenigsbourg.fr; Eintritt 7,50 €, ermäßigt 5,50 €; Juni–Aug. 9.30–18, April, Mai, Sept. bis 17 Uhr, in den restlichen Monaten eingeschränkte Öffnungszeiten).

Tipp: Ein romantischer Wanderpfad führt von dem Winzerdorf **St-Hippolyte**, das für seinen Rotwein bekannt ist, durch Esskastanienhaine und an sagenumwobenen Felsblöcken vorbei zur Burg hinauf (4 Std. hin und zurück).

Obernai (Oberehnheim) ⤳ K 3

Die hübsche, von einer mittelalterlichen Festungsmauer umrahmte Stadt hat zahlreiche gut erhaltene Häuser aus Mittelalter und Renaissance. Donnerstags findet auf dem Marktplatz ein gut besuchter Markt statt. Der Kapellenturm neben dem Rathaus war einst Teil einer Kirche und wurde im 19. Jh. zu einem städtischen Belfried umgebaut. In der engen »Judengasse«, die rechter Hand vom Fremdenverkehrsamt weggeht, findet man in die Mauern eingeritzte hebräische Schriftzeichen. Die von außen wenig aufregende neogotische Kirche St. Peter und Paul (19. Jh.) hat einen farbenprächtig ausgemalten Chor. Vor der Kirche steht ein von einem Baldachin überdachter Sechs-Eimer-Brunnen aus der Renaissancezeit.

Rosheim ⤳ K 3

Hier stehen mit **Sts-Pierre-et-Paul** eine der schönsten romanischen Kirchen sowie der älteste romanische Profanbau (12. Jh.) des Elsass. Rosheim liegt auf der »Route Romane«,

die rund 20 Orte mit romanischem Bauerbe verbindet. Jeden Herbst führen diese im Rahmen des Festivals »Voix Romane« mittelalterliche französische und deutsche Musik auf. *Informationen bei Voix et Route Romane, 37, avenue de la Gare; Tel. 03 90 41 02 02; www.voix-romane.com*

Sélestat (Schlettstadt) ⤳ K 4

Die unterelsässische Leder-, Tabak- und Weinstadt war im ausgehenden Mittelalter mit ihrer Lateinschule wichtigstes Zentrum der Gelehrsamkeit am Oberrhein. Von ihr ist die 1452 gegründete **Humanistische Bibliothek** erhalten geblieben, die bedeutendste humanistische Büchersammlung der Welt. Einige der Bücher, Handschriften und Landkarten sind älter als 1300 Jahre. Ein Schriftstück von 1521 ist der älteste schriftliche Beweis dafür, dass die Tradition des Christbaums aus dem Elsass kommt (Bibliothèque

---

MERIAN-Tipp

★2 Mont St-Odile (Odilienberg)

Nahe Obernai thront auf einem Sandsteinfelsen dieses ehemalige Frauenkloster, das nach seiner Gründerin, der hl. Odilie, benannt ist. Sie wurde der Legende nach blind geboren, durch die Taufe sehend und wird deshalb als Schutzpatronin des Augenlichts verehrt. Bei dem Kloster entspringt eine Wunderquelle, die sehend machen soll. Wahr ist, dass man von hier oben einen herrlichen Blick über die Rheinebene hat. Um den Wallfahrtsort herum zieht sich die Heidenmauer (»mur païen«), die bedeutendste Ringwallanlage Europas, deren Alter und Ursprung von Archäologen nicht ganz geklärt ist. Die Mauer bezieht natürliche Felsen, Dolmen und Grotten mit ein.

12 km südwestl. von Obernai ⤳ K 3

Humaniste, 1, rue de la Bibliothèque; Tel. 03 88 58 07 20; Mo, Mi–Fr
9–12, 14–18, Sa 9–12, Juli–Aug. auch
Sa, So 14–17 Uhr).

Das Museum in der **Maison du
Pain**, dem einstigen Zunfthaus der
Bäcker von 1522, widmet sich der
Geschichte des Brots von der Antike
bis heute, mit Schwerpunkt auf der
Backkunst des Elsass. Die Besucher
können nicht nur Spezialitäten wie
Anisbredle oder Sauerkraut-Speck-
Brot probieren, sondern sich selbst
an den Backtrog stellen (Rue du Del;
Tel. 03 88 58 45 90; www.maisondu
pain.org; Di–Fr 9.30–12.30, 14–18,
Sa, So ab 9 Uhr, 1. Mai, 14. Juli,
1. Nov., 25./26. Dez., 1. Jan. geschl.)

Naturtourismus in der Ried
Der letzte Binnenschiffer der »Ried«,
einer urwaldähnlichen Auenland-
schaft zwischen Ill und Rhein, bietet
bei Muttersholtz Entdeckungsfahr-
ten auf flachen Barken an.
Patrick Unterstock; Tel. 03 88 85 13 11;
www.batelier-ried.com

Colmar ⤳ K 4

Nur wenige Kilometer entfernt von
erstklassigen Weinbergen befindet
sich Colmar (67 000 Einwohner), genau zwischen Vogesen und Rhein. Im
Regenschatten der Berge liegend,
ist es mit nur 508 mm Niederschlag
die trockenste Stadt Frankreichs.
Über die Jahrhunderte und sogar
den Zweiten Weltkrieg hinweg konnte es sich seine Altstadt bewahren,
die komplett unter Denkmalschutz
steht. Mit den gekrümmten Straßen,
flankiert von vorkragenden Fachwerkhäusern, entspricht Colmar
mehr noch als das großstädtische
Straßburg dem Bild vom Elsass.

Ansehen sollte man sich das mit
buntglasierten Ziegeln gedeckte
Koïfhus, das ehemalige Zollgebäude
(14. und 16. Jh.) in der Grand' Rue.
Hier wurden Waren vor Brand und

Diebstahl geschützt gelagert, ge-
wogen und mit Gebühren belegt.
Prachtvolle Beispiele für Renais-
sancebauten sind das Bürgerhaus
Maison Pfister (1537) und die **Mai-
son des Têtes** (1609), von dessen
Fassade 111 groteske Köpfe und
Masken blicken. Die beiden größten
Kunstschätze der Stadt sind der
Isenheimer Altar im Musée d'Unter-
linden und die »Madonna im Rosen-
hag« in der Dominikanerkirche.

Hôtel Amiral
Zentrumsnahes, allerdings ruhiges
Drei-Sterne-Hotel mit Zimmern in
schlichter Eleganz. Großes Früh-
stücksbuffet, Terrasse mit Innenhof.
11 b, Champ de Mars; Tel. 03 89 23 26 25;
www.hotel-amiral-colmar.com; 47 Zimmer
●●●

Clos Froehn in Zellenberg
Gästezimmer in einer alten Burg in
romantisch dekorierten Zimmern,
von denen eines in einem Turm aus
dem 13. Jh. liegt. Rund 15 Min. Au-
tofahrt von Colmar.
Fam. Obry, 46, rue du Schlossberg,
Zellenberg; Tel. 03 89 47 95 68;
www.clos-froehn.com; 3 Zimmer ●●

Collégiale St-Martin
Die gotische Stiftskirche ist mit ihrem 71 m hohen Turm der imposan-
teste Kirchenbau Colmars. Die gelben
und rotbraunen Sandsteinblöcke des
Baus (13.–15. Jh.) entstammen einem Steinbruch bei Rouffach, wo
heute noch Steine für die Restaurierung der Kirche gebrochen werden.
22, place de la Cathédrale; tgl. 8–20 Uhr

Dominikanerkirche
Die aus dem 13. und 14. Jh. stammende Bettelordenskirche überrascht durch mächtige Rundsäulen,
die das 28 m hohe Gewölbe tragen.
Im Chor ist die zauberhafte »Madonna im Rosenhag« von Martin

Schongauer (1473) aufgestellt – eine inmitten von Blumen sitzende Maria, die zärtlich ihr Kind umfasst, den Blick aber in trauriger Vorahnung von ihm abwendet. Der Chor beherbergt die größte erhaltene Sammlung mittelalterlicher Bleiglasfenster der Stadt (14. Jh.)
Place des Dominicains; tgl. 10–19 Uhr

Petite Venise (Klein Venedig)
In diesem mittelalterlichen, bei Touristen sehr beliebten Viertel lehnen sich entlang dem Flüsschen Lauch sonnengelbe, himmelblaue, ockerfarbene und hellgrüne Fachwerkhäuser aneinander. Der Name der Uferstraße »Quais de la Poissonnerie« verrät, dass hier früher Fischerei und Fischhandel ihr Zentrum hatten. Zahlreiche Restaurants und Cafés laden zur Einkehr ein.

MUSEEN
Musée d'Unterlinden
Das Kunstmuseum ist in einem ehemaligen Dominikanerinnenkloster (13. Jh.) untergebracht. Herausragendstes Werk ist der **Isenheimer Altar** von Matthias Grünewald (1512–1516) mit seiner erschütternden

Kreuzigungsdarstellung, die auch heutigen Betrachtern noch unter die Haut geht. Neben weiteren altdeutschen Meistern wie Hans Holbein und Lucas Cranach d. Ä. präsentiert die Sammlung Maler der klassischen Moderne und Avantgarde.
1, rue d'Unterlinden; Tel. 03 89 20 15 50; www.musee-unterlinden.com; Mai–Okt. tgl. außer Di 9–18, Nov.–April tgl. außer Di 9–12, 14–17 Uhr, 1. Jan., 1. Mai, 1. Nov., 25. Dez. geschl.

ESSEN UND TRINKEN
Verre de terres
Am Rand der Petite Venise gelegenes Bistro mit echter Zinkbar und einer innovativen Küche. Das Restaurant bietet offene Weine aus aller Welt und eine eingehende Beratung.
11, rue Wickram; Tel. 03 89 23 61 10; So geschl. ●●/●●●

Le Caveau St-Pierre
Direkt an der Lauch liegt dieses Restaurant mit Terrasse. Serviert wird eine traditionelle Küche wie Flammkuchen, »Baeckeoffe« (auch vom Fisch) und Sauerkrautgerichte.
24, rue de la Herse; Tel. 03 89 41 99 33; www.lecaveausaintpierre-colmar.com ●●

Warme Farben prägen die Sandsteinfassade der gotischen Stiftskirche St-Martin.

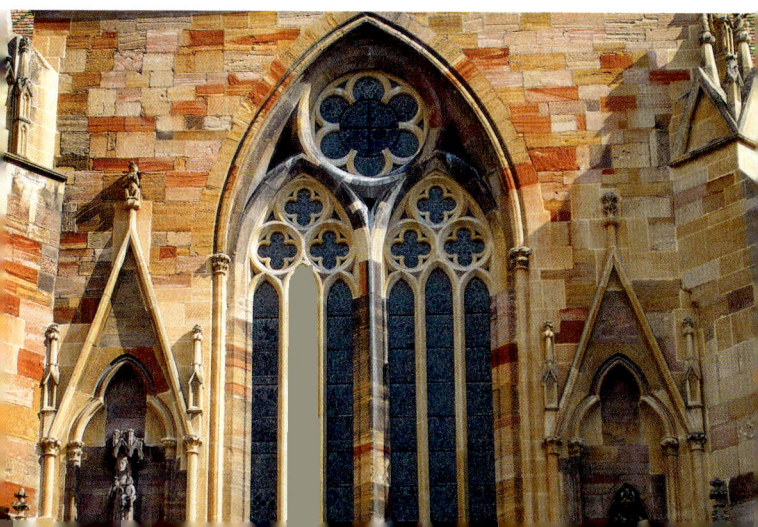

Diese Brunnenfigur in Ribeauvillé verweist auf die lange Tradition der Weinherstellung im Elsass.

Les Foies Gras de Liesel
Hier werden elsässische »foie gras«-Sorten und andere Delikatessen verkauft, außerdem Weine.
3, rue de Turenne; Tel. 03 89 23 88 29;
E-Mail: liesel@alsacefoiegras.com

Le Muré Clos St-Landelin
Wein- und Spirituosengeschäft in dem ehemaligen Hutmacherhaus Maison Pfister. Die Elsässerweine stammen von der Domaine Muré bei Rouffach im besonders sonnigen Süden der Region. Deren Sand- und Kalktonböden geben geschmeidige, vollmundige Weine, die gut altern. Der Pinot Gris vom Lieu-dit Lutzeltal überrascht durch ein Bouquet von Mokka und Kakao.
11, rue des Marchandes; Tel. 03 89 41 33 61; www.mure.com

Office de Tourisme de Colmar
4, rue de Unterlinden; Tel. 03 89 20 68 92; www.ot-colmar.fr; Nov.–März 9–12, 14–18 Uhr, April–Okt. sowie während des Weihnachtsmarkts durchgehend geöffnet, So, Fei 10–13 Uhr

Ziele in der Umgebung

Bergheim   ⇢ K 4
Die Hauptstadt des Gewürztraminers hat von Fachwerkhäusern bis zu einer mittelalterliche Wehrmauer alles, was ein elsässisches Städtchen ausmacht, ist aber weniger herausgeputzt und nicht so überlaufen. Ihr Stolz ist eine 700 Jahre alte Linde am Eingang der Stadt.

Hunawihr (Hunaweier)   ⇢ K 4
Mitten in seinen Weinbergen liegt eine Wehrkirche aus dem 15. Jh. Außerdem befindet sich in Hunawihr das Aufzucht- und Auswilderungszentrum für Störche, wo man auch Fischotter und Wasservögel beobachten kann. Viele Storchenpaare nisten in der Nähe Hunawihrs (Parc de Cigognes, Route de Ribeauvillé; Tel. 03 89 73 72 62; www.cigogne-loutre.com; April–Mitte Nov. tgl. 10–12, 14–18 Uhr).

Kaysersberg   ⇢ K 4
Der von der Weiss durchflossene Ort war einst Freie Reichsstadt und Mitglied im elsässischen Zehnstädtebund. Beliebtes Fotomotiv ist die mit Zinnen und Schießscharten befestigte Sandsteinbrücke von 1514. Entlang des Flusses reihen sich Restaurants aneinander. 1875 wurde hier der Tropenarzt und Friedensnobelpreisträger Albert Schweitzer geboren. Daran erinnert das **Musée Albert Schweitzer** (126, rue du Général de Gaulle; Osterferien und 2. Mai–Ende Okt. tgl. 9–12, 14–18 Uhr).
    Oberhalb von Kaysersberg (vom Zentrum ca. 15 Gehminuten) steht die Ruine einer **Hohenstaufen-Burg**

mit einem gut erhaltenen Turm. Am besten besteigt man ihn zur blauen Stunde, wenn man noch über die Weinberge schauen kann und unten in der Stadt die Lichter angehen.

Ruhig am Rande von Kayersberg, aber nur wenige Gehminuten vom Zentrum entfernt liegt das **Hôtel Chambard**, das durch seine Innendeko mit Zebra-Motiv überrascht. Das angeschlossene Restaurant bietet eine raffinierte, auf lokalen Produkten basierende Küche und einen ausgewählten Weinkeller (9–13, rue du Général de Gaulle; Tel. 03 89 47 10 17; http://lechambard.fr; 20 Zimmer ●●●).

Kientzheim   ⤳ K 4

Einen Katzensprung von Kayersberg liegt der hübsche und weitaus ruhigere Ort Kientzheim (nicht zu verwechseln mit Kintzheim). In dem Renaissanceschloss hat die **Confrérie St-Etienne**, die Stephansbruderschaft, ihren Sitz. Sie versteht sich als Botschafterin des Elsässerweins und Hüterin seiner Qualität. Obwohl eine der ehrwürdigsten und ältesten Bruderschaften Frankreichs, bietet die Confrérie regelmäßig und ganz unelitär Weinproben für Nichtmitglieder an, teils nach traditionellem Ritus. Spannend für Fortgeschrittene ist die Verkostung teils jahrzehntealter Jahrgänge. Im Schloss befindet sich auch das Musée du Vignoble et des Vins d'Alsace.
Château de la Confrérie St-Etienne d'Alsace; 1, Grand' Rue; Tel. 03 89 78 23 84; www.confrerie-st-etienne.com

Niedermorschwihr
(Niedermorschweier)   ⤳ K 4

Von Turckheim führt eine schmale und mitunter steile Straße (sportliche Radfahrer werden begeistert sein) durch die Rebhänge (u. a. Grand Cru Sommerberg) nach Niedermorschwihr. Der auf einem Vorposten der Vogesen gelegene Ort hat schon etwas Bergdörfliches an sich.

Unumgehbar sollte ein Stopp bei **Christine Ferber**, der Marmeladen-Fee, sein, die so köstliche Kreationen wie eine Konfitüre aus Rhabarber, Kardamom und Gewürztraminer herstellt. Auch Brot, Backwaren und Delikatessen (Maison Ferber, 18, rue des Trois Epis; Tel. 03 89 27 05 69; Di–So 9–13 Uhr).

Als elsässisches Restaurant par excellence präsentiert sich **Caveau Morakopf**: rot-weiße Tischdecken, Butzenscheibenromantik und traditionelle Gerichte wie »Fleischschnacka« (Teigtaschen mit Fleischfüllung), »Bibeleskäs« (angemachter Quark), »Schiffala« (geräucherte Schweineschulter) und Sauerkrautgerichte (7, rue des Trois Epis; Tel. 03 89 27 05 10; www.caveaumorakopf.fr; So, Mo-mittag geschl. ●●).

Ribeauvillé (Rappoltsweiler) ⤳ K 4

Sehr schöne und lebendige, aber auch recht touristische Stadt mit vielen Häusern aus Mittelalter und Renaissance. Sie wird überragt von drei Burgruinen (Châteaux de Ribeaupierre) und ist umgeben von den drei Grands Crus Geisberg, Kirchberg und Osterberg. Die **Distillerie Mette** lockt mit seltenen Aromen von Eau-de-Vie und Likören (9, rue des Tanneurs; Tel. 03 89 73 65 88; www.distillerie-mette.com).

Turckheim (Türkheim) ⤳ K 4

Die vor den Toren Colmars gelegene Wein-, Textil- und Papierstadt hat sich trotz des von Touristen gern besuchten prachtvollen Altstadtkerns den Flair einer von »echten« Menschen bewohnten Stadt bewahrt. Aus der Zeit ihrer Mitgliedschaft im Zehnstädtebund 1354 stammt die Stadtbefestigung mit drei Türmen. Zwischen Mai und Oktober ruft gegen 22 Uhr ein mittelalterlich gekleideter und mit einer Hellebarde bewaffneter Nachtwächter die Uhrzeit aus und bittet die Bevölkerung, umsichtig beim Feueranzünden zu sein.

Weingüter

Domaine Albert Seltz   ┄┄⟩ K 3

In der ganz aus Sandstein erbauten Ortschaft Mittelbergheim (ca. 10 km südl. von Obernai) befinden sich die aus dem 16. Jh. stammenden Gebäude des Weinguts Albert Seltz. Nicht umsonst startet dessen Internet-Webseite mit dem Bild eines Korkens, auf dem »Sylvaner« steht. Monsieur Seltz holt aus dieser als halbedel eingestuften Rebsorte, die er auch auf seinem Grand Cru Zotzenberg pflanzt, Überraschendes hervor. So bezaubert etwa der Sylvaner vom Zotzenberg mit schönen Aromen von Quitte. Andere seiner Sylvanerweine haben pfeffrige oder vanillige Noten. Ungewöhnlich ist auch der Riesling vom Lieu-dit Brandluft mit leicht salzigen, an Jod erinnernden Aromen.

Auf Klischees wie »Bio ist gut« oder Begriffe wie »schlechter Jahrgang« ist der Winzer, der mit Kostproben seiner Weine in aller Herren Länder gereist ist, schlecht zu sprechen. Gerade deshalb lässt es sich mit ihm trefflich über Wein streiten. Es werden Gruppenführungen durch den restaurierten mittelalterlichen Weinkeller mit seinem 22 m tiefen Brunnen angeboten; sie kosten 5 €.

21, rue Principale, Mittelbergheim; Tel. 03 88 08 91 77; www. albert-seltz.fr

Domaine Clement Klur   ┄┄⟩ K 4

Abseits vom großen Urlauberstrom liegt zwischen den Hügeln gebettet der Ort Katzenthal. Hier haben die Klurs nach biodynamischen Gesichtspunkten vor einigen Jahren einen neuen Weinkeller halb in den Hang gegraben und kreisrund um die zwischen 60 bis 100 Jahre alten Fässer gebaut. Die Granitböden des Grand Cru Wineck-Schlossberg ergeben bei ihnen einen feinen Riesling mit mineralischer Note und Aromen von Ananas und Mango.

Frisch und fruchtig präsentieren sich auch die trockene Cuvée »Voyou de Katz« sowie der vollmundigere »Gentil de Katz«. In beiden sind alle sechs weißen Traubensorten der Anbaugebiete im Elsass miteinander verschnitten. Wer will, darf bei der Familie Klur auch einen Weinbergpfirsichbaum pflanzen, im Spätsommer seine Früchte ernten und in Form von Marmelade mit zu sich nach Hause nehmen. Das Ehepaar stellt ihren Gästen auch gemütliche Chambres d'hôtes und Ferienwohnungen zur Verfügung.

Vignoble Klur, 105, rue de Trois Epis, Katzenthal; Tel. 03 89 80 94 29; www.klur.net

Domaine Jean Becker   ┄┄⟩ K 4

Auf einer Hügelkuppe in der Nachbarschaft der stark besuchten Ortschaft Riquewihr thront das ruhige Zellenberg. Hier hat das alteingesessene Weingut der Familie Becker seinen Sitz. Empfangen wird man von der quirligen Martine Becker, die herzlich und großzügig die Verkostung der biologisch hergestellten Weine leitet. In demselben rasanten Tempo, in dem sie zwischen Deutsch, Elsässisch, Französisch und weiteren vier Fremdsprachen hin- und herwechselt, braust sie mit ihren Gästen anschließend auch durch die Weinberge.

Die Familie darf fünf namhafte Grand-Cru-Lagen ihr Eigen nennen: Froehn, Prälatenberg, Schoenenbourg, Sonnenglanz und Schlossberg. Die schweren Kalkmergelböden von Sonnenglanz bringen einen köstlichen Gewürztraminer mit Lychee-Aromen hervor. Rieslingfreunde können unter sechs Riesling-Cuvées von unterschiedlichen Lagen wählen. Bekannt ist das Weingut insbesondere für seine hervorragenden Spätlesen und seine Trockenbeerenauslesen.

4, rue d'Ostheim, Zellenberg; Tel. 03 89 47 90 16; E-Mail: vinsbecker@aol.com

Domaine Robert Blanck ⇢ K 3

Obwohl im Zweiten Weltkrieg das Weingut der Familie Blanck zerstört wurde, konnten die mit kunstvollen Schnitzereien versehenen Fässer gerettet und restauriert werden. Das älteste stammt von 1725. Solche Fässer sind Gold wert, in ihrem Inneren hat sich eine dicke Weinsteinschicht abgelagert. Diese entsäuert zum einen den Wein natürlich und erlaubt zudem das Reifen im Fass, ohne dass die Weine einen Holzgeschmack annehmen. Einmal im Jahr zwängt sich die schlanke Familie Blanck durch ihre schmalen Öffnungen der Fässer, um mit Bürste und Wasser den Weinstein von Schwefelablagerungen zu befreien. Ihre alten Gewürztraminerrebstöcke auf dem Dorenberg ergeben einen im Mund fast flaumigen Wein, der sich mit seinen Aromen von Süßholz und einem Hauch Banane als Aperitif eignet. Ebenfalls alte Rebstöcke vom Lieu-dit Schneeberg ergeben einen immer noch als trocken zu bezeichnenden, aber runden Riesling.

167, route d'Ottrott, Obernai; Tel. 03 88 95 58 03; www.blanck-obernai.com

Domaine Emile Beyer ⇢ K 4

Das Mosaik aus Ton-, Lehm-, Sand- und Kalksteinböden um Eguisheim gehört zu den ältesten Weinbergen des Elsass und profitiert vom sonnigen Klima im Regenschatten der Vogesen. In dem über und über mit Blumen geschmückten Ort legen sich die Straßen ringförmig um die Reste einer Burganlage im Zentrum. Selbst die Häuserfassaden sind leicht gekrümmt. Im alten Gasthaus der Hostellerie **Au Cheval Blanc** hat die renommierte Maison Emile Beyer ihren Sitz, die seit 14 Generationen in der Hand der Familie ist. Im gepflasterten Innenhof können Besucher an gemütlichen Tischen die Weine verkosten, die in dem Keller von 1583 geruht haben. Ein Tipp ist der Pinot Gris vom Hohrain, der zwischen den Kalk- und Kalktonböden der Grand-Cru-Lagen Pfersigberg und Eichberg liegt. Er hat Aprikose- und Weinbergpfirsichnoten, ist voll und geschmeidig im Mund. Dazu ein »Kugelhoupf« aus der Bäckerei gegenüber komplettiert den Genuss.

7, place du Château, Eguisheim; Tel. 03 89 41 40 45; www.emile-beyer.fr

Der beliebte Weinort Eguisheim an der Route des vins nahe Colmar wurde ringförmig um die Reste seiner achteckigen Burganlage errichtet.

Wissenschaft und Kunst des Önologen

Eine feine Nase und viel Erfahrung sind nötig, um Wein meisterhaft zu schmecken und zu beurteilen.

Zum Modeberuf mauserte sich in den letzten Jahren das recht neue Metier des Önologen. Vielleicht weil es Genuss und Ansehen verspricht, Kreativität und Technik verbindet. Sicher auch, weil im harten Wettbewerb nur hervorragende Weine überleben, die Winzer daher gerne Rat beim Fachmann einholen, um die Qualität der Rebsäfte zu verbessern.

Ein Önologe oder Weinbau-Ingenieur lernt in dreijähriger Hochschulausbildung, Gerüche, Aromen, Geschmacksnuancen zu erkennen, zu unterscheiden und auch zu erzeugen, z. B. durch entsprechende Lagerung in mehr oder weniger alten Holzfässern, durch »assemblage« bzw. Verschnitt und vieles mehr. Das setzt solides theoretisches Wissen, technische Fähigkeiten und auch große Erfahrung voraus. Fünf entsprechende Schulen existieren in Frankreich, zwei ähnlich gestaltete Universitätslehrgänge in Deutschland.

So muss ein Önologe genau Bescheid wissen über das Wachstum der Reben und über den genauen Ablauf der »vinification«, wie also aus Trauben durch Gärung Wein wird und wie man diesen Prozess beeinflussen kann, um jedem Rebsaft das Bestmögliche zu entlocken.

Dafür kostet der Önologe einzeln die jungen Weine eines Winzers – noch getrennt nach Weinberg, Lage, Boden, Rebsorten und Alter der Rebstöcke – und komponiert daraus den endgültigen Wein. Dieser besteht entweder, wie etwa bei Sancerre, aus einer einzigen Rebsorte, setzt sich aber aus dem vergorenen Saft von Trauben aus verschiedenen Lagen und Böden sowie unterschiedlichen Alters der Rebstöcke zusammen. Oder der Wein ist das Ergebnis einer gekonnten »assemblage« diverser Rebsorten, wie beispielsweise bei Weinen aus Bordeaux.

Die südwestfranzösische Stadt gilt als Wiege der Weinkultur, und so verwundert es nicht, dass von dort heute die weltbesten Önologen kommen. So Stéphane Toutoundji, einer der Stars am Weinhimmel.

Seine Berufung entdeckte Stéphane Toutoundji eher zufällig, als er im Alter von 22 Jahren erstmals in seinem Leben einen Weinkeller betrat – immerhin den »chai« des Spitzenprodukts Grand Cru Château Angélus in St-Emilion. Der komponentenreiche Duft entfachte eine Leidenschaft, die wohl schon vorher in ihm schlummerte. Nach einer klassischen Ausbildung an der Universität Bordeaux berät er heute – einem Anwalt ähnlich – verschiedene Winzer in Frankreich und anderswo, ist außerdem zu 50 % beteiligt an einem Labor für weintechnische Analysen.

Auf dem letzten Stand der Technik zu sein gehört für ihn zu den Grundvoraussetzungen eines guten Önologen – neben der Fähigkeit, dem Winzer zuzuhören und dessen Sorgen zu verstehen. Größte Befriedigung findet er in der Begegnung mit Menschen und der Möglichkeit, zu deren Erfolg beizutragen. Dafür ist es unerlässlich, den internationalen Markt zu kennen und sich ihm anzupassen. Dort sind derzeit elegante, fruchtige Weine gefragt, mit wenig Tannin- oder Holzaroma und zum moderaten Preis von 4 bis 7 €.

Stéphane Toutoundji erledigt seinen Job mit großer Begeisterung – auch wenn ihm die Natur zu seinem immensen Bedauern nur eine einzige Chance im Jahr einräumt, Wein zu verbessern oder Neues auszuprobieren. Wenn es nicht klappt, muss er ganze zwölf Monate warten bis zur nächsten Weinlese, um einen neuen Versuch zu wagen.

Zum Glück hat Toutoundji meist ein gutes Händchen beim Komponieren, eine Art magischen Touch: Dem Duftgenie Jean-Baptiste Grenouille in Süskinds Roman »Das Parfum« gleich, vermengt er nach dem Riechen und Kosten intuitiv die einzelnen Komponenten ... und oft gelingt ihm die perfekte »assemblage« auf den ersten Schlag. Dieses Gespür bleibt für ihn unerklärlich, echte Magie. Wein ist für ihn lebende Materie, ewiges Band zwischen den Menschen, ja eine Art universelle Sprache. Dennoch vergisst Toutoundji nie, dass Wein heute vor allem Kultur und Kommerz bedeutet.

Seine persönlichen Lieblingsdüfte sind Vanille, Kaffee, Röstaromen, weiße Blumen, Orangenblüten. Sein Tipp für alle, die Wein wirklich genießen und zelebrieren möchten: Man sollte sich Zeit nehmen, in Ruhe probieren, im Gedächtnis olfaktorische Erinnerungen aktivieren und sich dann einfach seinem Gefühl hingeben, alle Sinne öffnen ...

Ein untrügliches Gespür, aber auch große Erfahrung und Fantasie sind das Kapital des Önologen Stéphane Toutoundji.

Burgund

Diese historische Landschaft bringt die größten und teuersten Weine der ganzen Welt hervor.

Auxerre (→ S. 40) in Niederburgund ist berühmt für sein historisches Stadtbild, das sich in der Yonne spiegelt. In diesem Teil des Burgund wird viel Weißwein produziert.

Burgund

Es sind die gemusterten Kirchtürme, die dem Reisenden von Weitem verkünden, dass er das Burgund betreten hat. Farbig lackierte Ziegel, in geometrische Muster gelegt, sind sein Markenzeichen – nicht nur an Kirchen, sondern auch auf Burgen, Schlössern und Herrenhäusern, mit denen die Region übersät ist. Kreuzfahrer brachten diesen Dekor aus dem Orient mit und damit in jene Region, deren mächtige Klöster wie **Cluny** und **Citeaux** die Impulse für die ersten beiden Kreuzzüge gaben.

Ein friedlicherer Botschafter des Burgunds ist sein Wein – auch wenn er sich seit je ein Gerangele mit Champagner und Bordeaux um das höchste Renommee liefert. Das weltweite Ansehen des Burgunders ist groß, überraschend klein ist sein Anbaugebiet: nur 27 700 ha ohne das Beaujolais.

Das Burgund umfasst heute vier Departements. Der Mythos vom mächtigen König- und Herzogtum, in dem die Ritterkultur blühte, bleibt indes ungebrochen. Gründer des Reiches waren im 5. Jh. jene Burgunder, die im Nibelungenlied besungen werden. Seine Hochzeit erlebte es im 14. und 15. Jh. als Herzogtum, das – von England unterstützt – mit dem französischen Königreich konkurrierte. Der letzte Herzog, Karl der Kühne, herrschte über ein Gebiet, das über Lothringen, Luxemburg, Flandern und Brabant bis an die Nordsee reichte. Nicht von ungefähr ist die burgundische Architektur so sehr von flämischer Gotik geprägt.

Das heutige Burgund berührt mit dem Kopf die Île de France und die Champagne, die Zehen stoßen ans Beaujolais. Sein grünes Herz ist der **Morvan**, ein dicht bewaldetes und kaum besiedeltes Gebirge. Hauptschlagader war lange die Wasserstraße der Saône, auf der die Weine ihre Reise bis nach Avignon antraten.

Daneben entstanden im 17. Jh. zwischen den Flüssen Kanäle. Das erlaubt Urlaubern heute auf Hausbooten kreuz und quer durchs Land zu schippern, die alten Treidelpfade wurden zu Radwegen umfunktioniert.

Zur **Bourgogne viticole**, in der vor allem Pinot Noir, Chardonnay und Aligoté angebaut werden, gehören die Yonne, die Côte d'Or, die Côte Chalonnaise und das Mâconnais. Das Rückgrat ist dabei die **Côte d'Or**, ein Hochplateau, das sich von Dijon bis Beaune zieht. Es teilt sich in die **Côte de Nuits**, auf der robuste, kräftige Weine entstehen (darunter der teuerste Wein der Welt, der

Namen muss man kennen!

Romanée-Conti), und die **Côte de Beaune**, die für weiche Rot- und feine, trockene Weißweine bekannt ist.

Die Rebhänge heben und senken sich hier wie eine grüne Dünung. Die Dörfer sind winzig, aber ihre Namen lassen Kenner mit der Zunge schnalzen. Die Namen … sie sind die Krux am burgundischen Appellationssystem, das vier Qualitätsebenen kennt: regionale und kommunale Weine, gefolgt von den Premiers Crus und schließlich den Grands Crus. Beim Burgunder kommt es ganz auf die geologischen Unterschiede der Herkunftsböden an. Theoretisch müsste man einen Katasterplan im Kopf haben mit all den Namen der Dörfer, Lagen und Parzellen. Erhellender ist es aber, durch die Weinberge zu wandern, hier und dort einen Griff in die Erde zu tun und an ihr zu riechen. Zu staunen, dass sie hier fett und feucht und wenige Meter weiter mager und steinig ist. Nimmt man dazu bei verschiedenen Winzern eine Kostprobe, bleibt das Ganze auch keine Trockenübung. Und zum Plaisir wird es, wenn man sich in einem Lokal Köstlichkeiten wie Weinbergschnecken, Charolais-Rind oder Fischsuppe schmecken lässt.

Die Reliquien der Kirche Ste-Marie-Madeleine in Vézelay zogen im Mittelalter Abertausende von Pilgern an.

Chablis ⤳ G 4

Das vom Serein durchflossene Städtchen liegt im Departement Yonne im Nordwesten des Burgunds. Vor gut 100 Jahren hatte die Reblaus in dieser Region fast 60 000 ha Rebfläche vernichtet. Heute erleben die Weinberge eine vorsichtige Renaissance, dabei feiert vor allem der Chablis Triumphe. Sehenswert ist die Kirche **St.-Martin** aus dem 13. Jh., deren Eingangstür mit zahllosen Hufeisen beschlagen ist. Angeblich gehörte eines davon dem Pferd der Jeanne d'Arc (Jungfrau von Orléans), die in Chablis 1429 eine Nacht verbracht hat. Nördlich von Chablis erhebt sich der Aussichtspunkt **Aire des Clos**, von dem aus Besucher das berühmte Terroir überblicken können.

Die Weinstraße **Route Touristique des Vignobles de l'Yonne** bietet fünf Rundtouren, auf denen sich auch die Weinberge von Joigny, Au-

xerre, Tonnerre und Vézelay entdecken lassen, auf denen ebenfalls vor allem Chardonnay angebaut wird.

Hotels/andere Unterkünfte
Manoir des Roches
Herzlicher Empfang durch ein englisches Ehepaar in einem Herrenhaus etwas außerhalb von Chablis.
M. und Mme Earley; Tel. 03 86 18 94 71; chablis.manoirdesroches@wanadoo.fr; www.chablis.net/manoirdesroches; 3 Zimmer ●

Essen und Trinken
Laroche Wine Bar
In der Weinbar werden die Weine der Domaine Laroche verkauft, die nicht nur beste Lagen in Chablis besitzen, sondern auch in Südfrankreich, Chile und Südafrika. Ein Restaurant und ein Hotel, beide elegant durchgestylt, gehören dazu.
18, rue des Moulins; Tel. 03 86 42 47 30; www.larochehotel.fr ●●/●●●

La Feuillette
Hier wird eine authentische Küche in schlichtem Ambiente gereicht.
8, rue des Moulins; Tel. 03 86 18 91 67; www.chablis.net/lafeuillette132 ●

Service
Verkehrsbüro Chablis
1, rue du Maréchal de Lattre de Tassigny; Tel. 03 86 42 80 80; www.chablis.net

Ziele in der Umgebung

Auxerre ⤳ G 4
Mit seinen drei an der Yonne gelegenen Kirchen bietet Auxerre eines der schönsten Stadtpanoramen im Burgund. Keine 10 km entfernt liegt St-Bris-le-Vineux, wo in den **Caves de Bailly**, einem ehemaligen Steinbruch, zwischen 4 und 5 Mio. Flaschen Crémant de Bourgogne lagern.
Caves de Bailly, St-Bris-Le-Vineux; Tel. 03 86 53 77 77; www.caves-bailly.fr; Sept.–Juni tgl. 10–12, 14–18.30, Juli, Aug. tgl. 10–18.30 Uhr

Abbaye de Fontenay ⸺⟩ H 4

Das 1118 von Bernhard von Clairvaux gegründete Zisterzienserklos-
ter liegt verwunschen in einem Tal
bei Montbard (1 Std. von Chablis).
Kirche, Kreuzgang und andere Gebäude sind von strenger Schönheit.
Die Madonna von Fontenay (13. Jh.)
hat bezaubernde Grübchen. Faszinierend ist eine rekonstruierte, mit
Wasserkraft betriebene Schmiede.
Secrétariat de L'Abbaye de Fontenay,
Montbard; Tel. 03 80 92 15 00; www.
abbayedefontenay.com; 1. April–1. Nov.
10–18 (Juli/Aug. bis 19 Uhr), 11. Nov.–
31. März 10–12, 14–17 Uhr

Irancy ⸺⟩ G 4

Das in einen Geländetrichter geku-
schelte Dorf ist eine »Rotwein-In-
sel«. Die »Bourgogne Irancy« dürfen
neben Pinot auch die Rebsorte César enthalten. Ihre Aromen sind die
von Cassis, Veilchen und Kirschen.
Die Rebhänge wechseln sich hier
mit Kirschbaumplantagen ab.
  Tipp: Landschaftlich sehr schön
ist der Weg über die Landstraßen
von Chablis über Préhy nach Irancy.

Vézelay ⸺⟩ G 5

Wichtigstes Bauwerk des Wall-
fahrtsortes ist die Basilika **Ste-Marie-Madeleine** (um 1140) mit ihrem
Tympanonrelief, das wie die Kapi-
telle im Inneren von großer erzäh-
lerischer Kraft ist. Am 21. Juni um
12 Uhr erzeugen die hereinfallenden
Sonnenstrahlen vom Eingang bis
zum Chor eine Gerade aus Lichtfle-
cken. Die Krypta birgt Reliquien der
hl. Maria Magdalena.
  Einst bedeutende Station auf
dem Jakobsweg, ist die Stadt von Pil-
gerkellern durchsetzt. Sehen kann
man das in der Weinbar mit Museum
Caves du Pélerin, wo Weine aus der
Yonne angeboten werden (Rue St-
Etienne; www.henrydevezelay.com).
  Tipp: Eine schmale Straße windet sich den Fluss Cousin entlang
nach Avallon.

Dijon ⸺⟩ H 5

Die Verwaltungskapitale des Departements Côte d'Or (150 000 Einwohner) war im Mittelalter Hauptstadt
des Herzogtums Burgund. Zahlreiche Renaissancestadtpalais, einst
Wohnsitze der Parlamentarier, prägen ihr Bild. Um sich einen Überblick über Dijon zu verschaffen,
erklimmt man am besten den 46 m
hohen Turm, den Philipp der Gute
im 15. Jh. errichten ließ. Von hier eröffnet sich ein Panorama über das
typische Gewirr krummer Straßen
hinweg bis über das Tal des Ouche
und die Saône-Ebene.
  Südlich von Dijon beginnt die
Côte de Nuits, der nördliche Teil der
Côte d'Or, wo 24 der 33 burgundischen Grands Crus liegen. Sie bringen farbintensive und tanninbetonte Rotweine hervor, die Jahrzehnte
altern können. Oberhalb dieser Top-
lagen erstrecken sich die Hautes
Côtes de Nuits auf dem felsigen Hü-
gelrücken. Die Trauben werden hier
zwei Wochen später reif, sie ergeben
ebenfalls kräftige, aber günstigere
Weine. An der **Route des Grands
Crus**, die von Dijon über Beaune
nach Santenay führt (parallel zur
Fernstraße RD 974), reihen sich welt-
bekannte Weindörfer aneinander.

HOTELS/ANDERE UNTERKÜNFTE

Hôtel Wilson
Ehemaliges Posthaus (17. Jh.), die
Zimmer sind mit antiken Möbeln aus
den Epochen Louis Philippe und
Louis XIII ausgestattet.
Place Wilson; Tel. 03 80 66 82 50;
www.wilson-hotel.com; 27 Zimmer ●●●

Hôtel Montchapet
In einem ruhigen Viertel gelegene
Unterkunft, fünf Minuten vom Bahnhof und der Innenstadt entfernt.
26, rue Jacques Cellerier; Tel. 03 80 53
95 00; www.hotel-montchapet.com;
43 Zimmer ●●

SPAZIERGANG

Angenehm schlendern lässt es sich zwischen den Markthallen und der Place François Rude mit ihrem alten Karussell und dem Brunnen »Bareuzai«, den eine Statue eines traubenstampfenden Jünglings ziert. Hübsch ist auch ein Spaziergang durch die Rue Musette, Rue de la Chouette und Rue Lamonnoye, wo viele Antiquitätenhändler ihre Läden haben, zur Place du Théâtre und der Kirche St-Michel. Zurück geht es über die Place de la Libération mit dem Palais des Ducs.

SEHENSWERTES
Notre-Dame de Dijon

An der massiven gotischen Fassade fallen zwei Arkadenreihen mit drei Reihen rein dekorativer Wasserspeier auf. Im Inneren befindet sich eine der ältesten Marienstatuen Frankreichs, die **Notre-Dame-de-Bon-Espoir** (11. oder 12. Jh.). Die nördliche Außenfassade ziert eine kleine, steinerne Eule. Nach dem Volksglauben erfüllt sie einen Wunsch, wenn man sie mit der linken Hand berührt.

MUSEEN
Musée des Beaux Arts im Palais des Ducs et des Etats de Bourgogne

1799 gegründet, ist es eines der ältesten Museen Frankreichs und zeigt hochkarätige Werke der europäischen Kunstgeschichte. Prunkstücke sind die Grabmäler der Herzöge aus der in der Revolution zerstörten Chartreuse de Champol. Tel. 03 80 74 52 09; http://mba.dijon.fr; 2. Mai–31. Okt. 9.30–18, 2. Nov.–30. April 10–17 Uhr, 25. Dez., 1. Jan. und Fei geschl.

ESSEN UND TRINKEN
L'Epicerie & Cie

Eine Deko wie im Tante-Emma-Laden zu Vorkriegszeiten, mit Schinken, die von der Decke hängen. Das Restaurant bietet französische Spezialitäten mit persönlicher Note. 5, place Emile Zola; Tel. 03 80 30 70 69 ●●

Le Piano qui fume

Kleines Restaurant, für die Freunde guter Küche mit frischen Zutaten vom Markt. Musik gibt es hier keine, »Piano« heißen auch die Öfen in Restaurantküchen. 36, rue Berbisey; Tel. 03 80 30 35 45 ●●

Chapitre der Weinbruderschaft »Chevaliers du Tastevin« im Château Clos de Vougeot.

Boutique Maille
Das traditionsreiche Unternehmen
bietet Senfsorten mit klassischen
und ungewöhnlichen Geschmacksrichtungen, außerdem schöne alte
Senfgläser und Essigflaschen zum
Verschenken. Maille-Senfgläser werden anstandslos wieder aufgefüllt.
32, rue de la Liberté; Tel. 03 80 30 41 02;
www.maille.com; Mo–Sa 9–19 Uhr

Ziele in der Umgebung

Château Clos de Vougeot   ⤐ H 5
Wie von der Zeit vergessen liegt dieses Château mit Gebäuden aus Mittelalter und Renaissance in seinen
Weinbergen, die jahrhundertelang
dem Kloster von Cîteaux gehörten.
Die von Steinmauern untergliederten
ten 50 ha »Clos de Vougeot« sind
auf rund 100 Besitzer aufgeteilt. Im
besten Fall handelt es sich um vollmundige, rassige und nach dunklen
Früchten duftende Weine. Das teils
zu einem Museum umfunktionierte
Gebäude gehört heute der exklusiven Weinbruderschaft der »Chevaliers du Tastevin«. Ihr Wahrzeichen
ist der altmodische Tastevin, eine
flache Silberschale zum Weintesten.
Beeindruckend sind vier gigantische
Weinpressen aus dem 12. bis 17. Jh.
Château Clos de Vougeot; Tel. 03 80 62
86 09; www.tastevin-bourgogne.com;
April–Sept. So–Fr 9–18.30, Sa 9–17,
Okt.–März So–Fr 9–11.30/14–17.30; Sa
9–17 Uhr, 24., 25., 31. Dez., 1. Jan. geschl.

Gevrey-Chambertin   ⤐ H 5
Die Lagen dieser Gemeinde erzeugen
neun Grand-Cru-Weine und 26 Pre-
mier-Cru-Weine. Der bekannteste ist
der Grand-Cru-Rotwein Chambertin,
Lieblingswein von Napoléon Bonaparte, mit seinen Süßholzaromen.
   Von den Weinbergen führt ein
Wanderweg, der **Parcours Felix Ba-
tier**, in die Schlucht von Lavaux (Com-
be de Lavaux), die aufgrund ihrer
submediterranen Flora unter Natur-

schutz steht. Die Nachbargemeinde
Fixin bringt tanninreiche Weine mit
Noten von Moschus hervor, die denen von Gevrey-Chambertin ähneln,
aber günstiger zu haben sind.

Nuits-St-Georges   ⤐ H 5
Der Ort erlangte 1969 Weltruhm,
weil bei der Weltraum-Mission Apol-
lo 15 eine Flasche Nuits-Wein mit
ins All flog und ein Mondkrater »St-
Georges« getauft wurde. Ein Rundweg (1,5–2 Std.), der **Sentier Felix
Tisserand**, führt durch die Stadt, an
einigen seiner Cru-Weinberge und
außerdem am berühmten Steinbruch
Comblanchin vorbei, dessen rosafarbener Marmor in alle Welt verkauft wird. Mit ihm ist auch die spät-
romanische Kirche St-Symphorien
aus dem 13. Jh. ausgekleidet.
   Die Destillerie **Cassissium** widmet sich ganz der Produktion der
lokalen Spezialität, dem Cassis, einem Likör aus schwarzen Johannis-
beeren. Kauf und Verkostung.
Rue des Frères Montgolfier; Tel. 03 80 62
49 70; www.cassissium.com; April–19. Nov.
10–11.30, 14–17.30; 20. Nov.–März 10–
11.30, 14–16 Uhr, So, Fei geschl.

Vosne-Romanée   ⤐ H 5
Hier werden elegante Weine gekeltert, mit Aromen von Fruchtkonfitü-
re und frischer Erde. Der Grand Cru
Romanée-Conti ist der teuerste Rotwein der Welt, von ihm werden nur
rund 6000 Flaschen pro Jahr produziert, eine davon kann je nach Jahrgang und Alter um die 5000 € kosten.
   In Gilly-les-Citeaux, wenige Kilometer nordöstlich von Vosne-Romanée, liegt die **Domaine de la Clo-
serie**. Das von alten Bäumen um-
standene Wohnhaus aus dem 18. Jh.
lockt mit großzügigen Zimmern und
einer familiären Atmosphäre. Die
Besitzer bieten Kurse zur Weinver-
kostung an (Sandrine et André La-
naud, 16, avenue Bouchard; Tel.
03 80 62 87 74; www.closerie-gilly.
com; 5 Zimmer, 1 FW ●●).

Nördlich von Vosne-Romanée serviert man im Restaurant **Clos de la Vouge** herzhafte burgundische Küche, z. B. Weinbergschnecken, Petersilien-Schinken oder Gerichte vom Charolais-Rind mit üppigen Portionen. Terrasse am Fluss (1, rue du Moulin, Vougeot; Tel. 03 80 62 89 65; www.hotel-closdelavouge.com).

....

Beaune   ⤑ H 5

Die »Route des Grands Crus« geht über in die **Côte de Beaune**, die mit 3000 ha etwa doppelt so groß ist wie die Côte de Nuits. Ihre Landschaft ist lieblicher, die Rebhänge sind sanfter. Auf den Böden gedeihen neben hervorragenden Rotweinen auch große Weißweine.

Mitten in diesem Gebiet liegt die Stadt Beaune. Die Bauwerke aus Mittelalter, Renaissance und Barock machen sie zu einem architektonischen Kleinod. Die Reste der Wehrmauer dienen heute prestigeträchtigen Weinhäusern als Lager. Ein Muss ist das **Hôtel Dieu**, wo jedes Jahr, inzwischen von Christie's organisiert, die berühmte Weinversteigerung der Hospices de Beaune stattfindet, mit deren Einnahmen die Instandsetzung des Gebäudes und des Museums bezahlt werden.

HOTELS/ANDERE UNTERKÜNFTE
Hôtel Belle Epoque
Charmantes Hotel in einem Weinhandelshaus aus dem 18. Jh. mit eigenem Garten.
15–17, rue du Faubourg Bretonnière; Tel. 03 80 24 66 15; www.hotel-belleepoque-beaune.com; 19 Zimmer ●●●

Hôtel de la Paix
Familiäres Drei-Sterne-Hotel in einem Herrenhaus aus dem 19. Jh., 5 Min. vom berühmten Hôtel Dieu entfernt.
45, rue du Faubourg Madeleine; Tel. 03 80 24 78 08; www.hotelpaix.com; 21 Zimmer ●●●

SEHENSWERTES
Basilika Notre-Dame
In der Basilika (12. Jh. begonnen) vermengen sich elegant romanische und gotische Elemente. Prunkstücke sind die im Chor ausgestellten Tapisserien (1550), die detailreich das Leben Mariens erzählen.
Place Général Leclerc, Beaune; Tel. 03 80 24 77 95; Juni–Sept. Mo–Sa 9.30–12.30, 14–19, Okt.–Mai Mo–Sa 9.30–12.30, 14–17, So, Fei 13–17 Uhr

Hôtel Dieu
Meisterwerk der flämischen Gotik. Von außen schlicht und streng gibt dieses 1443 errichtete Armenspital seinen ästhetischen Reichtum erst im Innenhof preis: Über einer Fachwerkkonstruktion erhebt sich ein gewaltiges Dach, dessen bunte Ziegel in kunstvoller Geometrie geordnet sind. Der Krankensaal, überdacht von einem Tonnengewölbe in der Form eines umgedrehten Schiffsrumpfs, erinnert an ein erhabenes Schiff, das hinüber in die Ewigkeit gleitet. Ursprünglich hing das heute in einem separaten Raum ausgestellte Altarbild »Das Jüngste Gericht«, ein absolutes Meisterwerk von Rogier van der Weyden, am Ende des Saals. Zu besichtigen sind u.a. auch das Krankenzimmer, das Adligen vorbehalten war, die alte Apotheke und Krankenhausküche.
2, rue de l'Hôtel-Dieu, Beaune; Tel. 03 80 24 45 00; www.hospices-de-beaune.com; März–Nov. 9–18.30, Dez.–Feb. 9–11.30, 14–17.30 Uhr

Hôtel des Ducs de Bourgogne (Musée du Vin)
In der einstigen Residenz der Herzöge von Valois ist heute ein kleines Museum untergebracht, das sich dem Weinanbau, seinen Arbeitsmethoden und Traditionen von der Antike bis zur Gegenwart widmet. Neben Weinpressen aus dem 16. bis 19. Jh. sind auch sehr schöne Wandteppiche zum Thema Wein zu bewundern.

Rue d'Enfer; Tel. 03 80 22 08 19;
www.musees-bourgogne.org; April–Nov.
9.30–18, Dez.–März 9.30–17 Uhr

Innenhöfe und Straßen
Schöne Häuser aus dem 16. Jh. zieren die Rues de Lorraine, Carnot, Monge und die Gassen um die Place Fleury. Im Innenhof des **Hôtel de Saulx** (Place Fleury) wurde eine Monochrom-Malerei zutage gefördert, die anlässlich der Eroberung von Konstantinopel verwirklicht wurde.

ESSEN UND TRINKEN
Via Mokis
Regionale und internationale Überraschungsgerichte. Die Weinbar bietet über 300 Weine, davon 50 offene. Fünf Hotelzimmer in modernem Design, aber nicht ungemütlich. Ein Spa spendet Erholung.
1, rue Eugène Spüller; Tel. 03 80 26 80 80; www.viamokis.com; 5 Zimmer ●●●

EINKAUFEN
Athenaeum
Bücher und Accessoires zum Thema Wein, Romane, Kochbücher, regionale Produkte. Angeschlossen sind eine Spielzeugabteilung und Weinbar.
Rue de l'Hôtel-Dieu; Tel. 03 80 25 08 30; www.athenaeumfr.com

Weinbar Sensation Vin
Weinproben und Einführung in die Weinherstellung in elegantem Flair. Verkauf zu Weingutpreisen.
1, rue d'Enfer; Tel. 03 80 22 17 57; www.sensation-vin.com

SERVICE
Fremdenverkehrsamt Beaune
6, boulevard Perpreuil; Tel. 03 80 26 21 30; www.beaune-tourisme.fr; 21. März–16. Nov. tgl. 9–19, 17. Nov.–20. März 9–18, So bis 17 Uhr

Ziele in der Umgebung

Pernand-Vergelesses ····⫸ H 5
Postkartengleich gelegenes Winzerdorf, mit gelb-schwarz geziegeltem Kirchturm. Blick von der Kapelle Notre-Dame de Bonne Espérance. Trockene Weiß- und Rotweine mit Fruchtaromen nach Apfel bzw. Cassis. Premiers-Crus-Lagen.

Savigny-lès-Beaune ····⫸ H 5
Das Schloss zeigt eine Sammlung historischer Motorräder, Rennwagen und Jagdflieger. Die weichen, eher femininen Rotweine gehen aromatisch in Richtung von Sauerkirsche und Erdbeere, die Weißweine haben Anklänge von Banane und Ananas.

Das Hôtel Dieu in Beaune gewährte einst den Ärmsten der Armen ein würdiges Sterben.

Meursault, Puligny-Montrachet und Chassagne-Montrachet → H 5

Hier betritt man das Reich des Chardonnay, der auf kieselreichen Kalkmergelböden vollmundige Grands Crus mit Aromen von Mandel, Marzipan und weißen Blüten hervorbringt. Lohnenswert ist ein Umweg nach St-Romain (zwei Küfereien) und von dort auf einem Sträßchen ein Spaziergang nach Orches. Auf einem Felsen in La Rochepot (8 km von Chassagne-Montrachet entfernt) steht seit dem 13. Jh. das **Château de la Rochepot**, mit farbigen Ziegeln, Wehrmauer und vielen Türmen ein Märchenschloss par excellence.

Pommard und Volnay → H 5

Herausragende Vertreter des Anbaugebiets. Kenner wissen, dass die kräftigen, wilden Pommards und die eleganten Volnays auch Grands Crus sein könnten; aus historischen und Steuergründen sind die Lagen »nur« als Premiers Crus eingestuft.

Santenay → H 5

Mitten in den Weinbergen steht die Windmühle von Sorine. Vom nahen Mont de Sène sieht man weit über das Land. Von Santenay aus kann man auf dem markierten Radweg **Voie de Vignes** durch die berühmten Weindörfer nach Beaune radeln. Geführte Touren und Fahrradverleih: Florian Garcenot (Bourgogne Evasion, 8, Hameau du Château, Rully; Tel. 06 64 68 83 57; http://bourgogne.evasion.site.voila.fr).

Chalon-sur-Saône → H 5

Größte Stadt des Departements Saône-et-Loire. Die Kathedrale St-Vincent stammt aus dem 12. bis 15. Jh. Auf der von Renaissance-Fachwerkhäusern umstandenen Place St-Vincent findet zweimal die Woche ein schöner Markt statt. Der Saônehafen ist ein wichtiger Anlaufpunkt für Flusskreuzschiffe und Hausboote, die man auch mieten kann.

Westlich der Stadt liegt die Côte Chalonnaise. Lieblich ist das von Flüsschen durchzogene Pays des Maranges. Einen Stopp lohnt in **Couches** das von Bäumen umschlossene Schloss der Margarete von Burgund. In **Bouzeron** wächst der beste Aligoté des Burgunds. Aus dieser halbedlen weiße Traube entsteht ein trockener Wein mit vanilligen Noten. Ein klassischer Kir wird mit Aligoté gemixt. Bei Rully, Mercurey, Givry und Montagny entstehen weiße und rote Weine von großer Finesse. Mercurey- und Givry-Weine ähneln manchen Weinen der Côte de Beaune, sind aber günstiger zu erwerben.

Chambre d'hôtes Protheau
Einfache, aber sehr saubere, am Ortsrand des bekannten Weindorfs gelegene Unterkunft. Ca. 20 Min. von Chalon-sur-Saône entfernt.
Christine Protheau, Chemin de la Madone, Mercurey; Tel. 03 85 45 13 52; E-Mail: christine_brintet@yahoo.fr; 4 Zimmer ●/●●

Musée Nicéphore Niépce
Das Museum ist dem großen Sohn der Stadt, Nicéphore Niépce, und seiner Erfindung, der Fotografie, gewidmet.
Quai des Messageries, 28; Tel. 03 85 48 41 98; www.museeniepce.com

Le Bourgogne
Das auf der Ile St-Laurent gelegene Restaurant bietet exzellente, mit Liebe gekochte burgundische Küche.
28, rue de Strasbourg; Tel. 03 85 48 89 18; www.restau-lebourgogne-chalon.fr ●●●

Ziele in der Umgebung

Cluny → H 6
Die Stadt verdankt ihre Bekanntheit der 910 n. Chr. gegründeten mächtige Abtei. Zeugen ihrer kühnen Ar-

MERIAN-Tipp

❸ Château de Rully

Mit seinen Zinnen und Festungsmauern thront das von einem herrlichen Park mit alten Bäumen umgebene Château (12.–18. Jh.) über der Ortschaft Rully. Die charmante Burgherrin führt selbst durch die noch bewohnte Burg. Zum Anwesen gehört ein eigenes Weingut. Im Juli und August finden Kunstausstellungen statt.

Mme. Brigitte du Ternay; Tel. 03 85 87 20 89; www.chateau-rully-bourgogne. com; Führung auf Anmeldung; Mo, Di geschl.   ⤳ H 5

chitektur sind heute nur noch ein Querhaus und ein Turm. Im einstigen Kornspeicher sind Plastiken und Säulenkapitelle ausgestellt. Modelle von Stadt und Kirche sowie Teile der Klosterbibliothek befinden sich im Städtischen Museum.

Cluny ist Sitz des von Napoléon I. ins Leben gerufenen Nationalgestüts, das besichtigt werden kann. Das Clunisois ist berühmt für seine romanischen Dorfkirchen, die den Stil von Cluny oder der nahen Abtei Tournus aufgreifen.

SERVICE

Verkehrsbüro Cluny
6, rue Mercière; Tel. 03 85 59 05 34; www.cluny-tourisme.com; Di–Sa 10–12.30, 14.30–17 Uhr (in der Hauptsaison erweiterte Öffnungszeiten)

Mâcon   ⤳ H 6

Im ebenfalls an der Saône gelegenen Mâcon verraten römische Ziegel und bunte Häuser schon mediterranen Einfluss. Die Weinberge im Mâconnais sind zu 85 % mit Chardonnay bestanden. Die edelsten Weine kommen aus den Pouilly-Dörfern, charakteristisch für sie sind Anklän-

ge an Mandeln und Haselnüsse. Die Route des Vins Mâconnais-Beaujolais folgt der D 67 und führt von St-Gengoux-le-National bis nach Romanèche-Thorins (→ S. 58).

HOTELS/ANDERE UNTERKÜNFTE

Domaine de Poiseuil
Stilvoll eingerichtete Zimmer in einem Herrenhaus aus dem 19. Jh. Die Autobahn liegt verkehrsgünstig nah. Vor dem Haus bieten Wiesen und ein Pool Entspannung. Zwei Baumhäuser laden zur Übernachten in der Höhe ein. Table d'hôtes.

Mme. und M. Robinet, Le Haut de St-Albain, Viré (6 km nördl. von Mâcon); Tel. 03 85 33 11 15; www.poiseuil.com; 5 Zimmer ●●/●●●

Ziele in der Umgebung

Château de Pierreclos   ⤳ H 6
Bei Solutré gelegene Burg mit einer authentisch eingerichteten mittelalterlichen Küche und Bäckerei. Die Keller des 12. Jh. dienten früher als Verliese, heute sind sie eine Ladenbar für Wein und regionale Produkte.

Mme. und M. Pidault; Tel. 03 85 35 73 73; www.chateaudepierreclos.com; tgl. geöffnet (außer an Winterwochenenden)

Roche de Solutré   ⤳ H 6
Unweit von Solutré-Pouilly ragt aus den Weinbergen ein Kalkfelsen mit einer sanft ansteigenden und drei jäh abfallenden Flanken. Der Aufstieg zum Gipfel belohnt mit einer fantastischen Sicht. Berühmt ist die Ortschaft für die prähistorischen Funde Tausender von Pferdeknochen. Ein Museum dokumentiert das steinzeitliche Leben und alte Jagdmethoden im Mâconnais. Weit weniger besucht ist der Nachbarfelsen »Roche de Vergisson«.

Musée Départemental de Préhistoire de Solutré; Tel. 03 85 35 85 24; www. cg71.fr/jahia/Jahia/pid/403; Jan.–März, Okt.–Nov. 10–12/14–17, April–Sept. 10–18 Uhr, Dez., 1. Jan., 1. Mai geschl.

Weingüter

Domaine Defaix   ⟶ G 4

Seit dem 18. Jh. baut die Familie Defaix in Chablis ihren Wein an. Zu ihrem Besitz gehören Parzellen, die bereits die Mönche der nahen Pontigny-Abtei als beste Lagen ausgewählt hatten. Die Kalkmergelböden von Chablis sind durchsetzt mit Tausenden fossiler Austernschalen, die dem Weißwein seine einzigartigen mineralischen Noten von Feuerstein (»pierre à fusil«) geben und ihn besonders gut zu Krustentieren schmecken lassen. Legen Sie den Besuch von Chablis so, dass Sie danach nicht mehr Auto fahren müssen, denn fürs Ausspucken sind diese Weine wahrhaftig zu schade. Nehmen Sie sich die Zeit für eine stufenweise Verkostung, um das Crescendo von einfachem Chablis über die Premiers bis hin zu den Grands Crus bewusst zu erleben. In den siebten Himmel hebt der Grand Cru »Blanchot« mit seinen Aromen von Ginsterblüten und Honig, Kenner sagen von Gelée Royale.
Rue Auxerroise, Chablis; Tel. 03 86 42 42 05; www.chablisdefaix.com

Domaine Elise Villiers   ⟶ G 5

Elise Villiers ist eine der engagierten Winzerinnen, die den seit der Antike bebauten und vor rund 100 Jahren von der Reblaus vernichteten Weinberg von Vézelay wieder aufblühen lassen. Zu ihrem nur 5 ha großen Besitz gehören mit die besten Lagen der Umgebung, darunter auch der »Clos« unterhalb der Basilika Ste-Marie-Madeleine, am Fuß der Befestigungsmauer von Vézelay. Hier wurden erst vor rund 30 Jahren wieder Reben gesetzt. Elise Villiers hat bereits die kommunale Appellationsstufe »Bourgogne Vézelay«, die übrigens nur für Weißwein gilt, erreicht. »La Chevalière« und »Le Clos« haben feine, florale Aromen, ihre goldgelbe Farbe ist durchsetzt von grünen Lichtreflexen. Ihren Weinberg bestellt Madame Villiers nach den Vorschriften des integrierten Anbaus. Der Weinkeller liegt rund 7 km südöstlich von Vézelay in dem Weiler Précy le Moult, hoch über dem tief eingeschnittenen Tal der Cure, auf deren Fluten sich gerne Kanuten vergnügen.
Précy le Moult (ca. 1,7 km von Pierre Perthuis); Tel. 03 86 33 27 62; E-Mail: elisevilliers@yahoo.fr

Herbstliche Weinlese auf dem Gut Vougeot. Im Mittelalter experimentierten Mönche im Weingarten des Château Clos de Vougeot (→ S. 43) mit verschiedenen Rebsorten.

Domaine Delorme ····⟩ H 5

Rully ist eine der wichtigsten Herstellungsorte für den prickelnden Crémant de Bourgogne. Seine feinen, mitunter auch intensiven Weißweine sind von goldgelber Farbe und haben Aromen, die an Haselnuss bis Veilchen erinnern. Die Roten schimmern purpur und können nach Flieder, Himbeere und eingemachten Kirschen duften. Ein renommierter Produzent von Rully-Weinen ist das Winzerehepaar Delorme, deren lang gestreckter Weinkeller schräg unterhalb des Château de Rully liegt. In ihrer herzlichen Art führen sie Gäste durch ihre Cuverie und lassen sie bei der Verkostung an ihrer Passion teilhaben. Ihre lebendigen Weißweine der Lage Varot sind bis zu 15 Jahre lagerbar. Tipp: Verbinden Sie einen Besuch mit der Besichtigung des Schlosses Rully.
Anne und Jean-François Delorme; 12, rue St-Laurent, Rully; Tel. 03 85 87 04 88; www.domaineanneetjeanfrancois delorme.com

Domaine Dufouleur ····⟩ H 5

Kaum tritt man durch das Eingangstor der Kellerei mitten in Beaune, bleibt die geschäftige Stadt plötzlich hinter einem. Ein herrlicher, von einer Steinmauer umgebene Garten mit großen Bäumen tut sich auf. Hier befindet sich der Weinkeller der Dufouleurs, die sich erst 1978 ihre eigene Domaine mit Weinen der Appellation Beaune schufen. Ihr Premier Cru »Les Cent Vignes« riecht nach reifen roten Beeren und hat runde Tannine, der »Clos du Roi« würzige, pfeffrige Noten und seidige Tannine, »Les Perrières« besticht durch elegante, mineralische Aromen. Wer länger verweilen will, kann dies tun: in sehr luxuriösen Gästezimmern, zu denen ein Lesesaal und ein kleines türkisches Dampfbad gehören.
Loïs Dufouleur, Boulevard de la Bretonnière, Beaune; Tel. 03 80 22 04 62; www.jardinsdelois.com

Domaine Mestre Père et Fils ····⟩ H 5

Der Weinkeller und das Geschäft der Mestres, der ihnen als Vitrine für ihre große Palette an Weinen dient, liegt direkt am Hauptplatz des kleinen Ortes Santenay an der Grenze zur Côte Chalonnaise. Die Santenay-Böden sind die direkten Nachbarn des großen Weißweinterroirs Chassagne-Montrachet, aber erzeugen kräftige Rotweine. Deren Aromen entfalten sich am besten erst nach einigen Jahren Lagerzeit und gehen dann in Richtung Kastanie und Pflaume. Für Liebhaber älterer Jahrgänge, denen es schwer fällt, ihren Lieblingswein unangetastet im Keller ruhen zu lassen, bieten die Mestres eine Reserve an Flaschen, die bis in die Sechziger- und Siebzigerjahre zurückreichen. Das Weingut verfügt darüber hinaus auch über Lagen in Chassagne-Montrachet.
Place du Jet d'eau, Santenay; Tel. 03 80 20 60 11; www.mestre-pere-et-fils.fr

Château de Fuissé ····⟩ H 6

Der Pouilly-Fuissé ist der König unter den Weißweinen im Mâcon, was sich – obwohl kein Premier Cru – auch im Preis niederschlägt. Seine Weinberge erstrecken sich über die Ortschaften Pouilly, Fuissé und Solutré und formen eine natürliche Arena, überthront von der Felsnase des »Roche de Solutré«. In der Manege dieses Zirkus liegt das Dorf Fuissé mit dem Château de Fuissé der Familie Vincent, bekrönt von einem fünfeckigen Turm.

Das Weingut ist bekannt für seine alterungsfähigen Weine, die zum Teil in neuen Barriques ausgebaut werden. Köstlich ist beispielsweise die Cuvée »Les Brulés« vom gleichnamigen Mikroklima, der die pralle Sonne eine kräftig goldgelbe Farbe und füllige Aromen von Mandel, Aprikose und Pfirsich geschenkt hat.
Jean-Jacques Vincent, Fuissé; Tel. 03 85 35 61 44; www.chateau-fuisse.fr

Wein als Medizin

Weinliebhaber haben es schon lange gewusst: Ein Gläschen in Ehren hilft Körper, Geist und Seele.

Wein auf Rezept? Eine wenig wahrscheinliche Zukunftsvision, die jedoch nicht einer gewissen Grundlage entbehrt. Denn Mediziner sprechen dem Rebensaft durchaus Heilwirkung zu – vorausgesetzt, man genießt in Maßen! Die keineswegs neue Erkenntnis veranlasste schon römische Feldherren, ihren Soldaten Wein für Marschgepäck und Lebenshygiene zu verordnen. Kämpften sich Legionäre bei Eroberungszügen doch oft durch barbarische Gebiete, in denen Wein weitaus keimärmer und sauberer war als Wasser. Wer nicht gleich seine gesamte tägliche Getränkeration zu sich nahm, der desinfizierte zumindest unreines Wasser mit etwas Alkohol oder Essig und blieb gesund.

Verdankt Europa also den Siegeszug der ersten großen Zivilisation dem Wein, dem Göttertrank der Griechen und Römer? Götter sind bekanntlich unsterblich … was zumindest nahelegt, dass Wein gesundheitsförderlich ist – oder wenigstens hervorragend konserviert.

Für die Konservierung des Rebensaftes selbst begann man im Mittelalter nach arabischem Vorbild Wein zu destillieren und auf seine Essenz, den »spiritus vini« (Geist des Weines), zu reduzieren. Ursprünglich vor allem für medizinische Zwecke, auch wenn an dem höherprozentigen Branntwein durchaus auch gesunde Menschen Gefallen fanden. Als Genuss- und Stärkungsmittel trat Wein so im Mittelalter seinen Siegeszug durch die Alte Welt an.

In unserer gesundheitsbewussten Zeit versuchen nun Amerikaner, gefolgt von Japanern und anderen Asiaten, mit Wein gegen stressbedingte Herz-Kreislauf-Probleme anzutrinken. Schließlich betonte kürzlich sogar die hochoffizielle Deutsche Gesellschaft für Kardiologie, moderater Alkoholkonsum unterstütze die Bildung von wichtigen Hormonen wie Adiponektin. Eine Forschergruppe des Universitätsklinikums Ulm konnte in einer Studie mit 72 Probanden nachweisen, dass kleinere Alkoholmengen die Bildung dieses

Hormons stimulieren. Wissenschaftlich ausgedrückt liest sich das folgendermaßen: »Moderater Konsum von Bier, Rotwein oder Äthanollösung führt zu einem Anstieg der Plasmakonzentration von Adiponektin«.

Besonders ältere Rotweine auf der Basis von Tannat- oder Cabernet-Sauvignon-Reben gelten als wahre Medizin und erklären das »French paradox«. Der Begriff wurde 1991 im US-Fernsehen geprägt und bezeichnet die erstaunliche Tatsache, dass Franzosen aus dem Südwesten trotz ihres genussbezogenen Lebensstils mit schwerem, fettreichem Essen (»cassoulet«, »foie gras« & Co.) und viel Wein bedeutend weniger an Herz-Kreislauf-Krankheiten leiden als ihre Landsleute im Norden.

Von alters her galt Wein zudem als Stärkungsmittel, Fieber senkend und Energie schenkend. Heute weiß man, dass Wein Eisen enthält und so die Bildung roter Blutkörperchen fördert. Auch die besonders in Rotwein enthaltenen bitteren Gerbstoffe oder Tannine sowie mehrere Vitamine (u. a. Vitamin C) adeln ihn zum Gesundheitstrank. Dass er die Magensäfte anregt und Hilfe bei der Verdauung leistet, weiß fast jeder aus Erfahrung. Weniger bekannt ist seine Rolle für den Protein-Haushalt. Aus Statistiken in Altersheimen geht hervor, dass moderater Weinkonsum die Muskelmasse erhöht. Wissenschaftler führen dies darauf zurück, dass Wein für eine bessere Aufnahme von Proteinen sorgt – in Muskeln und anderswo. Wer sich täglich ein Gläschen in Ehren nicht verwehrt, der ist besser gewappnet gegen körperlichen und seelischen Stress. In Tierversuchen bestätigten Forscher diese Beobachtung ... auch wenn der Gedanke an Labormäuse, die regelmäßig ihr Schöppchen genießen, zum Schmunzeln verführt.

Gehört Rotwein also demnächst zu jedem echten Fitnessprogramm? Die Stimmung jedenfalls hebt jede Art von Wein. Im Gehirn wird – so zeigt das Elektronenmikroskop – Acetylcholin unter Alkoholeinfluss besonders schnell freigegeben, was ein Gefühl von Leichtigkeit und Wohlbefinden vermittelt. Bei zu viel Alkohol allerdings wird das Acetylcholin zu rasch aufgebraucht – ein Mangel, der sich in Depressionen äußert.

Wein als Medizin setzt natürlich verantwortungsbewussten, moderaten Umgang mit dem traditionsreichen Rauschmittel voraus. Wie sagt doch ein chinesisches Sprichwort: Nicht der Wein macht betrunken, sondern der Mensch sich selbst.

Die moderne Medizin beweist, dass Wein in Maßen förderlich ist – und empfiehlt das berühmte »Gläschen in Ehren«.

Beaujolais

Das märchenhaft hügelige Land bietet nicht nur
junge, sondern auch ältere, gewichtigere Weine.

*Weiche Formen und saftiges Grün – die Landschaft des Beaujolais ist im Westen von
sanften Hügelwellen geprägt, auf denen der Wein prächtig gedeiht.*

Beaujolais

Das Beaujolais ist eine der bukolischsten Regionen Frankreichs. In der Saône-Ebene ist das Land noch glatt gespannt wie ein Laken. Einige Kilometer weiter westlich aber, fern von Autobahn und Zugstrecke, buckelt sich die Erde zu einem niedrigen Gebirge auf. Rundliche Hügel fließen ineinander, schwimmen im Grün ihrer Weinberge, Wälder und Weiden. Dörfer kuscheln sich in Mulden oder thronen auf Vorsprüngen. Schmale Straßen verlaufen in engen Kurven und verlocken dazu, bald über diesen Hügel, bald um jenen Berg herumzufahren. Viele Strecken sind so verkehrsarm, dass Radfahrer auf ihnen stressfrei in die Pedale treten können. Im Süden des Beaujolais, im **Pays des Pierres dorées**, setzen Dörfer ockergelbe Punkte.

Rund 20 500 ha sind hier mit Wein bepflanzt, der größte Teil davon mit Gamay, einer rothäutigen Traube mit weißem Fleisch, und nur ein ganz geringer Teil mit Chardonnay. Einst war der ertragreiche Gamay auch im Burgund beheimatet, aber 1395 ließ ihn dort aus kommerziellen Gründen Philipp der Kühne als »unehrenhafte« und »illoyale« Rebsorte verleumden. Ins Beaujolais abgedrängt, brachte er auf dessen granit- und schieferhaltigen Böden viel bessere Weine hervor.

Das Beaujolais ist nur rund 50 km lang und 15 km breit. Von Lyon aus erstreckt es sich westlich der Saône bis nach Mâcon im Norden. Im Mittelalter gab das winzige **Beaujeu** den Ton an, bevor es seine Bedeutung an **Villefranche-sur-Saône** verlor. Seinen Namen indes hat es der Region für immer geschenkt. Übrigens: Gerade weil das Beaujolais nicht mit Städten, sondern seiner Landschaft trumpft, lohnt es sich, in den Chambres d'hôtes abzusteigen. Oft befinden sie sich in alten, wunderbar restaurierten Häusern, umgeben von Weinbergen und Wiesen.

Mag das Beaujolais klein sein, sein Name ist groß. Kommt am dritten Donnerstag im November der »Beaujolais Nouveau« oder »Primeur« auf den Markt, wird das in Paris und Berlin ebenso gefeiert wie in New York oder Tokio. Der duftende, fruchtige Wein ist wenige Wochen nach der Ernte fertig; eine besondere Fermentationstechnik macht dies möglich. Die Gärung findet in den ungepressten Trauben statt, die erst im Verlauf des Prozesses aufplatzen. Der Nouveau muss jung getrunken werden, sonst wird er bald zu Essig.

Umflossen von Rhône und Saône

Die Winzer holen aus den Böden aber auch langlebigere Weine heraus. Von diesen sagt man, sie sollten ihr Ostern gefeiert haben, also mindestens sechs Monate gereift sein, besser länger. Und die edlen Crus, die manchmal bis zu zehn Jahre halten, strafen Philipp den Kühnen Lügen.

Die zwölf Appellationen folgen im Groben der Geografie des Beaujolais. Im Süden die einfachen Beaujolais, in der Mitte – ein Rang höher – die Beaujolais-Villages und nördlich davon die zehn Crus: Brouilly, Côte de Brouilly, Régnié, Chiroubles, Morgon, Fleurie, Moulin-à-Vent, Chénas, Juliénas und St-Amour.

Wo auch immer das Weingut liegt, es ist der Winzer selbst, der den Besucher mit dem kräftigen Druck seiner schwieligen Hand begrüßt. Die Verbundenheit der Menschen mit ihrem Terroir findet das Echo in ihren Weinen. Und wenn im September aus den Pressen der allererste Most läuft, »le paradis«, dann steigen in allen Orten Feste. Besucher können dann »andouillettes«, Würste aus Innereien, essen, die auf dem »marc« gegart wurden, dem Trester aus Beerenhäuten und Traubenstengeln.

Villefranche-sur-Saône

----> H 6

Villefranche (32 000 Einwohner) ist seit dem 16. Jh. Verwaltungshauptstadt des Beaujolais. Weil hier die Steuer nach der Breite der Fassade erhoben wurde, sind viele der Renaissancehäuser auffällig schmal und ziehen sich dafür mit versteckten Innenhöfen nach hinten. Die Bewohner heißen »Caladois«, was wohl von »calade« kommt, was im Mittelalter gepflasterte, geneigte Straße bedeutete. Und in der Tat steigt die Haupteinkaufsstraße, die Rue Nationale, die vor der Collégiale Notre-Dame-des-Marais ihren niedrigsten Punkt hat, beiderseits deutlich an.

Das größte Fest der Stadt ist **La Vague**, die Welle. Jeweils am letzten Januarsamstag werden die Männer gefeiert, die in diesem Jahr in ein neues Jahrzehnt eintreten. In Smoking und Zylinder, geschmückt mit Blumen und Bändern, ziehen sie durch ein Spalier von Menschen die »Rue Nat'«, wie sie liebevoll genannt wird, hinunter, um mit allen Bürgern ein Fest bis in die Nacht zu feiern.

SEHENSWERTES

Collégiale Notre-Dame-des-Marais

Die Kirche aus dem 13. Jh. steht auf einem einstigen Sumpf, in dem man der Legende nach eine Marienstatue fand. Die Fassade im flamboyanten Stil entstammt dem 16. Jh., der 83 m hohe Turm kam 1862 hinzu. Nähere Betrachtung verdienen die Wasserspeier auf der Nordseite, darunter die Darstellung der Wollust: die Paarung eines Ziegenbocks mit einer Hexe. Das Innere birgt Buntglasfenster aus dem 14. bis 16. Jh. Eine bewegende Darstellung befindet sich über der Tür zur Sakristei: Eine das Jesuskind stillende Maria erblickt in der Zukunft die Kreuzigung Jesu.

Renaissance-Häuser

Les Fleurons (15. Jh.), 125, rue Corlin. Zugang nur im Rahmen von Führungen. Bemerkenswert sind der Innenhof im spätgotischen Stil und ein Laufgang mit Kreuzrippengewölbe.

La Coupe d'Or (14. Jh), 528, rue Nationale. Freier Zugang. Einst eines der größten und bekanntesten Gasthäuser der Stadt. Innenhof im Stil der Zeit Ludwig XIV. mit kunstvoll geschmiedeten Balkongeländern.

Auf dem Dorfplatz von Vaux-en-Beaujolais steht ein Pissoir – eine Reminiszenz an den bekannten Schelmenroman »Clochemerle« von Gabriel Chevallier.

La Maison de l'Italien, 407, rue Nationale. Freier Zugang. Elegant dekoriertes Bürgerhaus mit zwei Innenhöfen. Eine Wendeltreppe führt zu einem Raum, in dem früher ein Wächter Brandwache hielt.

La Maison Giliquin (16.–17. Jh.). Zugang durch ein Tor in der Passage de l'Ancienne Mairie. Schattiger Innenhof mit zweistöckiger Galerie, Wendeltreppe und Brunnen.

MUSEEN
Musée Paul Dini
In einem ehemaligen, geschickt umgebauten Getreidespeicher werden Maler aus der Region Rhône-Alpes ausgestellt, deren Schaffen vom 19. Jh. bis zur Gegenwart reicht.
2, place Faubert; Tel. 04 74 68 33 70; www.musee-paul-dini.com; 10–12.30, 13.30–18 (Sa, So 14.30–18 Uhr), Mo, Di, Fei geschl.

ESSEN UND TRINKEN
Cap@sens
Schicke Ladenbar an einem modern gestalteten, mit Rebstöcken bepflanzten Platz, wo Weine und andere lokale Produkte verkostet und erstanden werden können.
3, place Humbert; Tel. 04 37 55 12 05; Mo–Fr 8.30–19 Uhr ●●●

La Grande
Restaurant mit freundlichem Service und frischer, regionaler Küche. Gutes Preis-Leistungs-Verhältnis.
322, rue de Belleville; Tel. 04 74 60 65 81; mittags und abends geöffnet, Sa, So, Mo sowie im Aug. geschl. ●●

EINKAUFEN
Marché Couvert
Die Markthallen der Stadt sind berühmt für ihre Architektur aus den Zwanzigerjahren und das reiche Angebot an Früchten, Gemüse, Fisch, Fleisch, Käse, Honig, Gewürzen und anderen Lebensmitteln.
Place du 8 mai 1945; Mo, Mi, Fr 8–12 Uhr, Di, Do geschl.

Ziele in der Umgebung

Salles-Arbuissonnas   ⋯⋯⟩ H 6
Weinberge umgeben das aus ockerfarbenen Steinen errichtete und im Stil von Cluny beeinflusste Kloster mit einer Kirche aus dem 10. Jh. und einem Säulengang mit reich verzierten Kapitellen, dem Teil eines Kreuzgangs aus dem 12. Jh.

Vaux-en-Beaujolais (Clochemerle)   ⋯⋯⟩ H 6
Seine Berühmtheit verdankt der Ort dem Schelmenroman »Clochemerle« von Gabriel Chevallier (1934). Anhand des Streits um eine Bedürfnisanstalt, die der Bürgermeister neben der Kirche errichten lassen will, porträtierte Chevallier humorvoll eine bigotte Dorfgemeinschaft. Als Vorlage diente ihm Vaux-en-Beaujolais. Heute stolz darauf, haben die Bewohner einen Parcours mit sechs Hörstationen eingerichtet, an denen man sich Teile der Novelle vorlesen lassen kann (März–Okt.). Auch der Hauptplatz steht ganz im Zeichen des Romans. In der Weinbar **Cave de Clochemerle** treffen sich Einheimische und Touristen. Die Dekoration

---

MERIAN-Tipp

④ La Cuisine de Fred

Lustiger als Kochfernsehen: In einem kleinen Privathaus gibt Koch und Patissier Fred Valette Nachhilfe am Herd. Viele Rezepte sind von der mittelalterlichen Küche inspiriert. Alle »Köche« speisen im Anschluss gemeinsam, bei schönem Wetter auf der Terrasse. Besonders komfortabel: Der Abwasch entfällt. In speziellen Kursen führt zusätzlich ein Sommelier in die richtige Auswahl von Wein und Essen ein.

Fred Valette, Impasse du Bourg, Le Perréon; Tel. 06 81 17 11 44; www.lacuisinedefred.free.fr; Tarife je nach Kurs 30–56 €   ⋯⋯⟩ H 6

Das Château de Montmelas wacht über das »Land der Goldenen Steine«.

besteht aus bunten, gemalten Szenen aus »Clochemerle«. Etwas effekt-heischend sind auch das neue Pissoir auf dem Platz und ein automatisches Puppentheater. Poetischer ist das **Musée Gabriel Chevallier**, das Einblick gibt in Leben, Denken und Wirken des begabten Autors.
Cave de Clochemerle, Place du Petit Tertre; Tel. 04 74 03 26 58; tgl. 10.30–11.30, 15.30–19.30 Uhr, 25. Dez., 1. Jan. geschl.

Pays des Pierres dorées
⤳ H 6

Der Name »Land der Goldenen Steine« rührt von der ockergelben Farbe der rund 40 Dörfer her, die in den Hügeln südwestlich von Villefranche-sur-Saône liegen. Nicht nur Wohnhäuser, auch Burgen, Kirchen, Brunnen, Waschhäuser und Befestigungsmauern wurden ab dem Mittelalter aus dem eisenhaltigen Kalkgestein errichtet. Ihre Farbtöne changieren je nach Tageszeit zwischen hellgelb und terrakottafarben und geben ihnen ein mediterranes Flair.

SEHENSWERTES

Anse ⤳ H 6
Das **Château des Tours** (1213–1218) besitzt einen zylinderförmigen Bergfried, einen halbrunden Turm und im Inneren ein Mosaik aus galloromanischer Zeit. Den innerhalb einer Festungsmauer errichteten Ort kann man per Audioguide (beim Fremdenverkehrsamt) erkunden oder per Touristenzug erfahren.

Château de Montmelas ⤳ H 6
Mit seinen Türmen und Zinnen könnte das Schloss, das über Montmelas und St-Sorlin thront, aus »Dornröschen« stammen. Im Lauf der Zeit wurde es immer wieder verändert, seit 1566 gehört es jedoch derselben Familie. Von hier oben reicht der Blick bis zum Mont Blanc. Die Besucher werden in mittelalterlichen Kostümen empfangen, und eine Verkostung von Beaujolais-Villages aus schlosseigenen Weinbergen ist möglich. Ein hübscher Waldweg führt vom Dorf am Schloss vorbei hinauf bis zur **Chapelle St-Bonnet**, einem herrlichen Aussichtspunkt.
Infos bei Delphine d'Harcourt; Tel. 04 74 67 32 94; www.chateau-montmelas.com; jeden 1. Sa im Monat ab 11 Uhr, Dez. geschl.; Führungen: Juli, Di, Do ab 14 Uhr, Gruppen nach Anmeldung ganzjährig; Eintritt 5 €, Kinder (7–14 Jahre) 3 €

Jarnioux ⤳ H 6
Markantestes Bauwerk ist das **Château de Jarnioux** mit seiner Zugbrücke. Im 13. Jh. begonnen, wurde es im Lauf der Jahrhunderte erweitert. Ein Gebäudeteil (14.–17. Jh.) fällt durch seine sechs Türme auf. Auskunft für einen Schlossbesuch bei: M. de Clavière; Tel. 04 74 03 80 85; E-Mail: gabclav@wanadoo.fr; 1. Mai–15. Juli, 16. Aug.–30. Sept. Di, Do 9–11, Mo, Mi, Fr 14–17 Uhr

Oingt ⤳ H 6
Diese Ortschaft wurde als eines der schönsten Dörfer Frankreichs aus-

gezeichnet. Sie hat sich ein mittelalterliches Stadttor, die Porte de Nizy, erhalten. Von der einstigen Festungsanlage ist ein 18 m hoher Bergfried aus dem 12. Jh. erhalten. Gassen mit so kuriosen Namen wie »Trayne-cul«, »Tyre-laine« oder »Coupe-jarret« führen zur etwas erhöht liegenden Kirche. Künstler und Kunsthandwerker haben in Oingt Ateliers eingerichtet. Jedes erste Wochenende im September findet das Festival International d'Orgues de Barbarie et de Musique Mécanique statt, zu dem Drehorgelspieler aus aller Welt kommen.

Espace Pierres Folles in St-Jean-des-Vignes ⋯⋯⟩ H 6
Ein geologisches Museum und ein Lehrpfad erklären den Ursprung und die Schichtung des lokalen Gesteins. Im stillgelegten Steinbruch ist ein botanischer Garten angelegt.
116, chemin du Pinay, St-Jean-des-Vignes; Tel. 04 78 43 69 20; www.espace-pierres-folles.fr; März–Nov. Di, Do, Fr 10–12.30, 14–18, Mi, Sa, So, Fei 14–18 Uhr, Mo und 1. Mai geschl.

Service
Auskunft
Fremdenverkehrsamt
Le Beaujolais des Pierres dorées
Place du 8 mai 1945, Anse; Tel. 04 74 60 26 16; www.tourismepierresdorees.com; 10–18 Uhr, So, Fei geschl.

⋯⋯⋯⋯⋯⋯⋯⋯⋯⋯⋯⋯

Beaujeu ⋯⋯⟩ H 6

Die einstige Verwaltungshauptstadt liegt im Tal der Ardières, auf einem Vorsprung darüber thronen die Reste des **Château de Pierre Aigüe**. Heute hat das Städtchen mit seinen nur 2000 Einwohnern einen dörflichen Charakter. Lebendig wird es jeweils Mitte November zu den **Sarmentelles**, einem prunkvollen Fest, bei dem Tausende Besucher die Ankunft des Beaujolais Nouveau feiern.

Sehenswertes
St-Nicolas
Die Kirche aus dem 12. Jh. hat schöne Buntglasfenster (15. Jh). Das Rot des Kleides der Madonna in dem Fenster, das den Heiligen St-Crépin und St-Crépinien gewidmet ist, lässt sich heute nicht mehr herstellen.

Museen
Les Sources du Beaujolais
Das Museum ist in einem Renaissancehaus (14.–16. Jh.) mit schönem Innenhof untergebracht und der Geschichte der Umgebung gewidmet. Ein nachgebauter Lastkahn lädt ein zu einer virtuellen Reise auf dem Transportweg von Beaujeu nach Paris-Bercy. Mit Museumsladen.
Place de l'Hôtel de Ville; Tel. 04 74 69 20 56; März–Dez. 10–12.30, 14–18 Uhr, Di geschl., Juli, Aug. tgl. bis 19, So, Fei 10–12.30, 15–18 (Juli, Aug. bis 19 Uhr)

Essen und Trinken
Le Morgon
Knapp 10 km vor Beaujeu bietet das Morgon eine verlässlich gute Küche mit lokalen Spezialitäten wie »coq au vin« mit rotem Beaujolais. Zum Restaurant gehört eine Terrasse.
Hameau de Morgon, Villié-Morgon; Tel. 04 74 69 16 03; 12–14, 19.15–21 Uhr, Mi, So-abend geschl. ●●

Einkaufen
Huilerie Beaujolaise
Aus süßen Mandeln, aus Mohnsamen, aus Erdnüssen und Raps, sogar aus den Früchten des urzeitlichen Arganbaumes stellen Mireille Arthaud und Jean-Marc Montegoterro Öle mit einer Presse aus dem 19. Jh. her. Auf Anmeldung kann man beim Pressen und Filtern zusehen.
29, rue des Echarmeaux; Tel. 04 74 69 28 06

Service
Auskunft
Fremdenverkehrsamt Beaujeu
Place de l'Hôtel de Ville; Tel. 04 74 69 22 88; www.aucoeurdubeaujolais.fr;

Mai–Nov. 10–12, 14.30–17, Mo, Di
geschl., Dez.–Feb. für Publikumsverkehr
geschl.; tel. Auskunft 10–12 Uhr

Ziele in der Umgebung

Avenas   ⸱⸱⸱⸱⸳> H 6
Der Stolz der kleinen, von Zisterzien-
sern erbauten Kirche **Notre-Dame-
d'Avenas** (1166) ist ein Altar aus
dem 12. Jh., der Christus in der Man-
dorla sitzend zeigt, umrahmt von den
Tiersymbolen der vier Evangelisten
und seinen Jüngern, die durch ihre
expressiven Gesten beeindrucken.

Belleville   ⸱⸱⸱⸱⸳> H 6
Das **Hôtel-Dieu** (18. Jh.) nahm bis
1991 Patienten auf. Neben den
Krankensälen und den Kapellen ist
besonders die Apotheke mit ihren
Wandschränken voller Glas- und
Porzellanbehälter sehenswert. Infos
beim Verkehrsbüro Beaujolais Val
de Saône an derselben Adresse.
68, rue de la République; Tel. 04 74 66
44 67; www.ot-beaujolaisvaldesaone.fr;
Mai–Okt. Mo 15–18, Di–Fr 10–12, 14–18
(Sa bis 17 Uhr), Juli, Aug., Sept. auch So
15–17 Uhr

La Maison des Beaujolais   ⸱⸱⸱⸱⸳> H 6
Die Vitrine aller Beaujolais-Appella-
tionen. Jedes Jahr werden Cuvées
unterschiedlicher Weingüter ausgewählt und zum Verkauf angeboten.
Verkostung an der Bar oder im Restaurant (mit Terrasse), wo zu den
Weinen passende lokale Gerichte
serviert werden.
441, avenue Europe, St-Jean d'Ardières;
Tel. 04 74 66 16 46; www.lamaisondes
beaujolais.com, tgl. 9–21, Mo, Di bis
15 Uhr, 21. Dez.–5. Jan. geschl.

Wandern im Beaujolais
Die sanften Hänge bieten abwechs-
lungsreiche, leichte Wanderwege,
die vom Fremdenverkehrsamt Beaujeu mit der Plakette »Sentier Victor«
ausgeschildert wurden und in einem
Führer zusammengefasst sind.

Hameau du Vin (Weindorf) in
Romanèche-Thorins   ⸱⸱⸱⸱⸳> H 6
30 000 qm sind ganz der Geschichte
und Produktion des Weins im Beaujolais gewidmet. Alte Arbeitsgeräte
wie eine Presse aus dem 18. Jh. erinnern daran, wie in früherer Zeit
Wein hergestellt wurde, Videos zeigen moderne Produktionsmethoden.
Eine Art Puppentheater dokumentiert die Arbeit im Weinberg. Im Ver-
kostungsraum gibt es Weine aus
dem Beaujolais und Mâconnais, und
in einem Garten mit Kräutern, Früchten und Blumen können Besucher
Geschmacks- und Geruchssinn trai-
nieren. Im Eingangsbereich des Museums, der einer Bahnhofshalle des
19. Jh. nachempfunden ist, ist ein
Restaurant untergebracht.
    Eingerichtet wurde das Museum
von Georges Duboeuf, einem der
wichtigsten Weinhändler des Beaujolais. Er hat auch im alten Bahnhof
von Romanèche-Thorins gegenüber
des Hameau du Vin ein sehr sehenswertes Eisenbahnmuseum gegründet (Hameau du Vin, La Gare;
Tel. 03 85 35 22 22; www.hameaudu
vin.com; April–Okt. tgl. 9–19, Nov.–
März 10–18 Uhr).
    Im gehobenen Restaurant des
Drei-Sterne-Hotels **Les Maritonnes**
speist man fein auf der Basis traditioneller Küche. Lecker sind beispielsweise die »œufs en meuret-
te«, pochierte Eier in Rotweinsoße
(Route de Fleurie; Tel. 03 85 35 51 70;
www.maritonnes.com ●●●).

La Route des Crus   ⸱⸱⸱⸱⸳> H 6

Auf 6200 ha Anbaufläche gedeihen
die Trauben für die nobelsten Weine
der Gegend. Obwohl auch hier die
Rotweine nur aus Gamay gemacht
werden dürfen, unterscheiden sie
sich dank ihres Terroirs deutlich.
Von Süd nach Nord reihen sich die
Dörfer bzw. Appellationen wie nach-
folgend beschrieben aneinander.

Brouilly ⸺⸺⸻⸻> H 6

Das südlichste Cru-Gebiet des Beau-
jolais ist kein eigener Ort, sondern
vereint die Lagen der Gemeinden Cer-
cié, Charentay, Odenas, St-Lager,
St-Étienne-la-Varenne und Quincié.
Charakteristisch sind körperreiche
Weine mit Aromen roter Früchte und
Pflaumen. Odenas beherbergt das
Château de la Chaize mit Park und
einem Weinkeller (1676) von 108 m.
Anfahrt zum Schloss: aus Odenas hinaus
Richtung Villefranche-sur-Saône, am ers-
ten Kreisel nach rechts auf die D 43; Be-
sichtigung des Kellers (ganzjährig, ohne
Anmeldung) und Gartens (Juni, Juli, Sept.
mit Anmeldung); Tel. 04 74 03 41 05

Côte de Brouilly ⸺⸺⸻⸻> H 6

Das bläuliche Gestein vulkanischen
Ursprungs an den Hängen des Mont
Brouilly ergibt einen rassigen Wein
von purpurroter Farbe. Nach zwei,
drei Jahren Lagerzeit entwickelt er ein
Bouquet, das an Veilchen erinnert.
Von der Wallfahrtskapelle No-
tre-Dame-du-Raisin reicht der Blick
bis an die Alpen. In St-Lager liegt
L'Espace des Brouilly, eine Verkos-
tungsbar mit Terrasse, in der Weine
des Gebiets vorgestellt werden.

St-Lager, Parc de la Mairie; Tel. 04 74 66
82 65; www.espace-des-brouilly.com.
Aus St-Lager auf der D 68, weiter auf der
D 337 bis Cercié und über die D 9 bis nach
Régnié-Durette

Régnié ⸺⸺⸻⸻> H 6

Auf den sandigen, stark besonnten
Hängen entstehen kirschrote Weine
mit violetten Reflexen und Aromen
von Johannis-, Brom- und Himbeere.
Die von einem Doppelturm bekrön-
te Kirche wurde 1867 von Pierre
Bossan erbaut, dem Architekten der
Basilique de Fourvière in Lyon.
Über die D 9 in Richtung Villié-Morgon

Morgon ⸺⸺⸻⸻> H 6

Aus dem schieferhaltigen Terroir
entspringt ein langlebiger, karmin-
roter Wein, der im Geschmack an
reife Kirschen und Himbeeren erinnert und mit der Zeit immer feiner
wird. Im **Château de Fontcrenne** aus
dem 17. Jh. befindet sich heute das
Rathaus von Morgon und in dessen
großartigen Kellergewölben der
»Caveau de Morgon«, in dem man
die Weine der Appellation Morgon
kennenlernen kann.
Auf der D 86 über Corcelette Richtung
Chiroubles

Im Hameau du Vin erfährt man viel Wissenswertes rund um den Wein im Beaujolais.

Chiroubles ⤵ H 6

Die höchstgelegenen Rebhänge des Beaujolais, auf denen die Trauben langsam reifen. Sie erzeugen einen samtigen, delikaten Wein mit Aromen von Veilchen, Maiglöckchen und Pfingstrose. Vom weit gelegenen Pass des **Fut d'Avenas** hat man einen Rundblick bis zu den Ausläufern des Jura und bis hin zum Montblanc.
Auf der D 119 und D 68 über Chapelle-des-Bois nach Fleurie

Fleurie ⤵ H 6

Der »femininste« unter den Crus bringt seidig-süße Weine hervor, deren Aromen denen von Pfirsich und Cassis ähneln. Die Plätze und Gassen des Orts, flankiert von Cafés, Bistros und Bürgerhäusern, werden gerne von Touristen besucht. Auf einem Hügel wacht eine Madonna in einer Kapelle von 1875 über das Tal.
Von der D 32 auf die D 186 und D 266 auf den Chemin du Moulin-à-vent

Moulin-à-Vent ⤵ H 6

Einer der ältesten und teuersten der lokalen Crus, sein Name rührt nicht von einem Dorf, sondern von einer Windmühle zwischen Romanèche-Thorins und Chenas. Wird er lange gelagert, kann er Aromen von Kirschwasser entwickeln. Dann mag er sogar von Kennern mit einem Burgunder verwechselt werden, was auf den Mangangehalt in seinem Boden und vor allem die Weinbereitung zurückgeführt wird. Im Alter kann er außerdem einen Duft nach Gewürzen und verblühten Rosen bekommen.
Weiter auf der D 266, dann auf die D 68

Chénas ⤵ H 6

Die granitreichen Böden des kleinsten Cru-Gebiets waren bis 1316 mit Eichen (»chêne«) bestanden. Heute entstehen hier vollmundige, körperreiche Weine mit floralen Aromen und von rubin-granatroter Farbe. Das **Château de Chassignol** beherbergt den Keller der Winzergenossenschaft.
Über die D 68 aus Chénas, anschließend auf die D 26

Juliénas ⤵ H 6

Intensiv rubinrote Weine mit Erdbeeraromen. Kräftige Tannine erlauben eine längere Lagerzeit. Der Ort selbst liegt schön auf einer Anhöhe. Sehenswert ist die **Maison de la Dîme** aus dem 16. Jh. mit ihren Arkadengalerien. Hier wurde früher die Kirchensteuer eingetrieben, für die Weinbauern hieß das, jeden dreizehnten Erntekorb abgeben. Der **Cellier de la Vieille Eglise**, in dem die Weine der Appellation probiert werden können, ist in einer ehemaligen romanischen Kirche untergebracht. Hübsch sind die Nachbarorte **Jullié** mit seinem Château de la Roche (keine Besichtigung) und **Émeringes** mit einem Taubenhaus mit glasierten Ziegeln aus dem 16. Jh.
Von der D 17E auf die D 169 über La Ville, dann auf die D 486T

St-Amour ⤵ H 6

Der nördlichste aller Crus mit passend zum Namen zarten, harmonischen Weinen mit Aromen von Kirsche und Reseda. Seine Bezeichnung verdankt der Ort angeblich einem römischen Soldaten, Amator, der hier im 3. Jh. zum christlichen Glauben übergetreten sein soll.

HOTELS/ANDERE UNTERKÜNFTE IM BEAUJOLAIS

Château de Longsard (Chambre d'hôtes)
Das efeuumrankte Schloss mit seiner eindrucksvollen Empfangshalle versetzt zurück ins 18. Jh. In den großzügigen Suiten fällt der Blick aus hohen Fenstern in den Park. Im Nebengebäude sind freundlich eingerichtete Apartments mit Kochgelegenheit (Kitchenette). Table d'hôtes und Verkostung hauseigener Weine. Alexandra & Oliver Du Mesnil du Buisson, Arnas; Tel. 04 74 65 55 12; www.longsard.com; 3 Suiten, 2 Apartments ●●●

Hôtel Auberge du Paradis
Elegantes Hôtel de Charme, teilweise mit antikem Spielzeug dekoriert. Das Restaurant im Bistrostil, mit Terrasse im Innenhof, hat einen kreativen Koch. Reichhaltiges Frühstück, Schwimmbad und Jacuzzi.
Plâtre Durand, St-Amour; Tel. 03 85 37 10 26; www.aubergeduparadis.fr; 8 Zimmer ●●/●●●

Chambre d'hôtes La Bastide
Ruhig gelegenes Landhaus aus dem 19. Jh., nahe der Pierres dorées, mit zwei stilvoll eingerichteten Zimmern. Zur Verfügung steht auch ein weitläufiger Salon mit Kochzeile und Zugang zum romantischen Garten.
Bettina Utzig, Le Bourg, Jarnioux; Tel. 04 74 02 86 29 oder 06 31 12 69 12; www.labastidejarnioux.info; 2 Zimmer ●●/●●●

Pouilly le Châtel
In Weinbergen gelegenes Steinhaus mit vier thematisch und stilvoll eingerichteten Zimmern, eines davon mit eigener Terrasse. Liegewiese mit Schwimmbad und Panoramablick. Table d'hôtes mit sehr guten Weinen der Domäne, zum Frühstück selbst gemachte Konfitüren.
Sylvaine & Bruno Chevalier, Domaine de Pouilly-le-Châtel, Denicé; Tel. 04 74 67 41 01; www.pouillylechatel.com; 4 Zimmer ●●/●●●

Domaine de la Chapelle de Vâtre
Das auf einem Hügel gelegene Weingut aus dem 17. Jh. mit Kapelle aus dem 12. Jh. bietet einen 360-Grad-Panoramablick. Im Inneren begegnen sich alte Architektur und moderne Kunst. Weine der Appellation Beaujolais-Village aus der Nähe der Crus-Lagen Juliénas. Schwimmbad.
Dominique Capart, Le Bourbon, Jullié; Tel. 04 74 04 43 57; www.vatre.com; 3 Zimmer, 1 Ferienwohnung ●●

Ferme du Saint
Renoviertes Bauernhaus (15. Jh.) mitten in den »Goldenen Steinen« mit großer Terrasse und Schwimmbecken. Genutzt werden können auch ein gemütlicher Salon und eine Küche im alten Stil.
Annick Jammet, Le Sens, Theizé; Tel. 04 74 71 15 48 oder 06 64 48 68 83; E-Mail: lafermedusaint@wanadoo.fr; 3 Zimmer ●●

Hôtel Auberge de Clochemerle
Zentral in Vaux-en-Beaujolais gelegenes Hotel. Terrasse unter einer Schatten spendenden alten Platane. Feine regionale Küche.
Rue Gabriel Chevallier, Vaux-en-Beaujolais; Tel. 04 74 03 20 16; www.aubergede clochemerle.fr; 7 Zimmer ●

ESSEN UND TRINKEN IM BEAUJOLAIS
Die Bistrots beaujolais
28 Restaurants, verteilt über die Region, tragen das Gütezeichen »Bistrots beaujolais«. Sie sind für ihre Küche und die Auswahl dazu passender Beaujolais-Weine ausgezeichnet worden. Alle Bistros sind in einer Broschüre aufgelistet, die die Fremdenverkehrsämter verteilen. Infos auch unter: www.beaujolais.com

Diese Windmühle gab dem ältesten und edelsten Cru der Region, dem Moulin-à-Vent, seinen Namen.

Weingüter

Domaine Terres Vivantes ⟶ H 6

Ende der Neunzigerjahre übernahmen Ludovic und Marie Gros das Gut, das seit 1762 in den Händen von Ludovics Familie liegt. Erfahrung als Winzer brachten sie keine mit, aber gute Voraussetzungen: Ludovic Gros hatte zuvor als Sommelier gearbeitet, seine Frau besitzt eine landwirtschaftliche Ausbildung. Vor einigen Jahren entdeckte Marie ihr Talent für das Backen von Sauerteigbrot. Die Gros bauten einen Holzofen und eine Backstube, in der Marie Kurse gibt, die gerne von Familien besucht werden. Solange der Teig aufgeht und später das Brot backt, führt Ludovic die Gäste durch »seine« Küche, die »cuverie«, und den nur 6 ha großen Weinberg im Herzen der Appellation Beaujolais-Villages. Zwischen den Reben wächst der Weizen für das Brot. Bei Kostproben unwiderstehlich: Maries Zwiebelfladen mit Ludovics Cuvée »Vielles Vignes«. 78 Jahre alte Weinstöcke geben ihr Aromen von Brombeeren und – überraschend – von Flechten. Besuch am besten mit Voranmeldung.
Charpenay, Blacé; Tel. 04 74 60 52 13; E-Mail: marie-ludovic.gros@wanadoo.fr

Domaine Jean-Jacques Paire ⟶ H 6

Die Straße nach Ternand legt sich in die Kurve und schenkt Postkartenblicke über das Tal der Azergues. Bei Jean-Jacques Paire angekommen, wähnt sich der Besucher in einem Museum. Vor der Tür steht eine alte Weinpresse, innen hängen und stehen eine Menge historischer Werkzeuge, Fässer und Fotos, die die Vergangenheit der Beaujolais-Weinbauern erzählen. Ständig »erjagt« Paire neue Objekte. Was seine Reben angeht, blickt der Winzer aber in die Zukunft und hat den Betrieb, der seit 400 Jahren in Familienbesitz ist, auf biologischen Anbau umgestellt. Als einer der Ersten säte er Blumen zwischen die Rebreihen; sie ziehen Insekten an, die wiederum Schädlinge fressen. Das Ergebnis: gesündere Rebstöcke und ausdrucksvollere Weine. Seinen lachsfarbenen Rosé sollte man sich nicht entgehen lassen, er erinnert an Quitten und Weinbergpfirsiche.
Histoire du vigneron en Beaujolais, Les Ronzières, Ternand; Tel. 04 74 71 35 72; www.paire.fr

Domaine Lapierre ⟶ H 6

Die Crus der Domaine Lapierre zählen zur Elite des Beaujolais. Schon seit 1981 werden auf ihrem schieferhaltigen Terroir kein künstlicher Dünger und keine Herbizide verwendet, Ernte und Traubenlese geschehen von Hand. Beeinflusst von Jules Chauvet, dem Pionier der Weinbereitung ohne Schwefel, stellen Vater Marcel und Sohn Mathieu auch Weine ohne den berüchtigten Kopfschmerzauslöser her. Mathieu ist ausgebildeter Koch, hängte aber 2005 seine Schürze an den Nagel. Sein kreatives Talent bringt er nun bei der Weinbereitung ein. Sein Projekt ist der Schritt in den biodynamischen Anbau. Die Cuvée »Morgon« der Lapierres hat ein elegantes Bouquet und schmeckt nach roten Früchten, darunter schwarze Kirschen, dazu Noten von Süßholz (Lakritze) und Veilchen. Wie alle Beaujolaisweine können auch die Morgon jung getrunken werden, gute Jahrgänge verbessern sich aber mit dem Alter und können bis zu zehn Jahre gelagert werden.
Domaine Des Chênes, Villié-Morgon; Tel. 04 74 04 23 89; www.marcel-lapierre.com

Moulin du Prince ⟶ H 6

Ende der Achtzigerjahre, als andere Weinbauern noch maßlos Dünger und Pestizide einsetzten, gründete Bernard Mathieu mit Gleichgesinnten die Organisation »Terra vitis«. Dies war der Anfang der »viticulture raisonnée«, des integrierten Weinanbaus in Frankreich. Die Idee dahinter: die chemische Parasiten- und Krankheitsbekämpfung durch biologische Methoden ersetzen, ohne dabei alle Einschränkungen des ökologischen Anbaus zu übernehmen. Erntete Mathieu vor rund 20 Jahren noch Kopfschütteln dafür, dass er mit der Lupe auf seinen Reben Nützlinge und Schädlinge zählte, kann er heute darauf stolz sein, dass sich seine Idee über ganz Frankreich ausgebreitet hat.

Sein Weingut mit dem hübschen Namen »Prinzenmühle« liegt inmitten von Hügeln hinter Vauxrenard. Hier kann man die Frucht seiner »viticulture raisonnée« mit kräftigen Rot- und erfrischenden Rosé-Weinen genießen. Überraschend ist jedoch auch die Weißwein-Cuvée »Délice« mit dem Honigaroma überreifer Chardonnay-Trauben. Mit anderen Winzern hat Bernard Mathieu bei Vauxrenard einen Lehrpfad ausgeschildert, den »Sentier Viticole«, der über 3 km die Weinberge hinauf- und hinunterführt.

Vauxrenard; Tel. 04 74 69 92 20; www.moulin-du-prince.fr

Le Clos de Haute-Combe ⟶ H 6

Wie ein Schwalbennest sitzt das Weingut über dem Dorf Juliénas, umgeben von seinem erstklassigen Terroir, das kraftvolle, tanninreiche Weine schenkt. Besitzer ist Vincent Audras, der Mann mit der »lyra«. Nicht das Musikinstrument ist gemeint, sondern das für das Beaujolais untypische Vorgehen, in einigen Parzellen die Reben in V-Form oder eben Lyra-Form an die stützenden Drähte zu binden. Warum sie so besser besonnt und durchlüftet sind und wieso diese Technik auf den bis zu 40 Grad steilen Hängen die Erosion verhindert, zeigt Vaudras Besuchern gerne vor Ort – und lässt sie seine Cuvée »Variation« kosten, die dank der Bindetechnik dem Gamay eine pfeffrige, würzigere Note entlockt. Weil die »lyra« im Beaujolais in der Testphase ist, darf dieser interessante Wein (noch) nicht die Bezeichnung AOC tragen. Daneben hat Audras seine ausgewiesenen Juliénas-Weine, darunter die Cuvée »Prestige«. Alte Weinstöcke geben ihm Kirsch- und Cassisaromen.

Juliénas; Tel. 04 74 04 41 09 und 04 74 04 44 84; www.closdehautecombe.fr

Jean-Jacques Paire hat sein Weingut »Les Ronzières« zum kleinen Weinmuseum gemacht.

Rhône

Auf steilen Terrassen und steinigem Schwemm-
land wachsen großartige Weine heran.

Eine stille südfranzösische Landschaft, deren Name um die Welt ging: Die Weinberge von Châteauneuf-du-Pape (→ S. 69), in der Nähe von Avignon, bringen edle Weine hervor.

Rhône

Die **Rhône**: zweitlängster, wasserreichster Strom Frankreichs. Geboren wird sie im Eis der Schweizer Alpen, durchfließt den Genfer See und wechselt im Jura zweimal scharf die Richtung, so als wisse sie nicht recht wohin. Ab Lyon hat sie es dann plötzlich eilig, nach Süden zu kommen, windet sich vorbei an Städten wie Montélimar, Orange und Avignon, um sich unterhalb von Arles nach einer über 800 km langen Reise im Mittelmeer zu verlieren.

Natürlich gedeiht auch weiter flussauf- und -abwärts die Rebe, aber wenn von den Weinen des Rhône-Tals die Rede ist, sind damit die 200 km zwischen **Vienne** und **Avignon** gemeint. In diesem Gebiet zwischen Alpen und Cevennen, zwischen Provence und Languedoc liegen die Appellation Côte du Rhône, außerdem die jüngeren Appellationen Coteaux du Tricastin, Côtes du Ventoux, Côtes du Luberon und Costières de Nîmes.

Vor allem an den südlichen Ufern der Rhône entstehen einige der bekanntesten und besten Weine der Welt: der trockene, vollmundige Rosé Tavel, der liebliche Muscat AOC Beaume de Venise und natürlich der teure, körperreiche Châteauneuf-du-Pape bei Avignon, ein Verschnitt aus mindestens acht und höchstens 13 Traubensorten.

Liebhaber der Syrah-Traube bevorzugen kräftige, gerbsäurehaltige Rotweine aus dem nördlichen Anbaugebiet der Granit-Steilhänge um **Tain l'Hermitage**. Etwa die Crus Côte Rôtie oder Hermitages, die ihr Potenzial erst nach langer Lagerung entwickeln. Floral und weich sind die nördlichen Crus Condrieu und Château-Grillet der weißen Viogniertraube. Es müssen aber nicht immer die berühmten Lagen sein. Die Weine der traditionsreichen Winzergenossenschaften im Rhône-Tal kommen manchmal den »Großen« ganz schön nahe.

Dabei haben die Reben hier kein einfaches Leben, müssen sie doch regelmäßig dem berüchtigten Mistral trotzen, der kalt und heftig von Nord nach Süd durch das eigentlich mediterran geprägte Rhône-Tal bläst. Um von den bis zu 100 km/h starken Böen nicht umgeworfen zu werden, haben viele Kirchen schmiedeeiserne Glockentürme. Für Bio-Weinbauern allerdings ist der Mistral ein Glück. Er trocknet die Rebstöcke nach dem Regen: der beste Schutz vor Fäulnis und Pilzbefall.

Ein windgebürsteter Landstrich

Überhaupt verdankt die Region im Grunde dem Mistral, dass sie zur Weingegend wurde. Im Februar 1956 ließ er die Temperaturen auf minus 15 Grad fallen. Tausende von Olivenbäumen erfroren. Die Älteren erinnern sich noch heute an das Ächzen der Stämme. Die Weinreben hingegen überlebten. So sattelten viele Landwirte auf Wein um.

Selbst weiter südlich ist man nicht vor dem Wind gefeit. **Mont Ventoux** (windiger Berg) heißt die höchste Erhebung des Vaucluse östlich von Avignon, die 1336 den Dichter und Humanisten Francesco Petrarca zu einer Erstbesteigung herausforderte. Vielleicht hatte er zur Stärkung lokale Weine im Gepäck – einen fruchtigen roten Gigondas oder einen frischen weißen Vacqueyras, die beide unterhalb des gezackten Felsenkamms der **Dentelles de Montmirail** wachsen.

Einen klaren Kopf behalten sollten jene, die sich rechts der Rhône auf der Ardèche und in ihrer spektakulären Schlucht tummeln wollen. Bei niedrigem Wasserstand drängen sich hier die Urlaubspaddler. Bei Hochwasser jedoch bewundert man die Könner am besten vom Ufer aus, bei einem Glas Côtes du Rhône.

Von der kleinen Chapelle de St-Christophe mitten im Weinberg Hermitage bietet sich ein fantastischer Blick auf das Rhône-Ufer.

ähneln sie den Weinen der Côte-Rôtie. Weiße Hermitages haben komplexe Aromen von gerösteten Mandeln und Nüssen, aber auch von Blumen und Heu. Crozes-Hermitages kommen im Allgemeinen nicht an die Hermitages heran, sind dafür günstiger zu haben. Ihre Rotweine riechen nach roten Beeren, Leder und Gewürzen und sind recht gerbsäurehaltig. In den weißen Crozes-Hermitages mischen sich frische Aromen von Weißdorn und Akazie. Ein Cornas schließlich (nur rot) enthält ausschließlich Syrah. Er ist ein sehr dunkler, sehr tanninhaltiger und kräftiger Wein, fast mit Aromen von dunklen Früchten und Bitterschokolade. Seine Lagerfähigkeit ist berühmt (15–20 Jahre).

Tain l'Hermitage ⟶ H 7

Zugegeben: Die wichtigste Weinstadt im nördlichen Anbaugebiet des Rhône-Tals ist architektonisch nicht besonders aufregend. Dafür liegt sie schön an einer Rhône-Biegung. Eine Fußgängerbrücke aus dem Jahr 1854 führt über den Fluss nach Tournon-sur-Rhône. Der Aufstieg zur Kapelle **St-Christophe** auf dem Weinberg Hermitage verschafft Übersicht. Man blickt über den Fluss und die Berge der Ardèche und hinüber in die Alpen der Drôme, das Vercors.

Um Tain herum entstehen auf steilen Hängen vier berühmte Crus: St-Joseph, Hermitage, Crozes-Hermitages und Cornas. Ein roter St-Joseph ist ein fruchtiger Syrah, der sich bereits nach zwei, drei Jahren entfaltet. Die roten Hermitages dürfen außer Syrah auch den Saft weißer Trauben enthalten. Mit ihren sich erst mit der Zeit entwickelnden Aromen nach Kernobst und Leder

HOTELS / ANDERE UNTERKÜNFTE
Hôtel les 2 Coteaux
Direkt am Rhône-Ufer gelegenes Hotel, das seine zwei Sterne wert ist. Helle und freundliche Zimmer, am schönsten sind jene zum Fluss.
18, rue Joseph Péala; Tel. 04 75 08 33 01; www.hotel-les-2-coteaux.com; 18 Zimmer
●/●●

ESSEN UND TRINKEN
Le Quai
Von der Terrasse aus sieht man die Frachter vorbeigleiten. Sehr gut sind die Tortellini nach Art der Drôme.
17, rue Joseph Péala; Tel. 04 75 07 05 90
●●

EINKAUFEN
Caves de Tain l'Hermitage
Die Winzergenossenschaft produziert sehr gute Weine der oben genannten Herkunftsbezeichnungen sowie der Appellationen Condrieu und Côte-Rôtie.
22, route de Larnage; Tel. 04 75 08 20 87; www.cavedetain.com

Valrhona
Langer Abgang, aromatisch, schmelzend. Der beste Schokoladenher-

steller Frankreichs lohnt einen Seitensprung weg von der Weinstraße.
14, avenue du Président Roosevelt; Tel. 04 75 07 90 62; www.valrhona.com; Mo–Fr 9–19, Sa bis 18 Uhr

Ziel in der Umgebung

Vineum Paul Jaboulet Aîné in Châteauneuf-sur-Isère   ⌁ H 7

Beeindruckend aufgemachter Weinkeller in einem Steinbruch aus der Römerzeit. Aus den Steinen baute man zahlreiche Kirchen in der Umgebung, aber auch die Turmspitze des Straßburger Münsters und einen Teil des Alten Hafens von Marseille. Von 1930 bis 1992 gediehen in dem feuchtkühlen Klima Speisepilze. Während des Zweiten Weltkrieges dienten die 17 ha Gänge – heute effektvoll ausgeleuchtet – der Luftwaffe als Versteck.

Heute stapeln sich hier die Fässer des traditionsreichen Hauses Jaboulet, das exzellente Weine fast aller Appellationen bietet, darunter zwölf der 13 Crus. Dass diese Weine nicht ganz günstig sind, ist verständlich. Man zahlt natürlich für die aufwendige Inszenierung des Vineums mit, das seinen erlesensten Gästen einen Helikopterlandeplatz bietet. Nichtsdestotrotz: Sehr verführerisch ist der Muscat Beaume de Venise mit Aromen von weißen Pfirsichen, Quitte, Litschi und Honig.
Route des Beaumes, Châteauneuf-sur-Isère; Tel. 04 75 47 35 55; www.jaboulet.com

Avignon   ⌁ H 9

Seit 1996 ist Avignon Hauptstadt der Côtes-du-Rhône-Weine, lockt aber nicht nur Weinfreunde an, sondern auch Theaterliebhaber. Hunderttausende drängen sich während des **Theaterfestivals** zwischen den offiziellen Bühnen auf Plätzen und in Hinterhöfen, wo überall kleine alternative »spectacles« geboten werden und die in Frankreich höchst lebendige Straßenkunst mit einer Mischung aus Akrobatik, Theater, Tanz und Musik für Unterhaltung sorgt. Als wollten sie anknüpfen an das berühmte Kinderlied »Sur le pont d'Avignon, on y danse …«.

Am besten lässt man sich treiben durch die Gassen innerhalb der gewaltigen, 4,5 km langen und mit 39 Türmen bewehrten Stadtmauern, probiert zwischendurch in einem der zahlreichen Straßenlokale oder Bistros ein Glas fruchtigen Côtes-du-Rhône – vielleicht gar den regionalen Spitzenwein Châteauneuf-du-Pape – und versteht angesichts des **Palais des Papes**, was im 14. Jh. die Kirchenfürsten veranlasst haben mag, als Gegenpäpste (in Rebellion gegen die italienischen Päpste in Rom) gerade in Avignon zu residieren und der Stadt zu einer wissenschaftlichen und kulturellen Blütezeit zu verhelfen. Ganz nebenbei förderten sie auch den Weinbau, den die Kirche bekanntlich seit jeher wohlwollend unterstützt.

HOTELS/ANDERE UNTERKÜNFTE

Hôtel L'Europe
Das Luxushotel in Avignon mit echten Wandteppichen in den Zimmern. Hier war 1799 Napoleon zu Gast, prominente Politiker und Künstler sind seitdem hier abgestiegen.
14, place Crillon; Tel. 04 90 14 76 76; www.heurope.com; 41 Zimmer, 3 Suiten ●●●●

Hôtel de l'Horloge
Charmantes Hotel, einige Zimmer mit eigener Terrasse. Mit etwas Glück schaut man aus seinem Zimmer auf den Palais des Papes.
Place de l'Horloge; Tel. 04 90 16 42 00; www.hotels-ocre-azur.com; 66 Zimmer ●●/●●●

L'Ombre du Palais
Mit Kunstobjekten und alten Möbeln eingerichtete Gästezimmer mitten im Zentrum. Auf Wunsch Table d'hôtes.

6, rue de la vieille Juiverie; Tel. 06 23 46
50 95; www.alombredupalais.com;
5 Zimmer ●●/●●●

SEHENSWERTES
Palais des Papes
Gewaltiger, von außen abweisend
wirkender Komplex, innen zwischen
1334 und 1352 von italienischen
Künstlern reich verziert. Zu besichtigen sind der festungsähnliche
Palais Vieux (1334–1342), von Be-
nedikt XII. im strengen Zisterzien-
serstil erbaut. Außerdem Prunksäle,
das Schlafzimmer der Exil-Päpste
mit wunderschönen Kacheln, der
Speisesaal (Grand Tinel), das Kon-
sistorium (Salle du consistoire), die
Grande Chapelle mit restauriertem
Papstaltar und ein Kreuzgang.

Kostbare Fresken bekleiden die
Wände des Jagdzimmers Chambre
du Cerf. Der Innenhof des **Palais
Neuf** (1342–1352 unter Clemens VI.)
wird während des Theaterfestivals
im Juli zur großen Bühne.
Tel. 04 90 27 50 00; www.palais-des-
papes.com; Nov.–Feb. 9.30–17.45, März–
Juni 9–19, Juli, Aug. 9–20, Sept., Okt. 9–
19 Uhr; Audioführung in Deutsch; Eintritt
Winter 7,50 €, Sommer 9,50 €

»Bouteillerie« im Papstpalast
Geführte Weinproben, Verkauf von
50 AOC-Weinen zu Erzeugerpreisen.
Hier gibt es auch die berühmten Châteauneuf-du-Pape in Weiß und Rot.
Freier Zutritt vom Haupteingang oder der
Place de l'Amirande; Tel. 04 90 27 50 85;
www.palais-des-papes.com/pages/
bouteillerie.htm; tgl. 10–19, Nov.–März
bis 17.30 Uhr

Pont St-Bénezet
Die viel besungene Brücke führt seit
dem 17. Jh. nur bis zur Flussmitte,
der Rest wurde weggeschwemmt.
Angeblich begann 1177 ein Hirte mit
dem Bau des »pont d'Avignon«.
Rue Ferruce; Tel. 04 90 27 51 16; Öffnungszeiten wie Papstpalast, für Behind.
zugänglich; Eintritt 4,50 €

Place de l'Horloge
Der Platz aus dem 15. Jh. ist benannt
nach dem gotischen Uhrenturm des
Rathauses. Mit den vielen Cafés und
Restaurants ist er das Herz der
Stadt, das am lautesten zur Festi-
valzeit schlägt, wenn Schauspieler
und andere Darsteller den Platz zur
Bühne machen. Großer Weihnachts-
markt mit vielen Krippen.

*Wehrhaft und Furcht einflößend: In der mittelalterlichen Burganlage des Papstpalastes
von Avignon residierte im 14. Jahrhundert das Oberhaupt der Christenheit.*

MUSEEN

Musée du Petit Palais

Der »kleine Palast« war einst Stadt-palais der Bischöfe und ist seit 1958 ein Museum für mittelalterliche Kunst französischer und italienischer Meister, die am päpstlichen Hof tätig waren (13.–16. Jh.).

Place du Palais; Tel. 04 90 86 44 58; www.petit-palais.org; Juni–Sept. tgl. außer Di 10–18, Okt.–Mai 10–13, 14–18 Uhr, 1. Jan., 1. Mai, 25. Dez. geschl.; Eintritt 6 €

ESSEN UND TRINKEN

La Fourchette

Eine der besten Adressen der Stadt, raffinierte provenzalische Küche. Berühmt ist die »daube de bœuf«.

17, rue Racine; Tel. 04 90 85 20 93 ●●●

L'Ami voyage en compagnie

Für Freunde der provenzalischen Küche und der Literatur. Nach dem leiblichen kann man sich eine Etage höher in dem Buchladen dem geistigen Genuss widmen.

5, rue Prévôt; Tel. 04 90 82 41 51 ●

CO$_2$

In einer ruhigen Nebenstraße gelegenes Restaurant mit Lounge-Atmosphäre und schattiger Terrasse. Serviert wird eine saisonale Küche mit frischen Zutaten.

3, rue Petite Calade; Tel. 04 90 86 20 74 ●

EINKAUFEN

Les Délices du Lubéron

Alles, was Nase und Zunge an typisch provenzalischen Genüssen begehren können: »tapenade«, »anchoïade«, »caviar d'aubergines«, »pistounade«, Olivenöle …

20, place du Change; www.delices-du-luberon.fr

La Wine Gallery CD' H

Kunst und Wein, präsentiert vom Besitzer der Galerie, einem Künstler, der zugleich als Winzer tätig ist.

86, rue Joseph Vernet

FESTE UND EVENTS

Theaterfestival

Das international bekannte Festival wurde 1947 von Jean Vilar begründet und findet alljährlich drei Wochen im Juli an 20 offiziellen Spielorten sowie auf allen Straßen und Plätzen statt (mehrere hundert Gruppen).

Bureau du Festival d'Avignon; Cloître St-Louis, 20, rue du Portail Boquier; Tel. 04 90 27 66 50; www.festival-avignon.com

Ban des Vendanges

Volksfest zum Beginn der Weinlese im AOC-Gebiet »Côtes du Rhône« mit Erntegottesdienst, Lese der päpstlichen Trauben, Weinprobe und Musik.

1. Sa im Sept.; www.ot-avignon.fr

Rhône Exaltation

Die Weine der Côtes du Rhône feiern sich selbst mit zahlreichen Möglichkeiten zu Kostproben und Workshops zum Thema Wein und Essen.

Alle zwei Jahre: 2010, 2012 etc.; www.rhone-exaltation.com

SERVICE

Fremdenverkehrsamt

41, cours Jean Jaurès, 84000 Avignon; Tel. 04 32 74 32 74; www.avignon-tourisme. com, www.ot-avignon.fr; Mo–Sa 9–18, So 10–17, Nov. und Ostern 9–17, So 12–17 Uhr

Ziele in der Umgebung

Châteauneuf-du-Pape ⤳ H 9

Einst päpstliche Sommerresidenz, umgeben von Weinbergen und beherrscht vom Schloss. Hier hat der sagenhafte Wein seine Wurzeln.

Fremdenverkehrsamt; Tel. 04 90 83 71 08; E-Mail: tourisme-chateau9-pape@ wanadoo.fr

Château de Gicon ⤳ H 8

2,5 km nördl. von Chusclan gruppieren sich auf einer Hügelkuppe die gut erhaltenen Reste einer Burg aus dem 12. Jh. Von einem bestimmten Punkt aus hat man einen guten 360-Grad-Blick auf vier Regionen: Provence,

Languedoc-Roussillon, Auvergne und Dauphiné. Einst diente die Erhebung als »Sendemast«: Man schickte per Feuer Botschaften über weite Entfernungen. Der südlich gegenüberliegende Hügel bei Laudun, auf dem sich die Reste eines galloromanischen Oppidum (Camp de César) finden, hatte dieselbe Funktion. Heute spenden Olivenbäume zwischen den Mauerresten Schatten. Ein Pfad führt durch eine mediterrane Flora an der Wallfahrtskapelle **Ste-Madeleine** vorbei bis zur Burg (20 Min.). Der Zugang ist frei. Von Chusclan aus ist der Weg ausgeschildert.

Am Fuß der Burg windet sich auf 1,5 km der Lehrpfad **La vigne des sens** durch Weinberge und eine mediterrane Flora. Erklärungen schärfen die Sinne für Farbe, Geruch und Geschmack. Gehzeit ca. 45 Min.

Chusclan ⤏ H 8

Typisch provenzalisches Dorf am Cèze-Ufer, mit engen Gassen und einer Cafébar am Dorfplatz. Die Weine von Chusclan waren bereits am Hofe des Sonnenkönigs Ludwig XIV. bekannt. Verkosten kann man sie bei der hiesigen Winzergenossenschaft.

Zusammen mit Tavel war Chusclan 1947 die erste Gemeinde in

Frankreich, die für ihren Roséwein die Appellation Côtes du Rhône Village erhielt. Werden heute auch vorwiegend Rotweine erzeugt, haben die Rosé nach wie vor einen sehr guten Ruf. Empfehlenswert ist die Cuvée »Prestige des Granges«, ein fruchtiger und kräftig rosafarbener Tischwein mit viel Grenache, der sich gut zur provenzalischen Küche eignet. Ein schöner Rotwein ist die vollmundige, fruchtige Cuvée »Les Genets«. Infos bei: Vignerons de chusclan (Route d'Orsan; Tel. 04 66 90 11 03; www.vigneronsdechusclan. com; tgl. 9–12, 14–18.30 Uhr).

Musée de la Lavande ⤏ H 8

Auf dem Geländeplateau bei St-Remeze (Ardèche) steht mitten in Lavendelfeldern das Lavendelmuseum mit Schaudestillerie, botanischem Lehrpfad und einer Boutique, in der Lavendel in aller Form verkauft wird. **Route des Gorges (D 490), St-Remèze; Tel. 04 75 04 37; April–Sept. tgl. 10–19 Uhr; Eintritt 6 €, Kinder 3 €**

St-Montan (Ardèche) ⤏ H 8

In einen Taleinschnitt gebettetes Dorf aus Steinhäusern, bewacht von einer zinnenbewehrten Burg (12. Jh.). Bis Anfang der Siebzigerjahre war das Dorf dem Verfall preisgegeben. Im Laufe von mehr als 30 Jahren packten hier unzählige Pfadfinder, Freiwillige und vormals Arbeitslose an. Das Ergebnis ist ein gleichermaßen mittelalterliches wie modernes Dorf, das sogar wieder eine eigene Schule braucht. Am Ortsausgang Richtung Larnas steht rechter Hand die Kirche **San Samonta** (10.–12. Jh.). Hinter dem Gotteshaus führt ein Steig zu einer ehemaligen Eremitengrotte (20 Min., gutes Schuhwerk!).

MERIAN-Tipp

5 Le Mazet

Ein Lokal, versteckt inmitten von Weinbergen gelegen, mit Schatten spendender Pergola. In der Küche regiert Stéphane Bertrand-Saladin, Bruder der Winzerinnen der Domaine Saladin. Spezialität sind Fisch- und Rindfleischgerichte. Das würzige Fleisch stammt von Rindern, die auf der Mésenc-Hochebene zwischen Ardèche und Haute-Loire weiden.

Quartier Peyrobe, St-Marcel d'Ardèche; Tel. 04 75 90 50 46 ●

⤏ H 8

Wanderungen/Flussfahrten ⤏ H 8

Die Ardèche und ihre felsige Landschaft bieten wunderschöne (Fluss-) Wanderungen. Infos zu Wegen und Kanuverleih beim Fremdenverkehrsamt St-Martin-d'Ardèche (Place de l'Eglise; Tel. 04 75 98 70 91; www.ot-stmartin-ardeche.com).

Vaison-la-Romaine ····⟩ H 8

Die uralte Stadt (6000 Einwohner) am Fluss Ouvèze ist die größte Grabungsstätte Frankreichs. Bevor die Römer die Gegend im 1. und 2. Jh. n. Chr. eroberten, lebten hier keltisch-ligurische Bewohner. »Vasio« ist ein ligurisches Wort für Höhe, womit sicherlich der Felssporn links der Ouvèze gemeint ist. Auf dem klammert sich die mittelalterliche Altstadt fest. Am rechten Ufer, heute unter dem modernen Vaison, breitete sich in galloromanischer Zeit eine hochentwickelte Stadt mit Villen, breiten Straßen, einem Forum, einem Theater und Thermen aus. Will man Vaison historisch logisch besichtigen, muss man im unteren Teil beginnen.

Erst dann überquert man die mehr als 2000 Jahre alte Brücke, die auf 17 m die Ouvèze an einer Engstelle überspannt, und gelangt so in die Altstadt. Im Sommer empfiehlt es sich, den Rundgang morgens zu starten, denn die Ausgrabungsstätten bieten kaum Schatten. Das Verkehrsamt verleiht deutschsprachige Audioguides. Jeden Dienstag nimmt ein bunter, provenzalischer Markt die Innenstadt ein.

HOTELS/ANDERE UNTERKÜNFTE
Le Burrhus
Minimalistisch-cool eingerichtetes Zwei-Sterne-Hotel. Auf der Terrasse im ersten Stock frühstückt man auf Baumkronenhöhe. Nachtcafés machen die Zimmer zum Platz laut. Place Montfort; Tel. 04 90 36 00 11; www.burrhus.com; 38 Zimmer, 1 Apartment

SEHENSWERTES
Cathédrale Notre-Dame de Nazareth
Die romanische Kirche in der Unterstadt mit dem wachtturmähnlichen

Glockenturm hat einen wunderschönen, kleinen Kreuzgang. Über dem Eingang gibt das Graffiti eines gehörnten Männerkopfes Historikern Rätsel auf.
Kreuzgang: April–Mai 10.30–12.30, Juni–Aug. 10–12, 14–18.30, Okt.–Feb. bis 17 Uhr

Haute-Ville (Mittelalterliche Stadt)
Nach der galloromanischen Brücke folgt man der imposanten Stadtmauer und tritt unter dem Belfried, den ein schmiedeeiserner Glockenturm krönt, hindurch. In den Kopfsteinpflastergassen haben heute Cafés, Restaurants, Läden und Galerien ihren Platz. Vom Kirchplatz und den Ruinen der Burg, die einst den Grafen von Toulouse gehörte, bietet sich ein fantastischer Blick.

Puymin und La Villasse
Die Reste von vier Patriziervillen, die der Architektur pompejanischer Häusern ähneln. Küche, Latrinen oder Fischbassins lassen sich noch gut erkennen. Auf dem Gelände Puymin steht eine übermannshohe Amphore, ein Dolium, in der Nahrungsmittel aufbewahrt wurden.
Puymin: April–Sept. 9.30–18 Uhr, restl. Zeit eingeschränkter Zugang
La Villasse: April, Mai 10–12, 14.30–18, Juni–Sept. bis 18.30 Uhr

Théâtre Antique
Auf dem Gelände der Grabungsstätte Puymin führt ein in den Fels gehauener Gang zum antiken Theater (1. Jh.). Geschickt haben die Erbauer den Halbkreis der stufenförmigen Sitze auf das natürliche Felsenrund dahinter gestützt. Mit 96 m Durchmesser war das Theater fast so groß wie jenes von Orange. Heute dient es als großartige Kulisse für Musik- und Tanzveranstaltungen.

MUSEEN
Musée Archéologique
Modelle von Wohnhäusern, antike Toiletten- und Badeartikel, Keramik

und Kultgegenstände, Schmuck, Fresken und ein herrliches Bodenmosaik mit Vogeldarstellungen in der **Villa du Paon** (Pfauenvilla). April–Sept. 9.30–18 Uhr, restl. Zeit eingeschränkte Öffnungszeiten

Essen und Trinken

Le Bistrot du O

Moderne Einrichtung in altem Gemäuer. Mediterrane, saisonale Küche und 120 Weinreferenzen. Rue Gaston Gévaudan; Tel. 04 90 41 72 90; E-Mail: bistroduo@orange.fr; So, Mo-mittag geschl. ●●

Le Brin d'Olivier

Restaurant mit offenem Kamin nahe der Römerbrücke. Provenzalische Küche, Spezialität sind Trüffel. 4, rue du Ventoux, Quai Pasteur; Tel. 04 90 28 74 79; www.restaurant-lebrindolivier.com ●●

Feste und Events

Alle drei Jahre (2010) reisen Chöre aus aller Welt zum Chorfestival **Les Choralies** an. Höhepunkt ist der Gesang von bis zu 7000 Personen im antiken Theater. Jedes Jahr im Juli findet ein Tanzfest statt, Mitte August ein beliebtes Jazz- und Bluesfestival. Informationen beim Verkehrsamt.

Service

Fremdenverkehrsamt

Place du Chanoine Sautel; Tel. 04 90 36 02 11; www.vaison-en-provence.com; Juli, Aug. tgl. 9–12.30, 14–18.45, restl. Zeit Mo–Sa 9–12, 14–17.45, So 9–12 Uhr

Ziele in der Umgebung

Cairanne ···⟩ H 8

Die sehr steinigen Weinberge um das alte Dorf Cairanne bringen Côtes-du-Rhône-Villages hervor, die zusätzlich den Namen der Gemeinde tragen dürfen. Das beste Terrain sind die vom Fluss Aygues angeschwemmten, alten Schotterterrassen »Les Garrigues«, mit steinigen,

sandigen Mergelböden; außerdem »La Montagne«, deren Böden von Muschelschalen durchsetzt sind.

Die Winzergenossenschaft **Cave de Cairanne** vertritt würdig ihre Appellation. Typisch für die kräftigen Rotweine sind der Eindruck sämiger Konsistenz und Aromen von Zimt, Leder, Pfeffer, Cassis und Kirsche. Ein guter Cairanne kann sich leicht mit einem Gigondas oder Vacqueras messen. Die besten sind die Cuvée »Antique« aus 80 Jahre alten Reben mit Aromen von Zimt, Vanille und eingekochten Pflaumen sowie die »Réserve des Voconces« mit Noten von Menthol, Heidekraut und für manche sogar von schwarzen Oliven.

Der **Parcours Sensoriel**, eine Mischung aus Museum und Indoor-Lehrpfad, wurde von der Genossenschaft eingerichtet. Besonderen Spaß macht ein Quiz, bei dem Aromen wie Leder, Rauch, Zimt oder Beeren erraten werden müssen. Endstation ist die Weinbar, wo Zunge und Gaumen das Gelernte überprüfen (Route de Bollène, Cairanne; Tel. 04 90 30 82 05; www.cave-cairanne.fr; Mo–Sa 11–16 Uhr, Besuche am So und von Gruppen nach Vereinbarung).

Dentelles de Montmirail und Mont Ventoux ···⟩ H J 8

Beide Bergmassive bieten tolle Wandermöglichkeiten, bei verschiedenen Anbietern kann man geführte Touren buchen, z. B. MTB-Downhill vom Mont Ventoux, Sonnenuntergangswanderung oder Sternbeobachtungen. Infos beim Fremdenverkehrsamt von Vaison-la-Romaine.

Gigondas ···⟩ H 8

Kleines mittelalterliches Dorf zu Füßen der Dentelles de Montmirail. Seine Rosé- und Rotweine gehören zu den besten des Rhône-Tals und sind seit 1971 als Crus eingestuft. Das Terroir aber hat eine weitaus ältere Reputation, bereits die Römer schätzten es. Die Grenachetraube soll hier besser gedeihen als anderswo. Sie ergibt kräftige, strukturierte und aromatische Rotweine, in denen sich die Aromen von Gewürzen und Steinobst mischen. In Eichenfässern gereift, können die Gigondas, die hervorragend altern, einem Châteauneuf-du-Pape nahekommen.

Die Winzer der Genossenschaft »La Cave de Gigondas« besitzen oft nur wenige Hektar. Als Genossenschafter aber können sie ihre Familienländereien gewinnbringend bewirtschaften, anstatt sie an große Weinhäuser verkaufen zu müssen. Die Weine der Cave de Gigondas sind von sehr guter Qualität und interessanten Preisen. Ihr Star ist die vollmundige, ungefilterte Cuvée »Le Primitif«. Neben Gigondas stehen im Regal auch »Nachbarweine« der Appellationen Vacqueras, Beaume de Venise und Séguret sowie der einfachen Appellation Côtes du Rhône. Die Cave bietet verschiedene Besuchsprogramme, z. B. einen Erntevormittag mit anschließendem Mittagessen und Weinprobe (Quartier les Blâches, ca. 1 km vor Gigondas an der D 7; Tel. 04 90 65 86 27; www.cave-gigondas.fr).

Zum Genossenschaftskeller gehört das schick-schlicht eingerichtete Restaurant Le Caveau des Gourmets direkt unterhalb der dickbauchigen Stadtmauern von Gigondas. Im Sommer kann man die Weine auf hohen Bistrostühlen sitzend auch auf der Terrasse verkosten. Dazu werden passende »verrines« gereicht, in Gläsern geschichtete, salzige und süße Köstlichkeiten (Le Village; Tel. 04 90 36 34 82 ●).

Séguret ····⟩ H 8

Der Provence-Traum: Ockerfarbene Steinhäuser kleben zwischen Olivenbäumen und Rebstöcken an einem felsigen Hügel. Durch zwei mittelalterliche Stadttore, **Portail de la Bise** und **Portail Neuf**, betritt man den Ort, Autos haben hier keinen Zutritt. Vom Dorfplatz aus erblickt man die Ebene Richtung Vaison und hinüber zu den Dentelles de Montmirail. In ca. 30 Min. hin und zurück kann man eine Burgruine aus dem 13. Jh. oberhalb des Ortes erreichen. Eine Pilgerstätte ist Séguret zu Weihnachten. Nach provenzalischem Brauch wird hier eine Krippe mit lebenden Darstellern in der Kirche St-Denis (10. Jh.) aufgebaut.

Herrlich gelegen, mit Terrasse und sagenhafter Aussicht ist das Restaurant **Le Mesclun** mit einer raffinierten, kreativen Küche und guten Weinen (Rue des Poternes; Tel. 04 90 46 93 43; www.lemesclun.com ●●/●●●).

Université du Vin de Suze-la-Rousse ····⟩ H 8

An der Wein-Universität, gelegen in einem denkmalgeschützten Schloss in der Drôme, können an Wochenenden auch Amateure Kurse belegen. Université du Vin, Le Château, Suze-la-Rousse; Tel. 04 75 97 21 30; www.universite-du-vin.com

»Verrines« nennt man die typischen, in Gläser geschichteten kleinen Snacks.

Weingüter

Château du Boussargues   ⤏ H 8
Die wuchtigen Mauern und Türme des Hauses erzählen von seiner einstigen Funktion als Commanderie des Templerordens. Ein nahes Eichenwäldchen versteckt eine rund 1000 Jahre alte Kirche mit schönen Friesen. Ein Grabstein zeugt von der Präsenz der Römer, die hier die sonnige Lage der Rebhänge schätzten. Diese bringen heute Weine der AOC Côtes du Rhône hervor. Die Weißweine sind frisch, fruchtig und vollmundig. Sehr empfehlenswert ist der Rosé aus Grenache, Cinsault und Carignan mit vanilligem Bouquet, Johannisbeer- und Gewürzaromen und einem langen Abgang. Die Rotweine sind rund, kräftig mit seidigen Tanninen. Der »Nectar de Chantal« ist eine Geheimmixtur des Hauses aus Weißwein und Holunderblüten und als Aperitif geeignet. Das Weingut bietet Ferienwohnungen mit gehobener Ausstattung und Pool.
Fam. Malabre, Colombier-Sabran; Tel. 04 66 89 32 20; www.boussargues.com

Domaine Notre Dame de Cousignac   ⤏ H 8
Der Name dieses Weinguts 10 km nordöstlich der Ardèche-Schlucht rührt von einer Kapelle aus dem 6. Jh., die auf dem Gelände steht. In dem Wort Cousignac steckt das lateinische Wort »ignis« (= Feuer, Brand). Kein Wunder: Im Sommer kann es in den windgeschützten Hügeln weit über 30 Grad heiß werden. Das im Jahr 1780 gegründete Weingut (40 ha) gehört seit jeher der Familie Pommier. Die Weinberge, im integrierten Anbau bestellt, liegen zwischen den Appellationen Côtes du Rhône und Côtes du Vivarais. Die extrem steinigen Sand- und Schlickbödenparzellen der Letzteren ergeben komplexe Rot-, Rosé- und Weißweine. Die rote Cuvée »Notre Dame de Cousignac« ist voller Aromen nach Toast, Vanille, Zimt und sogar nach Leder. Die Rosés duften nach Frucht und Rauch. Spannend ist die in alten Eichenfässern gereifte Rotwein-Cuvée »Ardesc«, ihre Aromen von roten Früchten und Trüffeln bleiben lange im Mund. Die Pommiers bieten auch charmant eingerichtete

Inmitten von Weinbergen und Olivenhainen schmiegt sich das kleine Städtchen Séguret (→ S. 73) an einen zerklüfteten Hügel am Fuße der Dentelles de Montmirail.

Chambres d'hôtes und Table d'hôtes und organisieren Ausflüge in die reizvolle Umgebung, beispielsweise Kanufahrten auf der Ardèche.
Andéol und Raphaël Pommier, Bourg St-Andéol (an der D 190 Richtung St-Montan); Tel. 04 75 54 61 41; www. notre-dame-de-cousignac.com ●

Domaine Saladin ┄┄⟩ H 8
Ebenfalls in der Ardèche liegt das biologisch bewirtschaftete Weingut der Familie Saladin, deren Anwesenheit in St-Marcel-d'Ardèche seit 1422 bezeugt ist. Noch nie hat ihr Terroir – magere, mit Kieselsteinen bedeckte Kalktonböden – Pestizide, Herbizide oder Insektizide kennengelernt. So alt die Geschichte, so jung die Besitzerinnen. Vor wenigen Jahren haben die beiden Saladin-Töchter Marie-Laurence und Elisabeth, noch keine 30 Jahre alt, die Geschicke des 18-ha-Weinguts in die Hände genommen. Produziert werden vor allem ausdrucksstarke Rotweine. Darunter der »Chaveyron 1422«, ein Syrah-Mourvèdre-Rotwein mit einem Schuss weißen Viogniers! Große Klasse ist die Cuvée »Haut Brissan«, ein eleganter, würziger Grenache, der nach den Kräutern der Ardèche riecht. Genießen kann man die Weine auch in dem nahen, mitten in Weinbergen gelegenen Lokal **Le Mazet** (→ MERIAN-Tipp, S. 70).
La Tour, St-Marcel-d'Ardèche; Tel. 04 75 04 63 20; E-Mail: domaine.saladin@ wanadoo.fr

Domaine de Mourchon ┄┄⟩ H 8
In den Hügeln oberhalb des Dorfes Seguret liegt in den steinigen Boden gegraben der ultramoderne Weinkeller des Weinguts Mourchon. Seine Erfolgsgeschichte ist die eines »Scottish man in France«. Walter McKinley erwarb erst 1998 die rund 40 ha Boden. Er wird von seiner Tochter und seinem Schwiegersohn Hugo Livingston unterstützt. Dieser war als Rock'n'Roll-Kameramann ei-

gentlich daran gewöhnt, mit internationalen Popstars auf Tour zu gehen, bevor er seine Liebe und vor allem sein Händchen für den Wein entdeckte. Im wahrsten Sinne umwerfend ist die opulente Cuvée »Family Reserve« der Appellation Côtes du Rhône Villages. Der Grenache-Rotwein aus 60 Jahre alte Rebstöcken hat 15,5 % Alkohol. Leichter ist der Rosé »Loubié«, ein erfrischender, fruchtiger Wein, der fast zu gleichen Teilen aus Cinsault, Grenache und Syrah hergestellt wird.
Fam. McKinley, La Grande Montagne, Séguret; Tel. 04 90 46 70 30; www.domaine demourchon.com

Domaine Ferme St-Martin ┄┄⟩ H 8
Einen Besuch dieses Weinguts, das wie ein Adlernest über dem Ort Suzette thront, belohnt allein der Blick über die Hügel, aus denen die Felszähne der Dentelles de Montmirail ragen. Die 35 ha Weinberg steigen in Terrassen bis zu einer Höhe von 500 m an. Interessant sind die Rotweine der noch relativ jungen Appellation Beaume de Venise Rouge. Bei den Böden überwiegen die »terres jaunes«, eine markant gelbe Kalktonerde aus der Zeit der Trias. Sie haben der Cuvée »Terres Jaunes« ihren Namen gegeben, eine Assemblage aus Grenache und Syrah, elegant, fruchtig mit Aromen von Lakritze und einer Nuance Pfeffer.
Die dunkelrubinrote Cuvée »St-Martin« stammt aus rund 80-jährigen Grenache- und Syrah-Rebstöcken. Sie hat ein mineralisches Bouquet, großzügige Aromen von Beeren, Gewürzen und Pfeffer und solide Tannine. Das Potenzial des Weins entwickelt sich erst nach vier bis acht Jahren. Sofort trinken lässt sich dagegen das jüngste Produkt des Weinguts, der Côtes du Ventoux »La Gérine«, leicht, fruchtig, mit Aromen von Heidel- und Brombeere.
Guy Jullien Earl, Suzette; Tel. 04 90 62 96 40; ww.fermesaintmartin.com

Die Reblauskrise

Beinahe hätte ein kleines Insekt dem Weinbau in Europa endgültig den Garaus gemacht.

In Europas Weingeschichte gibt es ein »Vorher« und ein »Nachher«: Vor 1865 blühte der Weinhandel, lebten Tausende Winzer, Erntearbeiter, Transporteure und Kaufleute direkt und indirekt vom Wein. Danach musste die gesamte Branche bei Null beginnen. Schuld daran war ein winziges Insekt: die Reblaus oder *Viteus vitifoliae*, eine aus Amerika stammende Blattlaus aus der Familie der Zwergläuse *(Phylloxeridae)*, die durch Rebstöcke von der Ostküste Amerikas über Großbritannien nach Frankreich eingeschleppt wurde.

Als Erste schlugen 1865 südfranzösische Winzer Alarm. An den frischen Wurzeltrieben entdeckten sie seltsame, knieförmig gebogene Verdickungen und mussten dann tatenlos mitansehen, wie die Wurzeln allmählich verfaulten, die Rebstöcke innerhalb von drei Jahren abstarben. Binnen kurzer Zeit war ganz Europa von dieser Pflanzenpest befallen. Der beinahe zwei Jahrtausende anhaltende glorreiche Siegeszug des Weins schien beendet.

Mit Griechen und Römern waren um 600 v. Chr. die ersten Reben nach Frankreich gelangt und hatten von dort aus ganz Südeuropa sowie Teile Mitteleuropas erobert. Mönche verfeinerten im Mittelalter die Anbau- und Verarbeitungsmethoden, sodass sich Wein schließlich bei allen Gesellschaftsschichten großer Beliebtheit erfreute. Hart und völlig unerwartet traf die Krise denn auch Wirtschaft, Landschaft und Kultur des gesamten Kontinents. Im Zuge der Veredelung hatte man Weinstöcke aus den USA importiert ... Amerikanische Reben sind jedoch gegen die Reblaus tolerant, europäische werden von ihr vernichtet. Viele Sorten sind unwiederbringlich zerstört.

Der Lebenszyklus dieses Schädlings ist sehr komplex. Die Reblaus vollzieht einen holozyklischen Wirtswechsel zwischen Rebstock und -wurzel: Einige Wurzelläuse entwickeln sich im Spätherbst zu Reblausfliegen, verlassen das Erdreich und legen Eier an der Rinde des Rebstocks ab. Daraus schlüpfen rüssel-

lose Geschlechtstiere, die sich paaren. Die begatteten Weibchen legen je ein befruchtetes Winterei in eine Rindenritze des zwei- bis dreijährigen Holzes, woraus im Frühjahr die Maigallenläuse schlüpfen, die an den Blättern der Reben bis zu 1200 Eier legen. Diese werden zu Larven, von denen etwa die Hälfte in den Boden wandert und im folgenden Frühjahr junge Rebwurzeln sucht ... wo der Kreislauf von Neuem beginnt.

Für Biologen ist die Reblaus gewiss hochinteressant, doch Weinfreunde mussten miterleben, wie Anbauflächen und Produktion dramatisch schrumpften: 1865 waren in Frankreich fast 3 Mio. ha mit Reben bepflanzt, 1890 nur noch knapp 2 Mio. ha. 1870 rief die französische Regierung eine Kommission zur Bekämpfung der Reblaus unter Vorsitz von Louis Pasteur ins Leben, die angeblich über 700 Vorschläge prüfte.

Die Rettung kam schließlich aus Übersee: Durch den Import reblausresistenter Rebstöcke aus den USA und durch das Bepfropfen dieser »Unterlagsreben« *(Vitis riparia* und *Vitis berlandieri)* mit einheimischen Edelreisern *(Vitis vinifera)* konnte Frankreichs Weinbau gerettet werden. Seither gibt es in Europa nur wenige wurzelechte, ungepfropfte Lagen, z. B. Sandböden, auf denen sich die Reblaus nicht halten kann. Dort wurde seit der Krise ohne Rücksicht auf Qualität Masse produziert. So kam es zum enormen Preisverfall, der in Südfrankreich soziale Aufstände auslöste. 1907 schritt sogar das Militär ein, weil kleine Grundbesitzer und Arbeiter es nicht länger hinnehmen wollten, »für guten Wein kein Brot zu bekommen«. Diese von Marcellin Albert angeführte Winzerrevolte, die u. a. vom Mitbegründer der linken Tageszeitung »L'Humanité«, Jean Jaures, mit engagierten Reden unterstützt wurde, führte dazu, dass große Bereiche Südfrankreichs – der »midi rouge« oder »rote Süden« – lange ein verlässliches Wählerreservoire der Linken und besonders der kommunistischen Partei blieben.

So hatte die Reblauskrise nicht nur wirtschaftliche, sondern auch politisch-kulturelle Folgen, sorgte letztlich jedoch für eine »Gesundschrumpfung« der Weinproduktion, für Qualität statt Quantität. Heute befürchten einige Experten eine Renaissance der Reblaus aufgrund von Klimaveränderungen, brachliegenden Weinbergen und der zunehmenden Beliebtheit von Zierreben.

Anti-Reblaus-Kur: Im Winter werden wurzelechte Weinstöcke in ebenen Lagen zur Bekämpfung der Parasiten 40 Tage lang überschwemmt. Dabei soll deren Fortpflanzungszyklus unterbunden werden.

Provence

Engagierte Winzer bringen das Klischee vom
billigen Urlaubsrosé ins Wanken.

*Auf den typischen Weinbergterrassen um Bandol (→ S. 84) schlagen neben den Reb-
stöcken auch Blumen ihre Wurzeln und wiegen ihre Farbenpracht im Mittelmeerwind.*

Provence

Für Stars und Otto Normalverbraucher, Alt- und Neureiche, für Russen und Amerikaner, Jung und Alt … für alle versinnbildlicht die Provence eine Art Paradies auf Erden: ewige Sonne, azurblaues Meer, duftende Lavendelfelder, malerische Dörfer, Traumvillen, das besondere Licht, das so viele Künstler begeisterte, und natürlich die nach südlicher Lebensfreude schmeckenden Weine. Zu einem Sommeressen gehört einfach ein klassischer Rosé aus der Provence. Dieser historisch erste Wein Frankreichs stellt noch heute 75 % der Produktion und bleibt ein Symbol für heitere Szenen südfranzösischer Lebenskunst.

Klischees über die Côte d'Azur haben hohen Wahrheitsgehalt: Ein Bummel durch die bilderbuchartige Kulisse von **St-Tropez** oder **Cannes** bestätigt, dass sich hier die Reichen und Schönen treffen, nicht nur zur Filmfestspielzeit. Die Orte sind mondän, malerisch und voll. Ganz besonders **Nizza**, ein beliebter Wohnsitz internationaler Berühmtheiten, von dem die Franzosen ab und zu sagen, es sei wie Paris ohne Metro …

Ruhiger und grüner ist es im Hinterland der Côte d'Azur, im **Var**, wo auf den ältesten Weinbergen der Provence aromatische Weine entstehen. Hier locken weniger große Städte als vielmehr kleine, in die Landschaft gestreute Dörfer, Weingüter und Abteien und natürlich – schon nahe den Alpen – die spektakulären Felsmauern der **Verdon-Schlucht**. Im Var liegt auch das kleine Correns, die erste »grüne« Gemeinde Frankreichs.

Zum Flanieren weiter westlich lädt die wunderschöne Universitäts- und Festspielstadt **Aix** (mit der AOC Côteaux d'Aix-en-Provence) ein, deren Name untrennbar mit dem des Malers Paul Cézanne verbunden ist, der hier geboren wurde und viele Jahre seines Lebens verbrachte.

Bei Frankreichs südlichster Großstadt **Marseille** streiten sich die Geister – für die einen ist sie schon fast Afrika, für die anderen eine faszinierende südeuropäische Metropole. Im Marseiller Hafen begann der Wein seinen Siegeszug auf französischem Boden, als Griechen aus Phokäa vor 2600 Jahren die ersten Reben ins Land brachten. Heute bestimmen Rebstöcke weite Teile der landschaftlich vielseitigen Region mit Bergen wie dem Mont Ventoux, sandigen Badebuchten und der schroffen Felsküste der **Calanques**. Fast irreal mutet sie an, die wilde Natur dieses kahlen, kalkweißen Gebirges gleich neben der Millionenstadt und unweit der Industrieanlagen am Étang de Berre. Den Wohlgeruch von Lindenblüten hingegen verströmt der blassgrün-golden schimmernde Weißwein, der um das kleine **Cassis** herum entsteht.

Reben zwischen Alpen und Meer

Westlich von Marseille, unterhalb von Arles, liegt das zweite große Anbaugebiet der Provence. Unterhalb der Côtes du Rhône öffnet sich das Rhône-Tal zu einem weiten Mündungsgebiet, den **Bouches du Rhône**. Weil die Weine hier in der Ebene wachsen, werden sie traditionell nur als einfache Landweine (»vin de pays«) oder sogar als Tischweine (»vin de table«) eingestuft, können aber in ihrer Qualität auf angenehme Weise überraschen!

Hier beginnt auch eine flache, bisweilen sumpfige Ebene mit langen Sandstränden, rosafarbenen Flamingos und wilden Pferden. Fast schwebend zwischen Land und Meer, bildet die **Camargue** eine der letzten Naturlandschaften Frankreichs, während Nîmes und Arles als Paradebeispiele südfranzösischer Lebensart gelten.

Aix-en-Provence ⟶ J 9

Im Hochsommer wähnt man sich bisweilen in einer europäischen Version von Disneyland. Dann ziehen lange Schlangen von Touristengruppen durch die engen Gassen, dem farbigen Schirm ihres Führers folgend, und lauschen den Erklärungen aus den Kopfhörern, die ihnen Interessantes über Geschichte, Baudenkmäler und Kultur der Stadt vermitteln. Im nächsten Moment scheint Aix aber doch wieder ein Dorf zu sein, wenn sich mittags im Schutz des Schattens alle den Freuden von Speis' und Rebentrank hingeben und ein freundlicher Bewohner den vor seiner Tür picknickenden Touristen ein Glas Wein oder Kaffee serviert.

Aix hat viele Gesichter, ist Studentenstadt, aber auch Heimat zahlreicher Festivals. Voller Charme sind seine Theater wie der Hof des erzbischöflichen Palais (**Théâtre de l'Archevêché**), das winzige, intim-romantische **Jeu de Paume**, aber auch das 2007 eröffnete moderne **Grand Théâtre**. Aix lockt mit Läden jeder Art, mit interessanten Museen, bietet Luxusrestaurants genauso wie eine Unzahl kleiner Lokale. Allmorgendlich breitet sich ein provenzalischer Markt vor dem Rathaus aus. Stolz ist die Stadt natürlich auf ihren berühmtesten Sohn, den Maler Cézanne, in dessen Atelier noch der Geist des Künstlers zu weilen scheint.

Das Auto sollte man außerhalb der Stadt oder in einem der Parkhäuser abstellen und sich dann zu Fuß in das Straßengewirr der Altstadt begeben oder über den **Cours Mirabeau**, die mit Platanen überdachte Prachtallee, schlendern.

HOTELS/ANDERE UNTERKÜNFTE

Hôtel des Augustins

Ehemaliges Kloster aus dem 12. Jh. im Zentrum. Mittelalterliches Ambiente kombiniert mit Luxus und Komfort. Schon Martin Luther weilte hier.
3, rue de la Masse; Tel. 04 42 27 28 59; www.hotel-augustins.com; 29 Zimmer
●●●/●●●●

Chambre d'hôtes
Domaine La Brillane

Das Weingut gehört einem Engländer und seiner Frau, die beide aus der Top-Managerwelt aus- und in

Feine Adresse für den Aperitif oder Kaffee: Das Café Les Deux Garçons in Aix-en-Provence bot bereits Gästen wie Cézanne, Zola oder Cocteau eine stilvolle Bleibe im Empire-Stil.

den Weinbau eingestiegen sind. Hier kann man in stilvollen Zimmern nahe der Stadt und zugleich völlig ruhig inmitten von Weinbergen logieren und abends elegante, fruchtige Rotweine der Herkunftsbezeichnung Coteaux d'Aix genießen.

195, route de Couteron; Tel. 04 42 54 21 44; www.labrillane.com; 5 Zimmer ●●●

Hôtel des Quatre Dauphins

Das wunderschöne Hotel, ein altes Herrenhaus in einem ruhigen und herzlichen Rahmen, liegt im Zentrum von Aix im Quartier Mazarin – nur ein paar Meter vom Brunnen »La fontaine des 4 Dauphins« und dem berühmten Cours Mirabeau entfernt.

54, rue Roux Alphéran; Tel. 04 42 38 16 39; www.lesquatredauphins.fr; 13 Zimmer ●●

SEHENSWERTES
L'Atelier des Lauves

Äpfel jeder Reifestufe faszinierten den Impressionisten Paul Cézanne (1839–1906). Im seit dem Tod des Malers fast unveränderten Atelier über der Stadt liegen sie noch heute als Modelle bereit. Vor dem Fenster erkennt man ein weiteres Lieblingsmotiv des berühmten Malers: die Montagne Ste-Victoire.

9, avenue Paul Cézanne; Tel. 04 42 21 06 53; www.atelier-cezanne.com; April–Okt. tgl. bis 18, Nov.–März 10–12, 14–18 Uhr, 25. Dez., 1. Jan., 1. Mai geschl.

Cathédrale St-Sauveur

Der Legende nach auf einem Apollo-Tempel errichtetes, kunstgeschichtliches Sammelsurium: Taufkapelle (5. Jh.) mit korinthischen Säulen, Überbleibsel der früheren Basilika (2. Jh.), romanischer Kreuzgang, gotisches Kirchenschiff, Dreiflügel-Altar (1476) und ein aus Walnussholz geschnitztes Hauptportal (1504). Eine Oase im Trubel der Stadt ist der wunderschöne Kreuzgang (12. Jh.).

34, place de la Résistance; Tel. 04 42 23 45 65; tgl. 7.30–12, 14–18 Uhr

MUSEEN
Musée Granet

Die Gemäldesammlung befindet sich in der alten Malteserpriorei (17. Jh.). Seit der Renovierung 2006 ist ein Saal Cézannes Werken gewidmet; außerdem archäologische Funde des römischen Aix, »Aquae Sextiae«.

Place St-Jean de Malte; Tel. 04 42 38 14 70; www.museegranet-aixenprovence.fr; tgl. außer Mo 12–18 Uhr, Fei geschl.; Eintritt 10 €

ESSEN UND TRINKEN
Les Deux Garçons

Nicht versäumen sollte man einen Besuch der historischen Brasserie (18. Jh.) am Cours Mirabeau, in der sich Künstler, Schauspieler und Politiker schon die Klinke in die Hand gegeben haben. Innen tolles Dekor, draußen von der Terrasse aus bietet sich eine gute Aussicht auf das Treiben auf der Prachtallee.

53, cours Mirabeau; Tel. 04 42 26 00 51 ●/●●

EINKAUFEN
Calissons

Seit dem 15. Jh. ist der »calisson«, ein rautenförmiges Gebäck aus süßen Mandeln und Trockenfrüchten mit weißer Puderzuckerglasur, eine Spezialität von Aix – zu kaufen bei einem guten Dutzend »calissonniers«, z. B. Calissons du Roy René.

13, rue G. de Saporta; www.calisson.com oder bei »Béchard«, 12, cours Mirabeau

FESTE UND EVENTS

Das Fest der lokalen Rot- und Rosé-Weine »Côteaux d'Aix-en-Provence« findet jedes Jahr am letzten Juli-Sonntag statt. Mittelpunkt der Feierlichkeiten ist der Cours Mirabeau, wo sich Winzer, Musikanten und Besucher im Schatten der mächtigen Platanen tummeln. Alljährlich im Juli steigt auch das Festival d'Art Lyrique mit klassischer Musik und Opern an mehreren Spielorten (Tel. 04 42 17 34 34; www.festival-aix.com).

SERVICE
Fremdenverkehrsamt
2, place du Général de Gaulle 2; Tel.
04 42 16 11 61; www.aixenprovence
tourism.com; tgl. 8.30–19, Juli, Aug. bis
21, Sa, So, Fei 10–13, 14–18 Uhr

Ziele in der Umgebung

Lourmarin ⟶ H 9
Traumhaft schönes Dorf zu Füßen
des wilden Luberon-Gebirges, mit
romanischer Kirche, Renaissance-
Schloss, Künstlerateliers, Gässchen
und netten Lokalen. Schon Albert
Camus (1913–1960) ließ sich von
Lourmarin begeistern, das Tourismusbüro bietet einen literarischen
Spaziergang an. Die kirschfarbenen
Rosés des Luberon gehören übrigens
zu den besten in der Provence (Fremdenverkehrsamt Lourmarin, Avenue
Philippe de Girard; Tel. 04 90 68 10 77;
www.lourmarin.com)!

Die **Moulin de Lourmarin** bietet
luxuriöse Unterkünfte in provenzalischem Stil in einer früheren Ölmüh-
le aus dem 17. Jh. Die Zimmer haben
teils eine kleine Terrasse und Blick
auf die Luberon-Hügel (Tel. 04 90 68
06 69; www.moulindelourmarin.com;
19 Zimmer, 1 Suite ●●●/●●●●).

Maison des Vins
Côtes de Provence ⟶ K 9
Hier erfährt man alles über die Wei-
ne der AOC Côtes de Provence, Ver-
kostung und Verkauf.
Route Nationale 7, Les Arcs-sur-Argens;
Tel. 04 94 99 50 20; www.caveaucp.com

L'Abbaye de Thoronet ⟶ J 9
Im Jahr 1146 in der Abgeschieden-
heit von Wäldern gegründete Zister-
zienserabtei, erbaut in strengem
Stil ganz wie vom Gründervater
des Ordens, Bernhard von Clairvaux, gewünscht und gepredigt. Ein
Geheimnis umweht die fantastische
Akustik der Kirche. Sie ist wahr-
scheinlich den besonderen Propor-
tionen des Kirchenschiffs und dem

MERIAN-Tipp

⬙ 6 Commanderie de Peyrassol
Zwischen Olivenhainen und Weinbergen liegt die Templerkommanderie
aus dem 13. Jh. Moderne Glaswände
und -böden sorgen für überraschende Einblicke ins alte Gemäuer. Auf
dem steinigen Boden wird seit über
750 Jahren der Wein kultiviert, den
man heute in Form von AOC Côtes de
Provence erstehen kann. Monumen-
tale Skulpturen inmitten der Wäldchen und Weinberge verwandeln das
Gelände in eine Open-Air-Ausstel-
lung. In einer Boutique gibt es lokale
Spezialitäten, in einem Trödelladen
hübsche Antiquitäten.

Flassans-sur-Issole, Var; Tel. 04 94 69
71 02; www.peyrassol.com ⟶ J 9

---

außergewöhnlich harten Kalkstein
zu verdanken. Ertönt ein Gesang,
macht sich der Schall auf die Reise,
er zirkuliert und schlägt den Zuhörer
von allen Seiten in seinen Bann. Ein
unvergessliches Gänsehaut-Erleb-
nis, das jeder Besucher im Rahmen
einer Führung selbst erleben kann.
30 km südwestl. von Draguignan; Tel.
04 94 60 43 90; http://thoronet.monu
ments-nationaux.fr; April–Sept. 10–18.30,
So 10–12, 14–18.30, Okt.–März 10–13, 14–
17, So 10–12, 14–17 Uhr, 1. Jan., 1. Mai,
11. Nov., 25. Dez. geschl.; Eintritt 7 €

Vinothèque de la Ste-Victoire ⟶ J 9
Die Schlosskellerei (13. Jh.) bietet
Weinproben und organisiert Besu-
che der Weingüter um Ste-Victoire.
Boulevard Etinne Boyer, Trets; Tel. 04 42
61 37 60; E-Mail: vinotek-stv@infonie.fr

Cassis ⟶ J 9

Augenblick, verweile doch, du bist
so schön ... ist wohl jeder versucht
auszurufen, dem sich nach der letz-

ten Kurve erstmals der Blick auf Cassis bietet, auf azurblaues Meer unter heiterem Himmel, auf den malerischen, belebten Hafen zwischen strahlend hellen Felsen zu Füßen der höchsten Klippe Frankreichs, des **Cap Canaille**. Künstler wie Matisse und Dufy haben diese Atmosphäre in ihren Bildern eingefangen.

Hat man das Parkplatzproblem gelöst, kann man sich ganz dem mediterranen Farniente hingeben und in einem der Straßencafés am Wasser den passenden Aperitif bestellen: Pastis, Rosé de Provence oder Kir, der eigentlich aus Burgund stammt. Oder man kostet von dem begehrten trockenen Weißwein von den Steilhängen über dem Ort, der so hervorragend zur typischen Fischsuppe Bouillabaisse mundet.

HOTELS/ANDERE UNTERKÜNFTE

Chambre d'hôtes Maison Nr. 9
Die Gästezimmer sind in den ältesten Weinbergen von Cassis gelegen. Edel eingerichtet, suitenartige Unterkünfte mit Terrassen, Swimmingpool. 10 Gehminuten vom Zentrum. Fam. Maus, 9, rue du Dr. Yves Bourde; Tel. 04 42 01 26 39; www.maison9.net; 4 Zimmer ●●/●●●

Hôtel Le Clos des Aromes
Wenige Gehminuten vom Hafen entfernt, schlichte, freundliche Zimmer. Zum Restaurant gehört eine oasengleiche Innenhofterrasse. Provenzalische Küche, köstliche Fischsuppe! 10, rue Abbé P. Mouton; Tel. 04 42 01 71 84; www.le-clos-des-aromes.com ●●

SEHENSWERTES

Calanques
In dieser beeindruckenden Felsenwelt wurde früher ein weißer, harter Kalkstein abgebaut, der u. a. beim Bau des Suezkanals Verwendung fand. Ein schöner Spaziergang führt zur Badebucht **Port-Miou**, wo man zwischen hohen Felsen in türkis-klares Wasser tauchen kann.

Bootsfahrten
Alle 30 Min. legen im Hafen von Cassis Boote zu einer Spazierfahrt ab, z. B. 45 Min. für drei Calanques-Buchten: Port-Miou, Port-Pin und die berühmteste, En-Vau. Umweltfreundlicher und viel individueller ist es allerdings, mit Ruderboot oder Kajak die Klippen entlangzuschaukeln – und mit diesen darf man auch in den kleinen Buchten ankern und einen Sprung ins Meer wagen.

Ausflug mit Ruderboot und Seekajak
Begleitete Ausflüge mit diplomierten Führern, auch für Ungeübte. Rudern: Club de Cassis, Quai des Moulins; Tel. 06 26 92 19 21; E-Mail: contact@cassis-aviron.fr; ca. 2 Std. 20 €; Kajak: Provence Kayak Mer; Tel. 06 12 95 20 12; www.provencekayakmer.fr; halber Tag 35 €

Villa Ariane
Elegantes Wohnhaus aus dem 19. Jh., früher im Besitz einer Winzerfamilie. Den Garten in griechischem Stil zieren ein Amphitheater und ein See-

Paradiesische Impressionen bieten die Calanques bei Cassis. Viele dieser kleinen Buchten sind nur per Boot erreichbar.

rosenteich. Heute ist hier die Stadt-bibliothek mit großer Auswahl an regionaler Literatur untergebracht.
Rue Agostini; Tel. 04 42 01 19 47; Di, Do 15.30–18.30, Mi 9–12, 14–18.30, Fr 9–12, 15.30–18.30, Sa 9–13 Uhr; Eintritt frei

ESSEN UND TRINKEN
La Villa Madie
Elegantes, helles Restaurant mit raffinierter mediterraner Küche und großer Weinauswahl. Innenraum wie Terrasse bieten eine fantastische Sicht über das glitzernde Meer.
Avenue Revestel, Anse de Corton, Cassis; Tel. 04 96 18 00 00; www.lavillamadie.com ●● (mittags), ●●● (Abendmenü)

Le Bonaparte
Zwar ohne Meeresblick, dafür keine »Touristenfalle«. Viele Einheimische, freundliche Atmosphäre, typische provenzalische Küche, faire Preise.
14, rue du Général Bonaparte; Tel. 04 42 01 80 84 ●

EINKAUFEN
Bar à Vins Le Chai Cassidain
In der schlauchartigen Weinbar treffen Cassidiens und Touristen zusammen. Natürlich gibt es hier auch den trockenen Weißwein von Cassis, der mit seidigen Aromen von weißen Blüten, Honig, Mandel, Zitrusfrüchten und – dank Meeresnähe – auch mit einer salzigen Note verführt.
6, rue Séverin Icard, Cassis; Tel. 04 42 01 99 80; www.lechaicassidain.com

L'Eau de Cassis
Die traditionsreiche Parfümerie-Familie Mercier stellt Düfte her, die nach den Kräutern und Essenzen des Midi riechen, z. B. »L'Eau des Calanques« oder »L'Eau de la garrigue«.
Place Baragnon; Tel. 04 42 01 25 21; www.leaudecassis.com

Kleiner Fischmarkt
Morgens breiten die letzten Fischer von Cassis von 9 bis 11 Uhr auf dem Quai des Baux ihren Fang aus.

Pâtisserie Sucré Délices
Feinste Konditorkunst, die mit Aromen von Zitrone, Lavendel, Anis, Pfirsich und sogar Geranie spielt.
4, rue A. Gervais; Tel. 04 42 03 59 79

FESTE UND EVENTS
Weinfest zum Namenstag von St-Eloi mit Umzug von dekorierten Wagen, Folkloregruppen, provenzalischer Messe und Weinproben.
1. So im Sept.; Place Baragnon

SERVICE
Fremdenverkehrsamt
Quai des Moulins; Tel. 04 42 01 67 86; www.ot-cassis.com; Juli, Aug. Mo–Fr 9–19, Sa, So, Fei 9.30–12.30, 15–18, März–Juni, Sept., Okt. 9–12.30, 14–18, Sa 9.30–12.30, 14–17.30, So, Fei 10–12.30 Uhr, restl. Zeit eingeschränkte Öffnungszeiten

Ziel in der Umgebung

Bandol   ⋯⋯⟩ J 10
Die Küstenstadt liegt zwischen den Departements Var und Bouches-du-Rhône und lockt mit kleinen Badebuchten und Sandstränden. Der Küstenstreifen Richtung St-Cyr und Sanary-sur-Mer (hierher flohen vormals deutsche Intellektuelle, darunter Lion Feuchtwanger, vor dem Nazi-Regime) steht unter Naturschutz und bietet schöne Spazierwege. Der Ruhm der umliegenden Weinberge der AOC Bandol beruht vor allem auf den Rotweinen, die viel Mourvèdre enthalten. Jung schmecken sie nach Kirschen, Cassis, Lakritze und Pfeffer. Nach acht oder gar zehn Jahren entfalten sie ihr ganzes Potenzial mit Aromen von Leder, Schwarzkirsche, Trüffel. Je größer der Mourvèdre-Anteil in einer Cuvée, desto länger die Haltbarkeit (bis zu 20 Jahren). Diese Traube lässt auch die orangefarbenen Bandol-Rosés ungewöhnlich gut altern, schenkt ihnen Frische, Tiefe und Aromen von Aprikose und Weinbergpfirsich. Sie sind der beste Beweis, dass auch Pro-

vence-Rosés Grandezza haben können. Anfang Dezember findet die **Fête du Vin** statt, mit kostenlosen Weinproben an Ständen. Immer verkosten kann man die Weine in der **Maison des Vins du Bandol** (Allées Vivien; Tel. 04 94 29 45 03; www.maisondesvins-bandol.com).

Auf einem Hügel im Herzen des Weinanbaugebiets Bandol thront der befestigte Ort **Cadière d'Azur** mit engen Gässchen und Torbögen. Typisch für die Provence trägt die Kirche einen schmiedeeisernen Turmhelm, durch den der Mistral hindurchbläst. Von Cadière blickt man auf seinen »Zwilling«, den ebenfalls mittelalterlichen Ort **Le Castellet** auf dem gegenüberliegenden Hügel.

In Cadière d'Azur befindet sich auch die charmante, sich über drei Häuser erstreckende Drei-Sterne-Unterkunft **Hostellerie Bérard**. Den schönsten Blick bieten die Zimmer in Richtung Le Castellet. Pool und Spa lassen allen Reisestress vergessen. Feinschmeckermenüs auf Basis der provenzalischen Küche (Fam. Bérard, Avenue Gabriel Peri; Tel. 04 94 90 11 43; www.hotel-berard.com; 40 Zimmer ●●●/●●●●).

Zur Hostellerie Bérard gehört außerdem die **Bastide des Saveurs**, ein altes Herrenhaus in einem großen Rosen- und Kräutergarten. In der reich mit antiken Küchenutensilien dekorierten Küche unterrichtet »Maître« René Bérard provenzalische Kochkunst. In der »Bastide« können vier herrliche Zimmer gemietet werden (●●●●).

Arles   ⇢ H 9

Arles liegt in einer sagenhaft schönen Landschaft: im Nordwesten die Kalksteinfelsen der Alpillen, im Süden die Wasserwelt der Camargue und darunter das Meer. Obwohl es als römische Kolonie Arelate in Konkurrenz zum hellenistischen Marseille erstarkte, ist Arles nie zur Metropole geworden. Im Gegenteil, obwohl es vor prächtigen Architekturzeugnissen geradezu birst, hat es sich mit rund 50 000 Einwohnern den Charme einer Kleinstadt bewahrt. Alle Sehenswürdigkeiten sind bequem zu Fuß zu erreichen. Arles' Herz schlägt zu einem entspannten Takt. Zugleich zeugen die zahllosen über das Jahr verteilten Feste, die sich vor allem um Brauchtum, Reitkunst und Stierkampf drehen, von der Feierlust der Arlesianer.

Gerne führt René Bérard seine Gäste durch den Kräutergarten der Bastide des Saveurs.

Von dem besonderen Licht der Region fühlte sich auch der Niederländer Vincent van Gogh angezogen, der 1888 nach Arles kam und in nur 15 Monaten 300 Bilder schuf, darunter so berühmte wie die »Sternennacht« oder das »Nachtcafé«. Der blumengeschmückte Innenhof des **Hôtel Dieu** wurde nach einem Gemälde von van Gogh neu bepflanzt.

Wichtige Einnahmequelle für Arles ist neben dem Wein der Reis, der seine Wurzeln in die nassen Böden der Camargue streckt. Außerdem wird seit dem Mittelalter Salz gewonnen, die grobkörnige »Fleur de Sel de Camargue«. Sie entsteht durch das Zusammenspiel von Hitze und Mistral. Samstags findet im Zentrum ein riesiger Markt statt (an diesem Tag vor den Stadttoren parken!).

HOTELS/ANDERE UNTERKÜNFTE
Hôtel Amphithéâtre
Dieses Zwei-Sterne-Hotel lässt an Stilsicherheit und Gemütlichkeit so manches Luxushotel blass aussehen. Das originellste Zimmer ist das »Belvedere« über zwei Stockwerke.
5, rue Diderot; Tel. 04 90 96 10 30; www. hotelamphitheatre.fr; 28 Zimmer ●●

Le Boatel
Das Hotel-Boot ankert auf einem Kanal, unweit der berühmten »Van-Gogh-Zugbrücke«. Nach dem Abendessen an Deck kann man sich sanft in den Schlaf schaukeln lassen. Le Boatel bietet auch einen Ausflug zum Weingut L'Isle St-Pierre (→ S. 89) mit »Winzer-Menü« an.
Le Boatel, Pont van Gogh, Tel. 06 08 60 53 24; www.leboatel.com; 7 Zimmer ●●

SEHENSWERTES
Alyscamps
In der Nekropole reihen sich gallo-römische und frühchristliche Sarkophage aneinander. Die unvollendete Kirche **St-Honorat** stammt aus dem 12. Jh. Mag es auch eine Totenstadt gewesen sein, bei schönem Wetter

ist sie von vielen Kunststudenten belebt, die sich von ihrem besonderen Charme und dem Licht- und Schattenspiel der Bäume angezogen fühlen.
Mai–Sept. tgl. 9–18 Uhr, in der übrigen Zeit eingeschränkte Öffnungszeiten; Eintritt 3,50 €

Les Arènes
Die elliptische Anlage mit 136 m Länge zählt zu den besterhaltenen Zeugnissen der antiken Kultur. Die drei Türme entstanden allerdings erst im 12. Jh., als die Arena als Festung diente. Zu dieser Zeit standen dort, wo sich heute im Sand Torero und Stier begegnen, Häuser.
Tel. 08 91 70 03 70; www.arenes.com; tgl. 9–18 Uhr; Eintritt 5,50 €

St-Trophime und Kreuzgang
Das der Westfassade vorgeblendete Prachtportal der Kirche aus dem 12. Jh. ist ein Hauptwerk der hochromanischen provenzalischen Plastik. Die Weltgerichts-Darstellung sowie die anderen Figuren zeugen von großer Erzählfreudigkeit, ebenso wie die Pfeilerstatuen und die Arkadenkapitelle im Kreuzgang (14. Jh.). Von der begehbaren Galerie über dem Kreuzgang erkennt man gut den mächtigen Vierungsturm über dem auffallend steilen Langhaus.
Kreuzgang: Mai–Sept. tgl. 9–18, Okt.– April 10–17 Uhr; Eintritt 3,50 €

Théâtre antique (Antikes Theater)
Ende des 1. Jh. v. Chr. unter Kaiser Augustus erbaut, ist das Rund noch heute jeden Sommer Schauplatz für Theateraufführungen.
Mai–Sept. tgl. 9–18 Uhr, restl. Zeit eingeschränkte Öffnungszeiten; Eintritt 3 €

MUSEEN
Musée départemental Arles antique
Eine archäologische Reise durch die Geschichte der Stadt.
Presqu'île du Cirque Romain; Tel. 04 90 18 88 88; www.arles-antique.cg13.fr; April–Okt. tgl. 9–19, Nov.–März tgl. 10–

17 Uhr, 1. Jan., 1. Mai, 1. Nov., 25. Dez.
geschl.; Eintritt 5,50 €

Restaurant d'A Côté
Bio-Bistroküche und junges Publikum, das Menü des Tages wird auf Leinwände projiziert.
21, rue des Carmes; Tel. 04 90 47 61 13 ●●

Mas de Rey
Die Reben des Klosters vor den Toren der Stadt malte schon van Gogh. Bekannt ist das Weingut heute dafür, neue Rebsorten auszuprobieren.
Fam. Mazzoleni, Trinquetaille; Tel. 04 90 96 11 84; E-Mail: masderey@provnet.fr

Villa Natura
Alle Spezialitäten der Camargue in reicher Auswahl: Salz, Reis, Pasteten, Stierwurst, dazu zahlreiche lokale Produkte aus biologischem Anbau.
Chemin de Séverin (am Stadtausgang von Arles Richtung Stes-Maries-de-la-Mer); Tel. 04 90 96 13 93

Fremdenverkehrsbüro
Hier bekommt man u. a. einen Tagespass für Arena, Antikes Theater, Alyscamps und Thermen (9 €) bzw. für alle antiken Monumente und das Museum (15 €).
Boulevard des Lices; Tel. 04 90 18 41 20; www.arlestourisme.com; Mo–Sa 9–17, So 10–13 Uhr

Ziele in der Umgebung

Les Baux-de-Provence ⋯⋯⟶ H 9
So als wüssten sie nicht, was Höhenschwindel ist, haben im Mittelalter Bauleute die Festung und Häuser von Les Baux auf dem mehr als 200 m hohen, von Höhlen durchzogenen Felsen in den zerklüfteten Alpillen errichtet. Erlebte der Ort mit Schlossanlage und noblen Wohnhäusern bis in die Renaissance glanzvolle Zeiten, war er im 18. Jh. nur noch ein Hirtendorf und im 19. Jh. eine Ruine. Heute zählt das renovierte Dorf zu den schönsten Frankreichs. Sehenswert sind das in den Fels gebaute Schloss, das Wassertor (Porte d'Eyguières), die romanische Kirche St-Vincent und das Ruinenviertel Post Tenebras Lux.

Im gewaltigen Bauch eines ehemaligen Steinbruchs unterhalb des eigentlichen Ortes werden in der **Cathédrale d'Images** wechselnde Licht- und Tonspektakel aufgeführt (Rte. de Maillane; Tel. 04 90 54 38 65; www.cathedrale-images.com; Okt.–März 10–18, April–Sept. 10–19 Uhr).

Auf der Plantage **Le Moulin Castelas**, 1 km östl. von Les Baux, gibt es feinstes Olivenöl mit dem eigenen AOC-Label Les Baux de Provence (Mas de l'Olivier; Tel. 04 90 54 50 86; www.castelas.com).

»Life Promesse« im Marais du Vigueirat ⋯⋯⟶ H 9
Die **Camargue**, eingerahmt von den beiden Rhône-Armen, ist eine Landschaft zwischen Land und Wasser: Fluss und Meer, Süß und Salzig begegnen sich hier. In den Sümpfen des Vigueirat treffen die beiden Ökosysteme der Camargue und das der ariden Steppenlandschaft der Crau zusammen. In der großartigen Weite weiden die berühmten schwarzen Stiere und weißen Pferde. Sie ist ein Paradies für Hunderte von Vogelarten, darunter der Flamingo, das Symbol der Camargue.

Hier vereint das von der EU geförderte Projekt »Life Promesse« in einer hochempfindlichen, mehr als 1000 ha großen Region Naturschutz und Ökotourismus. Auf ausgeschilderten Pfaden – und nur da! – können Besucher zu Fuß oder vom Pferdewagen aus die einmalige Landschaft erleben, ohne ihr zu schaden.
Les Marais du Vigueirat, Mas-Thibert; Tel. 04 90 98 70 91; www.life-promesse; www.marais-du-vigueirat.reserves-naturelles.org

Weingüter

Château Ste-Roseline ----> K 9

Der betörende Duft alter Rosenstöcke empfängt während der Sommermonate den Besucher. Sie blühen zu Ehren der hl. Roseline, die im 14. Jh. in dem einstigen Kloster Abteipriorin war. In der romanischen Kapelle gegenüber dem Weinkeller sind ihre sterblichen Überreste in einem Glassarg aufgebahrt. Getrennt davon wird ihr gut erhaltenes rechtes Auge (das andere wurde gestohlen) bewahrt, kunstvoll in ein Reliquiar eingefasst.

Das große Wandmosaik mit einer Darstellung von Engeln stammt von keinem Geringeren als Marc Chagall. Flankiert wird es von einer Statue von Diego Giacometti, dem Bruder des berühmten Bildhauers Alberto Giacometti. Nach dem Kunstgenuss sind es nur wenige Schritte hinüber zum Genuss der edlen Weine. Ganz hervorragend sind beispielsweise der rote Mourvèdre »Cuvée Prieure« und der Rosé »Lampe de Meduse« mit Aromen von Zitrusfrüchten.

Les Arcs-sur-Argens; Tel. 04 94 99 50 30;
www.sainte-roseline.com

Château Romanin ----> H 9

Aus St-Rémy-de-Provence führt die prachtvolle Platanenallee »Cavaillon« in westlicher Richtung hinaus. Nach ungefähr 5 km biegt rechts ein Sträßchen ab und windet sich in die wild-schönen Alpillen hinauf (vor dem Segelflugplatz rechts!) bis zu dem modernen Bau des Weinguts. Den direkt in den Fels gehauenen, kathedralenartigen Keller stützen Betonpfeiler und Strebebögen. Hier ruhen die nach biodynamischen Gesichtspunkten hergestellten Weine der Appellationen »Coteaux des Baux-de-Provence«. Nach den würzigen Kräutern der »garrigue«, der mediterranen Strauchheide, vermischt mit fruchtigen und mineralischen Noten, schmeckt der rote »La Chapelle de Romanin«, ein Wein aus jungen Rebstöcken. Rassig und strukturiert präsentiert sich »Le Cœur de Romanin« mit alten Rebstöcken, die auf der besten Parzelle des Weinbergs wachsen. Die Weißweine, die auf Rolle und Ugni blanc basieren, sind von besonderer Frische.

Tipp: Unterhalb des Weinguts führt ein ausgeschilderter Rundweg in munterem Auf und Ab durch die Weinberge und die Garrigue.

St-Rémy-de-Provence; Tel. 04 90 92 45 87;
www.romanin.com

Domaine des Aspras ----> J 9

»Nosce te ipsum« ist die Devise der Familie Latz, »Erkenne dich selbst!« Und vielleicht wird man ja tatsächlich ein wenig weiser, wenn man ihre Weine der AOC Côtes de Provence trinkt. In jedem Falle vermögen alle drei Cuvées, weiß, rosé und rot, in gute Laune zu versetzen – insbesondere genossen zu einer provenzalischen Brotzeit aus Salami, Ziegenkäse mit Kräutern, frischem Brot und Tomaten.

Vielleicht liegt es an den »glücklichen« Böden auf und um Aspras herum. Gutsbesitzer Michaël Latz ist nämlich nicht nur Weinbauer und Winzer, sondern auch Bürgermeister der kleinen Gemeinde Correns, mit der es eine Besonderheit auf sich hat: Sie ist die erste »grüne« Gemeinde Frankreichs. Im Jahr 1997 stiegen alle Landwirte gemeinsam auf biologischen Anbau um. 2006 wurden dann eine Plantage für medizinische Kräuter und eine Destillerie gegründet, alles in hervorragender Bio-Qualität. Neuestes Projekt ist eine Wärmeversorgung für Correns auf der Basis von Holzpellets. Chapeau Michaël Latz – für Ihre fortschrittlich geführte Gemeinde und Ihre charaktervollen Weine!

Correns; Tel. 04 94 59 59 70;
www.aspras.com

Domaine Bunan
(Vignobles de Bandol) ⟶ J 10

Nur wenige Kilometer vom Meer entfernt liegen die Weinberge der Brüder Bunan. Wer gut zu Fuß ist, wandert die im Frühjahr blumenübersäten Rebhänge bis zu einer baumbestandenen Anhöhe hinauf. Typisch für diese Gegend sind sie durch »restanques« abgetreppt: von Trockensteinmauern gestützte Terrassen, die bei Regen die kostbare Krume zurückhalten. Oben wird der Spaziergänger mit dem Blick aufs Meer belohnt, das seine salzige Böen bis hier hinaufschickt.

Wieder unten angekommen, belohnt man sich am besten mit den runden, weichen Rotweinen aus viel Mourvèdre, einer Traubensorte, die auf den Böden der Appellation Bandol besonders gut gedeiht. Oder mit den harmonischen Rosés, die Aromen exotischer Früchte aufweisen. Oder auch mit dem gutseigenen Olivenöl und Honig.

La Cadière d'Azur (auf der D 559 von Bandol nach Le Beausset, 300 m nach der Autobahnbrücke links abbiegen); Tel. 04 94 98 58 98; www.bunan.com

Domaine l'Isle St-Pierre ⟶ H 9

Mitten in der amphibischen Landschaft der Camargue, mitten in der Rhône erstreckt sich ein 170-ha-Weinberg auf einer Insel. Ein dicht bewachsenes grünes Paradies, auf dem sich Rebstöcke, Schafe, allerdings auch Mücken sehr wohlfühlen. Was die Weine angeht, ist die Familie Henry experimentierfreudig. Neben den klassischen Sorten wie Merlot oder Cabernet Franc produziert sie Wein aus neuen oder ortsfremden Traubensorten, wie etwa Arinarnoa oder Gewürztraminer. Ungewöhnlich ist ein likörartiger Vin de Pays aus der Traubensorte Hegoa.

Unbedingt sollte man den rund 40-minütigen Rundgang um das Weingut machen. Man folgt dabei gerahmten Fotos, die mitten in der Natur aufgestellt oder an Baumstämme gehängt sind. Weil sie jeweils die Stelle zeigen, an der man gerade steht, aber natürlich zu einem anderen Zeitpunkt aufgenommen wurden, ergeben sich daraus überraschende Ansichten.

Boisviel St-Pierre, Mas Thibert/Arles; Tel. 04 90 98 70 30; www.islesaintpierre.fr

Stilvoller Rahmen für eine gelungene Weinprobe: Die Ursprünge der ehemaligen Abtei auf Château Ste-Roseline in Les Arcs-sur-Argens reichen bis ins 10. Jahrhundert zurück.

Aquitanien – Bordeaux

St-Emilion, Rothschild, Sauternes ... Namen, bei
denen Weinfreunde ins Schwärmen kommen.

*Château Fonplégade bildet mit anderen Schlössern rund um St-Emilion (→ S. 94) den
passenden Rahmen der dort produzierten edlen »grands crus«, der »großen Gewächse«.*

Aquitanien – Bordeaux

In Frankreichs bedeutendster Weinregion dreht sich alles ums ... Wasser: im Westen der Atlantik, im Herzen die beiden großen Flüsse Dordogne und Garonne. Aquitanien, »Land des Wassers« (lat. »aqua« = Wasser), taufte Cäsar die Region wegen der mächtigen Wasserläufe. Und die Hauptstadt an den Ufern der Gironde nannte man Bordeaux (frz.: »bord« = Rand, »eau« = Wasser).

Seit fast 2000 Jahren lassen hier natürliche Gegebenheiten wie Boden und Klima im Bunde mit menschlichem Können und zauberhafter Alchimie die berühmtesten Weine der Welt heranreifen, darunter prestigeträchtige Namen wie Mouton-Rothschild oder Château Lafitte. Nördlich von Bordeaux reiht sich am Westufer der Gironde ein »château« – wie die Weingüter Aquitaniens heißen – an das andere, übertrumpft ein Grand Cru (»großes Gewächs«) das andere. Gen Osten laden hübsche Kleinstädte mit klingenden Weinnamen wie Bergerac oder St-Emilion ein zum Bummeln, Besichtigen, Kosten.

Den Grundstock für diese Erfolgsgeschichte legten die Römer, als sie ab 56 n. Chr. Reben namens »Biturica« anpflanzten, um die im heutigen England stationierten Legionäre mit Wein zu versorgen – der Beginn einer schwunghaften Handelstradition. Heute ist das »Bordelais« das größte zusammenhängende Anbaugebiet der Welt für Qualitätswein. Die rund 4000 »châteaux« erzeugen vorwiegend trockene, langlebige Rotweine und daneben auch Weißweine (20 %): trockene Sauvignon-Weine südöstlich von Bordeaux (Graves), vor allem aber die begehrten edelsüßen Weine Sauternes und Barsac (Sémillon-Rebe).

Anderswo stehen Mischungen eher für Panscherei, bei Bordeauxweinen jedoch bürgt erst die richtige Assemblage oder »Vermählung« für Qualität. In der optimalen Komposition der drei klassischen Rebsorten Merlot, Cabernet Sauvignon und Cabernet Franc liegt das Geheimnis der großen Weine ... und der besten Kellermeister. Natürlich entscheidet neben menschlicher und fachmännischer Bravour auch der Boden über den Erfolg. Der von den Flüssen herangetragene Sand und Kies sorgt für eine tiefe Einwurzelung der Reben und für hervorragenden Wasserabzug – ideale Bedingungen für Spitzenweine.

1855 gilt als die magische Zahl Aquitaniens. Damals begründete Napoleon III. die Erfolgsstory der Grands Crus mit der offiziellen (und bis heute fast unveränderten) Klassi-

Weine kommen aus »Châteaux«

fizierung der Bordeauxweine. Für die in diesem Jahr stattfindende Weltausstellung in Paris wurden zur Präsentation der regionalen Weine 61 rote (60 im Médoc) und 27 weiße (Sauternes) »châteaux« (Weingüter) gewählt. Kriterien waren die Qualität des Terroir und der Bekanntheitsgrad des jeweiligen Cru, gemessen am Preis der letzten 100 Jahre.

Bordeaux ····▷ D 8

Bordeaux öffnet sich. Lange galten die Bordelais als spießbürgerlich, »bourgeois«, verschlossen. Jetzt aber hat die Stadt in einem umfassenden Erneuerungsprogramm die Hausfassaden von der alten Patina befreit, die Flussufer zu großzügigen Promenaden ausgebaut, Lagerhallen abgerissen oder zu Ausstellungs- und Einkaufszentren umgestaltet. Die südlichen Bezirke – wo einst das Gros der Weinhändler zu Hause war – wurden erschlossen, eine Straßenbahnlinie gebaut und der Verkehr beruhigt. Außerdem hat Bordeaux entdeckt, dass Wein nicht nur ein Handelsgut, sondern auch Mittel der Kommunikation sein kann. Die Rechnung ging auf: Bordeaux spricht wieder junge Leute an, die Einwohnerzahl steigt allmählich über die 250 000-Marke, das Stimmungsbarometer steht auf positiv. Zwei Seelen hat Bordeaux – oder zwei Teile: die Altstadt innerhalb der früheren Stadtmauer mit schmalen Gassen, vielen Bistros und Läden, dazu die von klassischen Bürgerhäusern des 18. Jh. gesäumten breiten Alleen.

HOTELS/ANDERE UNTERKÜNFTE

Regent Grand Hotel

Lange stand das prächtige Gebäude gegenüber der Oper leer … nun bietet wieder ein Luxushotel Glanz und Glitter, barockes Lebensgefühl und einen modernen Spa-Bereich.

MERIAN-Tipp

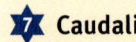 **Caudalie**

Eine paradiesisch anmutende Wein-Welt hat die Familie Cathiard im Süden Bordeaux' aufgebaut, bestehend aus dem elterlichen Weingut »Château Smith Haut Lafitte«, dem Vier-Sterne-Hotel der jüngeren Tochter Alice und der »Caudalie-Spa« der älteren Mathilde. Zur »Vinotherapie« dort gehört nicht etwa das Baden in Wein, sondern kosmetische Rundum-Pflege mit Weinblatt-Wickeln oder Traubenkern-Peeling. Denn Kerne und Häute ausgepresster Trauben – einst als Abfall beseitigt – enthalten wertvolle Substanzen wie Polyphenole (OPC), die schädliche freie Radikale neutralisieren und äußerst wirkungsvoll die Faltenbildung bekämpfen. Auf dieser Basis entwickelte Mathilde seit 1994 die inzwischen 45 Produkte der Kosmetikmarke »Caudalie«, ein Hit bei schönheitsbewussten Männern und Frauen.

www.sourcescaudalie.com

2–5, place de la Comédie; Tel. 05 57 30 44 44; www.theregentbordeaux.com; 150 Zimmer (22 Luxussuiten) ●●●● ♿

Hôtel Seeko

Modern, ja modernistisch: außen kantig und weiß, innen Loft-Atmosphäre und runde Betten. Einige Zimmer mit Panoramablick auf Bordeaux.

54, quai de Bacalan; Tel. 05 56 39 07 07; www.seekoo-hotel.com; 45 Zimmer ●●●●

Sources de Caudalie

Inspiriert von Bacchus bzw. Dionysos eröffnet sich eine fast irreal schöne heile Welt, in der sich alles um den Wein dreht (→ MERIAN-Tipp, S. 92). Im Zimmer liegen Weintrauben bereit, das angeschlossene Spa verwöhnt mit »Vinotherapie«, und Wein vom prestigeträchtigen Weingut nebenan krönt die exquisite Küche der beiden Hotelrestaurants (→ S. 93).

Chemin de Smith Haut Lafitte, Bordeaux-Martillac; Tel. 05 57 83 83 83; www.sourcescaudalie.com; 40 Zimmer, 9 Suiten ●●●● ♿

Appart 113

Japanisch wirkt das sympathische, von zwei Frauen geführte Gästehaus am Garonne-Ufer (schöner Blick). Funktionell und klein die Zimmer in Rot-Weiß-Schwarz. Enges Treppenhaus, Lichthof, Kunstatelier im EG.

113, quai des Chartrons; Tel. 05 56 52 12 35; www.appart-113.com; 4 Zimmer ●●

La Maison du Lierre

Das kleine, von Mutter und Tochter geführte Hotel in einem typischen Bürgerhaus mit Garten besticht v. a. wegen des freundlichen Empfangs.

57, rue Huguerie; Tel. 05 56 51 92 71; www.maisondulierre.com; 12 Zimmer ●●

SEHENSWERTES

Eglise Notre-Dame

Die Bürger Bordeaux' betrachten diese Kirche aus dem 17. Jh. als »ihr« Gotteshaus, mehr als die Kathedrale. Deckenlicht über dem Altar, schönste klassizistische Kirche der Stadt und typischer Bau der Gegenreform.

Grand Théâtre

Theater und Oper beherbergt dieser Kunsttempel (1780) mit neoklassizistischer Fassade und Säulenvorbau.
Place de la Comédie; Tel. 05 56 00 66 24; Führung 6 €

Hôtel de Lalande, Musée des arts décoratifs

Typisches großbürgerliches Wohnhaus des 18. Jh.: kunstvolle Möbel, Keramiken, Glas- und Goldschmiedekunst. Schön der Innnehof.
39, rue Bouffard; Tel. 05 56 10 14 00; tgl. außer Di und Fei 14–18 Uhr; Eintritt frei

Palais Rohan

Als Palast des Erzbischofs 1771 bis 1784 erbaut, seit 1836 Sitz des Bürgermeisters. Mittwochs um 14.30 Uhr finden einstündige Führungen statt: Salle Louis XVI mit Holzvertäfelungen, Monumentaltreppe, Speisesaal mit kunstvollen »trompe l'œil«.
20, cours d'Albert; Tel. 05 56 10 20 56; Eintritt 3 €, bis 12 Jahre frei

Place de la Bourse

Früherer Königsplatz, 1729 bis 1733 unter Ludwig XV. entstanden. Prächtige Fassaden öffnen sich zum Fluss, links steht das Hôtel des Fermes.

Quartier des Chartrons

Hinter der Esplanade des Quinconces, mit 12 ha einer der größten Plätze Europas mit Bronzebrunnen, liegt das historische Viertel Chartrons, wo einst Weinhändler aus Nordeuropa zu Hause waren. Heute viele Antiquitätenläden (v. a. Rue Notre-Dame, Rue du Faubourg des Arts).

Musée du vin et des négociants

Im einstigen Gewölbekeller eines Weinhändlers (18. Jh.): Geschichte des Weinhandels und der auf diese Weise zu Wohlstand gelangten Familien. Virtuell dreidimensional: die Quai des Chartrons im Jahr 1804.
41, rue Borie; Tel. 05 57 87 50 60; www.mvnb.fr; Mai–Okt. tgl. 10–18 Uhr; Eintritt 7 € (mit Weinprobe), Kinder 3,50 €

La Grand' Vigne

Gastronomie-Lokal, innen klassisch, bei schönem Wetter werden Tische und Stühle auf die Terrasse am See gebracht (●●●●); bistroartig daneben das **Table du Lavoir**: rustikaler Bau rund um ein altes Waschbassin aus dem 18. Jh.; Terrasse mit Goldfischbecken (●●●●).
Im Hotel Sources de Caudalie (→ S. 92)

Brasserie L'Orléans

Klassische Brasserie, gute traditionelle Küche, hervorragende Bordelaisweine. Stammkunden haben hier ihren privaten Mini-Weinkeller.
36, allée d'Orléans; Tel. 05 56 00 50 06; E-Mail: frank.chaumes@wanadoo.fr; tgl. 12–14.30, 19.30–23.30 Uhr ●●

Entrecôte

Das beste Entrecôte der Stadt! Daher täglich lange Schlange vor dem Lokal. Einheitsmenü: Fleisch & Salat.
4, cours du 30 juillet; Tel. 05 56 81 76 10; www.entrecote.fr; tgl. 12–14, 19.15–22.45 Uhr, Weihnachten und 1. Jan geschl. ●/●●

Cassolette

Das In-Lokal. Wie Bühnenbilder reihen sich hier verschiedene Szenarien aneinander: Klassenzimmer, Raum für Verliebte, Jukebox …
20, place Victoire; Tel. 05 56 92 94 96; www.cassolettecafe.com; tgl. 12–24 Uhr, So ab 11 Uhr Brunch ●

Chez Pompon

Traditionsreiches 100-jähriges Bistro. Donnerstags ab 17 Uhr trifft sich hier alles, was Rang und Namen hat, zum Aperitif. Sehen und gesehen werden … so typisch für Bordeaux.
4, cours de Verdun; Tel. 05 56 79 13 13; tgl. außer So 7.30–20 Uhr, abends Bar ●

EINKAUFEN

Am Sonntagmorgen findet an der Uferpromenade Quai des Chartrons ein beliebter Markt mit vielen Bio-Produkten und Mittagessen an improvisierten Tischen und Bänken statt. Originelle Läden finden sich in der Rue des Remparts und der Rue de la Vieille Tour entlang der früheren Stadtmauer. Gleich daneben die Einkaufsmeile Rue Ste-Catherine auf der ehemaligen Römerstraße »Axe romain«, die heute Europas längste Fußgängerzone bildet.

FESTE UND EVENTS
Bordeaux fête le vin

Ganz Bordeaux und Tausende von Besuchern aus aller Welt drängen sich beim Weinfest zur weltweit größten Weinprobe. Dazwischen Musik, improvisierte Restaurants, touristische Informationen, kulinarische Spezialitäten ... Abends Videoprojektion und Feuerwerk.

Alle 2 Jahre (2010, 2012 usw.) 4 Tage im Juni; www.bordeaux-fete-le-vin.com

Médocaine

Mountainbike- bzw. BMX-Radrennen durch Weinberge, mit Livemusik und Weinproben; 5000 Teilnehmer.

Ende Mai; www.medocainevtt.com

Festival Ouvre la Voix

Drei Tage im September zu Beginn der Weinlese, 55 km Radtour mit Stimmkraftwettbewerb, klassischer und Rock- bzw. Rap-Musik, Picknick. www.ouvrelavoix.com

SERVICE
Office de tourisme de Bordeaux

12, cours du 30 juillet, 33080 Bordeaux Cedex; Tel. 05 56 00 66 01; www.bordeaux-tourisme.com

Ziel in der Umgebung

Planète Bordeaux   ····⫶ D 8

Wie in eine andere Welt steigt man hinab in künstliche Höhlen, erfährt multimedial faszinierend alles über Wein im Anbaugebiet Bordeaux. Der wohlgeordnete Keller hinter einer riesigen Glaswand lockt als »Cave des 1001 vins« mit Bordeauxweinen für 1001 dionysische Nächte – zu kosten, zum Herstellerpreis zu kaufen. Besuche bei Winzern werden organisiert (auch auf Deutsch).

1, route de Pasquina, Beychac et Caillau (Ausfahrt 5, RN 89 Bordeaux-Libourne); Tel. 05 57 97 19 20; www.planete-bordeaux.net; Mo–Sa 9–19 Uhr

St-Emilion   ····⫶ D 8

Zu Recht trägt St-Emilion den Beinamen »Hügel der 1000 Schlösser«, ist es doch umringt von prächtigen Weingütern und stattlichen Winzerdomänen. Schon zu galloromanischer Zeit besaß der Dichter-Konsul Ausonius hier erste Weinberge. Im 8. Jh. wurde der Ort nach einem Eremitenmönch benannt und entwickelte sich zu einer Hochburg für Pilger und Gläubige. Zahlreiche Ordensgemeinschaften gründeten Niederlassungen und ließen ein mittelalterliches Städtchen entstehen.

Von der **Tour du Roy** aus (1 €) schweift der Blick über das nur 300 Einwohner zählende Städtchen ... doch die wahre Sensation liegt unter der Erde: eine im 12. Jh. in den Kalksteinfelsen gehauene Kirche mit magischem Flair, daneben Katakomben, unterirdische Gänge, Höhlen, zahllose Weinkeller. Gewarnt sei vor hohen Absätzen: Das Kopfsteinpflaster der Gassen ist glatt, rutschfeste Schuhe sind ein Muss.

HOTELS/ANDERE UNTERKÜNFTE
Hostellerie de Plaisance, Relais et châteaux

Das Luxushotel am Ort, am Glockenturm der Felsenkirche, mit Blick über die Stadt. Romantische »hängende Gärten« zwischen den beiden Hotelgebäuden.

5, place du Clocher; Tel. 05 57 55 07 55; www.hostellerie-plaisance.com; 20. Dez.– 13. Feb. geschl.; 21 Zimmer ●●●● ♿

Au Logis des Remparts
Direkt an der alten Stadtmauer, Drei-Sterne-Hotel mit Garten und Swimmingpool, Privatparkplatz. 18, rue Guadet; Tel. 05 57 24 70 43; www.logisdesremparts.com; Mitte Dez.-1. Feb. geschl.; 17 Zimmer ●●/●●●

Clos Bertinat, Annick & Claude Samuzeau
Hochherrschaftliches, 200 Jahre altes Anwesen, zehn Autominuten von St-Emilion entfernt. Große hohe Räume, geschmackvoll eingerichtet, paradiesischer Garten mit Pool. 39, rue de St-Emilion, St-Sulpice de Faleyrens; Tel. 05 57 24 76 37; http://closbertinat.com; 3 Zimmer ●●

SEHENSWERTES
Führungen unter der Erde
Das Tourismusbüro organisiert Führungen durch die unterirdische Welt (auch in Deutsch). Man besucht die **Einsiedelei**, wo im 8. Jh. mit dem bretonischen Mönch Emilion die Geschichte der Stadt begann; die **Dreifaltigkeitskapelle** (13. Jh.), zu Ehren des hl. Emilian errichtet, kürz-

lich renoviert, säkularisiert und jahrelang als Weinlager genutzt, heute in Privatbesitz. Dann betritt man die **Katakomben**, die früher teils als Krypta dienten, und die **Felsenkirche** (11. Jh.) mit gelegentlichen Zeremonien der Weinbruderschaft. Dauer ca. 1 Std.; Eintritt 6,50 € (ermäßigt 3,20 €, Kinder bis 12 Jahre frei)

Glockenturm
70 m hoch über der Felsenkirche, errichtet vom 12. bis 15. Jh. Lohnend der herrliche Blick über St-Emilion. Tgl. geöffnet; Eintritt 1 €, Kinder bis 6 Jahre frei (zu bezahlen im Tourismusbüro)

Stiftskirche
Als Klosterkirche Ende des 11. Jh. in romanischem Stil gebaut; Kreuzgang aus dem 14. Jh., denkmalgeschützte Orgel aus dem Jahr 1892.

ESSEN UND TRINKEN
Hostellerie de Plaisance
Luxuriös wie das Hotel sind auch Speisesaal, Terrasse und Gerichte. »Chef« Philippe Etchebest wurde zum besten Koch Frankreichs gekürt. 5, place du Clocher; Tel. 05 57 55 07 55; www.hostellerie-plaisance.com; So, Mo, Mi- und Do-mittag sowie Mitte Dez.–Mitte Feb. geschl. ●●●●

»Planète Bordeaux« in Beychac et Caillau führt mit moderner Museumspädagogik, Spielen und amüsant-informativen Weinproben in die Welt der Bordeauxweine ein.

Logis de la Cadène

Familienbetrieb mit Hotel (fünf einfache, helle Zimmer). Das Essen ist delikat, der Service freundlich und kompetent. Südliches Ambiente herrscht auf der Terrasse mit vielen internationalen Gästen, großbürgerlich zeigt sich der Speisesaal.

3, place du Marché au bois; Tel. 05 57 24 71 40; www.logisdelacadene.com; Mo, So-abend sowie im Feb. geschl. ●●●

Chai Pascal

Weinbar im Stadtzentrum mit gemütlich-schicken Ledersesseln. Keine große Küche, dafür einfache, gute Bistro-Gerichte. Cosy und trendy die Lounge. Gelegentlich kulturelle Veranstaltungen. Der Name ein Wortspiel: »chai« = Weinkeller, fast ausgesprochen wie »chez« (bei).

37, rue Guadet; Tel. 05 57 24 52 45; E-Mail: chaipascal@orange.fr; tgl. 11–23 Uhr, Winter So geschl.

EINKAUFEN

Es locken viele Läden (u. a. im Tourismusbüro) mit Wein, Leckereien (z. B. Mandel-Makronen nach Nonnenrezept des 17. Jh.), Handwerkskunst, Rebstöcke in Blumentöpfen …

FESTE UND EVENTS

»Fête de Printemps« Mitte Juni zur Blütezeit, »Ban des Vendanges« Mitte Dezember zur Weinlese, Tag der offenen Tür in den Weingütern, Fest des hl. Emilion usw.

SERVICE

Office de Tourisme de la Juridiction de St-Emilion
Le Doyenné, Place des Créneaux, 33330 St-Emilion; Tel. 05 57 55 28 28; www.saint-emilion-tourisme.com

Ziele in der Umgebung

Mai–Sept. organisiert das Tourismusbüro geführte **Wanderungen im Weinberg** (mit Weinprobe; Engl./Frz.; Eintritt 10 €, Kinder frei).

Bergerac   ┄┄⟩ E 8

Für Bergerac ist es nicht leicht, neben dem übermächtigen Nachbarn Bordeaux zu glänzen. Dabei versprüht das alte Hafenstädtchen an der Dordogne viel Charme mit seinen engen Gassen und Fachwerkhäusern des 14. bis 16. Jh. (v. a. Rues St-James, des Fontaines, St-Clair). Von Film, Fernsehen und Literatur bekannt ist Bergerac dank der Figur des **Savinien de Cyrano** (Tragikomödie von Edmond Rostand, 1897), dessen Existenz historisch bewiesen ist, der jedoch eher zufällig den Beinamen »Cyrano de Bergerac« erhielt. Immerhin konnte ein Winzer kürzlich nachweisen, dass er wirklich hier lebte.

Billigflüge bringen Touristen aus ganz Europa zum Einkaufsbummel durch die Gassen: Designerkleidung, Gourmet-Food, Bergerac-Weine in Rot, Weiß oder Rosé mit hervorragendem Preis-Leistungs-Verhältnis.

HOTELS/ANDERE UNTERKÜNFTE

L'Agrybella
Wie bei Großmuttern fühlt man sich in den Zimmern im Kolonialstil, Art déco, Marine in dem alten Dorfhaus aus dem 18. Jh. Jacuzzi, Räder, Pool. Table d'hôtes auf Reservierung.

Place de l'Eglise, St-Aubin de Lanquais; Tel. 05 53 58 10 76; www.agrybella.fr.st; 5 Zimmer ●● ♿

Hôtel de France

Sympathisches Drei-Sterne Hotel im Zentrum, Pool im Innenhof, freundliche helle Zimmer, Klimaanlage.

18, place Gambetta; Tel. 05 53 57 11 61; www.hoteldefrance-bergerac.com; Feb. geschl.; 20 Zimmer ●●

Le Manoir du Grand vignoble

Drei-Sterne-Landschloss (17. Jh.) in einem Wäldchen. Zimmer von klassisch bis modern, teils mit Himmelbett. Tennisplatz, Reitzentrum, drei Sterne. Man spricht Deutsch.

24140 St-Julien-de-Crempse; Tel. 05 53 24 23 18; www.manoirdugrandvignoble. com; Dez.–Feb. geschl.; 44 Zimmer ●●

Maison des vins im Cloître des Récollets
Das Kloster aus dem Jahr 1630 hatte eine wechselvolle Geschichte im katholisch-protestantischen Ringen und widmet sich heute religionsübergreifend Wein und Kultur: Ausstellung, Aroma-Test, im Gewölbeweinkeller Videofilm über Bergerac-Weine (Französisch und Englisch). Weinproben, Verkauf zum Produzentenpreis. Im Innenhof finden im Sommer Jazzkonzerte statt.
Tel. 05 53 63 57 55; www.vins-bergerac.fr; Mitte Juni–Mitte Sept. tgl. 10–19, sonst Di–Sa, 10.30–12.30, 14–18, So 10.30–12.30 Uhr, Jan. geschl.; Eintritt frei

Vieux Port
Charmanter Flusshafen (im Mittelalter einer der größten Frankreichs), heute Startpunkt für Schiffsausflüge.

Eglise St-Jacques
Die Kirche wechselte in dieser während der Religionskriege heiß umkämpften Region oft zwischen Katholiken und Protestanten. Station für Jakobspilger. Im romanischen Glockenturm wird von Hand geläutet. Nachmittags geöffnet

MUSEEN
Musée du Vin et de la Batellerie
Das Wein- und Schifffahrtsmuseum präsentiert detailgetreue Modelle der flachen Flussboote und historische Winzerutensilien.
Tel. 05 53 57 80 92; www.ville-bergerac. com; Di–Fr 10–12, 14–17.30, Sa 10–12, So 14.30–18.30 Uhr, Mitte März–Mitte Nov. So geschl.; Eintritt 2,50 €

ESSEN UND TRINKEN
La Table du marché
Chef Stéphane arbeitete jahrelang in Gourmetrestaurants, jetzt hat er einfach Lust am kreativen Kochen und lässt sich gerne zuschauen.
21, place de la Bardonnie; Tel. 05 53 22 49 46; E-Mail: stephane-cuzin@orange.fr; tgl. außer Mi-abend und So ●●

Côté Noix
Restaurant/Salon-de-thé in der Fußgängerzone, beliebter Treff; fantasievolle Salate und Quiches, salzige und süße Tartes, reiche Teeauswahl.
Le Moulin, Place Pélissière; Tel. 05 53 57 71 38; http://cotenoix.fr; So, Mo und Jan. geschl. ●/●●

Ein beliebter Dessertwein trägt den Namen dieses Schlosses bei Bergerac: Montbazillac.

Lou Brageirac

Gemütliches Lokal zwischen Altstadt und Supermarkt-Zone, feminin
mit Spitzendeckchen. Traditionelle
Küche. Auch vegetarisches Menü.
16, rue Colonel de Chadois; Tel. 05 53
24 30 63; So und Mo-abend geschl. ●

EINKAUFEN

Trüffel, Walnüsse, Weine … auf dem
Markt von Bergerac: Mi, Sa in der Innenstadt, Fr am Dordogne-Ufer, Di
Biomarkt. Nacht-Markt z. B. im Sommer Di-abend in Eymet (20 Auto-
min.). Trüffelmärkte von Dez. bis
Feb. in Bergerac (Mi, Sa).

SERVICE

Office de Tourisme de Bergerac
97, rue neuve d'Argenson, 24100 Bergerac; Tel. 05 53 57 03 11; www.bergerac-
tourisme.com

Ziel in der Umgebung

Château de Monbazillac   ┈┈⟩ E 8

Renaissanceschloss aus dem 16. Jh.;
Geschichte des Protestantismus und
Museum zu Wein, Gastronomie und
Kultur. »Monbazillac« steht für bes-
te Süßweine, die zu Desserts, Gän-
seleberpastete, Roquefort munden.
Tel. 05 53 61 52 52; www.chateau-monba
zillac.com; Juni–Sept. tgl. 10–19, April/
Mai, Okt. 10–12.30, 14–18, Feb./März,
Nov./Dez. Di–So 10–12, 14–17 Uhr;
Eintritt 5,20 €, Kinder 3,20 €

Pauillac und Médoc ┈┈⟩ D 7

Der sympathische kleine Hafenort
auf halbem Weg zwischen Bordeaux
und Pointe de Grave am Atlantik gilt
als ideale Basis zur Erkundung des
Médoc, der 75 km langen, spitz
zulaufenden Landzunge zwischen
Gironde, Meer und 45. Breitengrad,
wo auf dem steinigen Boden einfach
gar nichts wachsen will … mit einer
Ausnahme: Wein gedeiht hier ganz
hervorragend.

Pauillac selbst hat sich nach einer
langen industriellen Geschichte, die
1985 mit der Schließung der letzten
Shell-Raffinerie zu Ende ging, nun
ganz dem Weintourismus verschrie-
ben. Einst starteten hier die Ozean-
riesen zur Überfahrt nach Südame-
rika, heute ist der Hafen Ausflugs-
und Freizeitbooten vorbehalten. Die
architektonische Einheit verdankt
die Stadt den wohlhabenden Winzern, Weinhändlern und Reedern,
die im 18. Jh. hier residierten.

HOTELS/ANDERE UNTERKÜNFTE

Château Cordeillan Bages

Ein Flügel des prächtigen Schlosses
(19. Jh.) birgt luxuriöse Zimmer. Garten, Pool, Fitness- und Massageräu-
me, Hotelrestaurant (→ S. 99).
Route des Châteaux, Bages; Tel. 05 56
59 24 24; www.cordeillanbages.com;
24 Zimmer und 4 Suiten ●●●● ♿

Relais de Margaux

Das Luxushotel des Médoc. Fast wie
das Weiße Haus in Washington wirkt
die Südstaatenarchitektur des Gebäudes. Große Säulen, weiter Golf-
rasen (18 Loch), Spa. Zwei Restaurants (Gastronomie im Weinkeller,
Brasserie und Panoramaterrasse).
5, route de l'Ile Vincent, Margaux; Tel.
05 57 88 38 30; www.relais-margaux.fr;
100 Zimmer ●●●● ♿

Château Giscours

Majestätische Anfahrt zum imposanten Schloss über eine Allee durch
Weinberge. Charmante Gästezimmer
im Nebentrakt, märchenhafter Park.
Labarde, Margaux; Tel. 05 57 97 09 09;
www.chateau-giscours.fr; 2 Zimmer ●●

Hôtel de France et d'Angleterre

Traditionelles Strandhotel am Flussufer der Gironde, mitten im hübschen
Örtchen Pauillac. Mit Restaurant.
3, quai Albert Pichon, Pauillac; Tel. 05 56
59 01 20; www.hoteldefrance-angleterre.
com; 20. Dez.–Mitte Jan. geschl.; 29 Zimmer ●●

Mit gleicher Adresse und Tel.-Nr. liegt dahinter das motelartige Drei-Sterne-Hotel **Le Vignoble** mit Garten und Restaurant (20 Zimmer ●● ♿).

Route des Châteaux D 2
Berühmte Weingüter flankieren die romantische Straße zwischen Blanquefort und Gironde-Mündung: Rothschild (Etiketten-Expo), Lynch-Bages (Kunst im Weinkeller), Gisours (Cricket-Team), Margaux (Klassizismus), Cos d'Estournel (Reisen), Cantenac Brown (britische Wurzeln), Léoville Barton (irische Herkunft) ... jedes »château« hat seine Besonderheit. Besichtigung jeweils nach Vereinbarung

La Winery Philippe Raoux
Unter welchem önologischen Zeichen man lebt, offenbart der einstündige Weintest. Spielerisch lernt man dabei das professionelle Kosten von Wein. Der Ausweis mit dem persönlichen Weinzeichen hilft bei der Wahl unter 2500 Flaschen. Rond-Point des Vendangeurs (an der D 1), Arsac-en-Médoc; Tel. 05 56 39 04 90; www.lawinery.fr; Di–So 11–20.30 Uhr, Kostproben Di bis So-mittag, 11, 15, 17 Uhr; Preis ab 16 €

Musée du Vin dans l'Art
Seit 1924 schmückt alljährlich ein anerkannter Künstler die Spitzenweine des »Château Mouton-Rothschild«: Chagall, Picasso, Kandinsky, Miro u. a. Das Museum des Baron Rothschild zeigt Originalwerke dieser Etiketten sowie andere Kunstwerke. Château Mouton-Rothschild; Tel. 05 56 73 21 29; Mo–Fr; Eintritt 6 €

Château Cordeillan Bages
Thierry Marx gehört zu den französischen Spitzenköchen: etwa »iceberg«-Tomaten, die von einem Eiszylinder in lauwarme Gemüsebrühe mit blühenden Mohnblumen gleiten.

Route des Châteaux, Bages; Tel. 05 56 59 24 24; www.cordeillanbages.com; Mo, Di, Sa-mittag sowie Weihnachten–Mitte Feb. geschl. ●●●●

Restaurant Café Lavinal
Edel-Bistro an Bilderbuch-Platz, perfekt restauriert mit der Bäckerei »Baba«, Korbflechterei und Weinladen. Gepflegte Küche, tolle Salate. Place Desquet, Hameau de Bages; Tel. 05 57 75 00 09; So-abend, Jan. geschl. ●●●

Marathon du Médoc
42 km geht es durch Weinberge. 8000 meist kostümierte Teilnehmer, Musik, Weinprobenstände. 1. Sept.-Sa; www.marathondumedoc.com

Maison du Tourisme et du vin
Weine des Médoc (Direktverkaufspreise!) und hübsche Dinge rund um den Wein: edle Gläser, witzige Tropfenfänger, Bücher, Plakate mit Rothschild-Weinetiketten (35 €). Weinbar im 1. Stock. Video über das Médoc. La Verrerie, 33250 Pauillac; Tel. 05 56 59 03 08; www.pauillac-medoc.com

Die bewährte alte Rebsorte Cabernet-Sauvignon ergibt dunkle, kräftige Weine, die sich über lange Zeit lagern lassen.

Wie so manche Weingüter in Aquitanien verdankt auch der heute französische Familienbesitz Château Smith Haut Lafitte in Martillac seine Entstehung einem englischen Gründer.

Weingüter

Château Monlot, St-Emilion Grand Cru ····⇥ D 8

So stellt man sich einen Winzer vor: patriarchalisch, lebensfroh, begeistert von allen schönen Dingen. Ein echter Familienbetrieb, wie er im Buche steht. Disziplin, Einsatz und starken Willen brauchte Bernard Rivals, um dem alten, völlig abgewirtschafteten Weingut in wenigen Jahren einen international anerkannten und vielfach preisgekrönten Spitzenwein zu entlocken. Als er 1993 das große Haus aus dem 18. Jh. mitsamt Weinberg kaufte, hatte er als erfolgreicher Geschäftsmann nur wenig Ahnung vom Winzerberuf. Aber »im Bauch« lag ihm der Wein schon immer ... und auf der Zunge. So brauchte es nur einen Zufall in Gestalt der Ehefrau und Winzerstochter Béatrice, um seine eigentliche Berufung zu wecken.

Verteilt im riesigen Haus, wo sich Beruf und Familienleben zwischen Büros, Weinkeller und Wohnräumen mit antiken Möbeln bunt mischen, gibt es fünf traditionell eingerichtete Gästezimmer (●●/●●●). Wer sich hier einmietet, der ist völlig integriert in das Familienunternehmen. Deutsche Gäste sind besonders willkommen, weil man sich hier gerne in fast perfektem Deutsch über Wein und Kultur austauscht.

Vignobles Rivals, Château Monlot, St-Hippolyte; Tel. 05 57 74 49 47; www.chateaumonlot.com

Château Smith Haut Lafitte, Grand Cru classé de Graves ····⇥ D 8

Mit Feuerstein begann einst die menschliche Zivilisation. Auf Silex begründet sich auch das außergewöhnliche Aroma ihres Grand Cru.

Das meint jedenfalls Florence Cathiard, die mit ihrem Mann Daniel zusammen das Weingut erfolgreich managt. Aus Grenoble kommen beide und haben sich in der französischen Ski-Nationalmannschaft der Sechzigerjahre kennen- und lieben gelernt. Dann wurden sie erfolgreiche Unternehmer – er mit Sportgeschäften, sie mit einer Werbeagentur – und kauften 1990 das im 14. Jh. von einem Schotten begründete Anwesen Smith Haut Lafitte. Im Weinberg verzichteten sie auf Chemie und beschlossen, nur noch von Hand zu ernten. Die exquisiten Weißweine – trotz hohem Sauvignon-Anteil wenig Säure dank jahrzehntealten Rebstöcken – zählen seit Jahren zur Spitzenklasse, genau wie der rauchige Rotwein, der zu den 30 weltbesten gehört. Weder Geld noch Besitz noch Umgang mit den Großen dieser Welt ist den beiden zu Kopf gestiegen. Gerne begrüßt Florence Besucher persönlich und freut sich, wenn ihre Weine munden …
Bordeaux-Martillac; Tel. 05 57 83 11 22; www.smith-haut-lafitte.com; tgl. nach Vereinbarung, auch in Deutsch

Château Lynch-Bages ····> D 7
Eine echte pädagogische Ader – neben seiner Begabung als Winzer und Geschäftsmann – zeigt Jean-Michel Cazes. Nicht nur, dass alle Angestellten angesteckt scheinen von seinem Engagement und dass sein Sohn Jean-Charles seit 2006 das Unternehmen in der vierten Generation als Familienbetrieb (nicht als internationale Investitionsgesellschaft wie so häufig bei Spitzenweinen) leitet. Bei Führungen durch das Weingut Lynch-Bages, das Ende des 17. Jh. von einem irischen Einwanderer begründet wurde, wird in allen Einzelheiten der gesamte Produktionsvorgang vom Weinberg über das Pressen bis zur Flaschenabfüllung demonstriert – die heutigen Techniken wie auch die historische Art.

Denn in einem großen Saal stehen alle Geräte des 19. Jh.: Riesenholzfässer, foltergerät-ähnliche Metallpressen, eine Kelter zum Zerstampfen der Trauben durch Fuß-Arbeit … dazu an den Wänden von Mai bis Oktober Kunstwerke zum Thema Wein. Am Ende wird zum Probieren ein 84 € teurer »5e grand cru« entkorkt … Die Großzügigkeit macht sich bezahlt: Wer diesen Wein probiert, der kauft gern im Laden außerhalb des Weinguts (bewusst soll niemand zum Kauf genötigt werden!) ein oder zwei Flaschen für den persönlichen Weinkeller.
Pauillac; Tel. 05 56 73 24 00; www.lynch bages.com; tgl. 9.30–13, 14–18.30 Uhr nach Vereinbarung (auch in Deutsch), Preis 6 €

Château Giscours ····> D 7
Ein echtes Château aus dem 19. Jh. gehört zu diesem Weingut: Mächtige Portale gewähren Einlass, so weit das Auge reicht stehen Rebstöcke wie Soldaten am Wegrand Spalier; mächtig und prunkvoll erhebt sich das Hauptgebäude, umringt von zahllosen Nebengebäuden. Doch richtig zu Hause ist hier niemand mehr, das Ensemble dient hauptsächlich Repräsentationszwecken und bildet einen begehrten Rahmen für private Feste, Seminare, Geschäftstreffen und kulturelle Veranstaltungen. Wie so häufig, wird auch dieser Cru vor Ort von einem exzellenten Team betreut, der holländische Besitzer und Investor Eric Albada Jelgersma weilt nur selten zu Besuch. Der Rotwein gehört zu den weltbesten, trägt seit dem Jahr 1855 die Klassifikation »3e grand cru«. Zu empfehlen ist auch der weitaus preisgünstigere und ebenfalls exzellente Rosé, der ausschließlich auf dem Weingut in Magnum-Flaschen verkauft wird (18 €).
Labarde, Margaux; Tel. 05 57 97 09 20; www.chateau-giscours.fr; April–Okt. tgl. Führung und Weinprobe gratis

Barriqueweine

Dass Wein beim Transport in Eichenholzfässern an Güte gewinnt, entdeckten Händler einst zufällig.

Barrique bedeutet ursprünglich Fass. Beim Weinbau versteht man darunter ein relativ handliches Eichenfass mit einem Fassungsvermögen von einigen Dutzend bis zu 300 oder gar 400 l zum Ausbau von Rot- oder Weißwein. Dieses Reifenlassen im »barrique« ist aufwendig und kostenintensiv, trägt aber zur Qualitätssteigerung der Weine bei und verlängert ihre Haltbarkeit.

Wie so oft bei entscheidenden Fortschritten, entdeckte man die positiven Auswirkungen der Barrique-Lagerung ganz zufällig: Louis-Gaspard Estournel aus St-Estèphe bei Bordeaux (Médoc) stellte Anfang des 19. Jh. fest, dass der in Arabien und Indien nicht verkaufte Wein nach dem Rücktransport erheblich besser geworden war. Er markierte diese Fässer mit einem »R« für »Retour des Indes« (zurück aus Indien) und verkaufte sie, als sich ihre Qualität herumsprach, zu immer besseren Preisen. So beschloss er schließlich, alle seine Weine vor dem Verkauf in Holzfässern zu lagern.

Ganz ähnliche Erfahrungen machten andere Winzer aus Aquitanien im Handel mit Norddeutschland: Die hanseatischen Kaufleute in Bremen, Hamburg und Lübeck waren Freunde des »Rotspons«; eines Rotweins aus Bordeaux, der in die Hansestädte verschifft und dort aus verschiedenen Lieferungen verschnitten wurde. Gelegentlich sollen Winzer aus Bordeaux beim Besuch ihrer hanseatischen Kunden die eigenen Weine nicht wiedererkannt haben – so gut waren sie in den Holzfässern geworden. Seither lagert man edle Weine zur Reifung grundsätzlich in Fässern, um deren Aromaspektrum mit Gerbstoffen (Tanninen) und anderen Komponenten des Holzes abzurunden. Je neuer das Fass, desto mehr beeinflusst es den Geschmack.

Ursprünglich war der Ausbau in neuen Holzfässern nur den besten und schwersten Weinen vorbehalten. Anschließend verkauften die großen Weingüter des Bordeaux gebrauchte Fässer an weniger wohlhabende Weingüter weiter. Wie wichtig das

richtige Fass für die Qualität des Weines ist, lässt sich daran ablesen, dass etwa Château Margaux eine eigene Küferei betreibt. Nicht mehr als drei Barrique-Fässer täglich stellt der »tonnelier« dort her, ungefähr ein Drittel der Menge, die das Weingut benötigt. Die Fabrikation ist aufwendig: Zunächst müssen die Holzlatten in Form gebracht, die Metallringe angebracht, dann das wasserdichte Fassinnere erhitzt werden, um unerwünschte Geschmacksstoffe zu entfernen. Eine uralte Handwerkskunst, die auf die Gallier zurückgeht.

Teuer sind Barriqueweine aber nicht nur wegen der kostspieligen Herstellung, sondern auch, weil aus jedem 225-l-Fass rund 10 l Wein verdunsten. Durch die Kombination neuer und bereits ein- oder zweimal gebrauchter Barrique-Fässer lässt sich die Geschmacksintensität steuern. Eine Entscheidung, die dem Kellermeister obliegt – er allein weiß, wie viel Holzeinsatz sein Wein verträgt.

In Barriques gelagert werden vor allem Rotweine, in den Anbaugebieten um Bordeaux und im Burgund jedoch auch trockene und edelsüße Weißweine, bei denen sogar die Gärung im Barrique-Fass vor sich geht. Die Reifung im Eichenholz macht jedoch nicht jeden Wein besser: Kräftige Sorten wie Cabernet-Sauvignon oder Chardonnay gewinnen immens an Geschmack, ein subtiler Riesling würde jedoch von den Aromastoffen des Holzes eher erdrückt werden.

Da Barriqueweine so teuer sind, suchte man lange Zeit nach einer kostengünstigeren Methode, um den typischen Holzgeschmack ohne aufwendige Lagerung zu erreichen. Die Lösung mag Puristen empören, hat sich aber schnell durchgesetzt: Dem Wein werden Eichenspäne – sogenannte Chips – beigemengt ... wenn das Barrique-Aroma nicht gleich pulverförmig oder flüssig zugegeben wird, passend zur Instant-Café- und Tütensuppen-Kultur unserer gehetzten Zeit. Trotz heftiger Diskussion sind seit 2006 Eichenholzchips auch bei der Weinherstellung in der EU erlaubt, der Zusatz künstlicher Aromen bleibt weiterhin verboten.

Übrigens wird auch mit ausgedienten Barrique-Fässern schwunghaft gehandelt. Einige Firmen haben sich darauf spezialisiert, diese umzubauen zu Tischen, Stühlen, Bar-Theken, für die Liebhaber einige hundert Euro zahlen (z. B. Barrique Bois Déco, 33700 Mérignac bei Bordeaux; Tel. 05 56 34 39 92; www.la-barrique-en-bois-deco.com).

Eher zufällig entdeckte Louis-Gaspard Estournel Anfang des 19. Jahrhunderts, dass Weine bei längerer Lagerung in Eichenholzfässern an Qualität gewinnen.

Poitou-Charentes

Slow ist Trumpf in dieser facettenreichen Region zwischen Nord und Süd, wo der Cognac zuhause ist.

Der Hafen von La Rochelle war für die Produzenten des Cognac, der schon immer zu einem hohen Prozentsatz exportiert wurde, ein wichtiger Umschlagplatz.

Poitou-Charentes

Die Region Poitou-Charentes hat es nicht leicht zwischen der keltischen Bretagne im Norden und dem gelobten sonnigen Süden. Ihre Vielfältigkeit bestimmt den Charakter: Zwischen römischen Bauten in Saintes, romanischen Kirchen am Compostella-Pilgerweg und dem Technologiepark Futuroscope lässt sie sich nur schwer auf Anhieb erfassen. Während die großteils protestantischen Poitevins als arbeitsam und streng gelten, sind die Charentais im Südteil berühmt für ihre Liebe zum Essen und zu gutem Wein. Hier beherrscht seit gut 200 Jahren der Cognac Leben, Wirtschaft und Kultur. Entstanden ist er einst, weil Weinbauern und Händler aus der Not eine Tugend zu machen wussten: Ihre Weine wurden beim Transport über die Charente flussabwärts zum Meer oft sauer und unverkäuflich. Also destillierte man sie zu Branntwein, konnte so mit geringerem Volumen und Transportaufwand höhere Preise verlangen. Durch Verfeinerung von Herstellung und Lagerung avancierte Cognac zum weltweit begehrten Luxusartikel. Mehr als 150 Mio. Flaschen werden im Jahr verkauft – zu 85 % ins Ausland: jüngere, preiswertere Cognacs vor allem in die USA, über Jahre gereifte Edel-Cognacs nach Russland und Asien.

Überwunden ist die Imagekrise der Neunzigerjahre. Cognac gilt keineswegs mehr als Altherrengetränk, seit ihm US-Rapper Lobeshymnen singen wie »Pass the Courvoisier« von Busta Rhymes und P. Diddy. Um sich abzugrenzen von der Welt der Weißen und deren Whisky, wählten sie nicht irgendeinen Brandy, sondern französische Edelmarken: Cognac der vier großen Häuser Martell, Hennessy, Rémy Martin, Courvoisier.

Im AOC-Gebiet Cognac werden die säuerlichen Trauben – zu 90 % Ugni Blanc alias Trebbiano – nach der Ernte sofort gepresst. Den Saft lässt man gären und trennt in der traditionellen Brennblase »alambic« Alkohol und Wasser. Anschließend wird dieser »gebrannte Wein« oder Rohbrand (»brouillis«) ein zweites Mal destilliert. Der farblose Feinbrand (»bonne chauffe«) erhält bei der Lagerung in Eichenholz- bzw. Barrique-Fässern die goldene Färbung und typischen Aromen.

Ist der »maître de chais« (Kellermeister) mit dem Reifegrad eines Weinbrands zufrieden, füllt er ihn ab, notiert fein säuberlich Herkunft, Alter, Aroma – und komponiert dann

Hier ist der Cognac König

aus 100 bis 150 solcher Branntweine den Cognac. Dieser wird mit destilliertem Wasser auf einen Alkoholgrad von 40 reduziert, in Flaschen oder Karaffen gefüllt und – je nach Alter der verwendeten Jahrgänge – zum Preis von 15 bis über 1000 € pro Flasche verkauft.

Daneben haben es andere regionale Erzeugnisse nicht leicht. Pineau, in der Region Poitou-Charentes ein beliebtes Mischgetränk aus Cognac und Traubenmost, schaffte bislang nicht den Schritt zu einem wirklich weltweiten Exportgut. Um jedoch nicht völlig vom Marktwert des Cognacs abhängig zu sein, produzieren einige der rund 6000 Winzer neben dem Branntwein inzwischen auch einfache Landweine.

Cognac ⟶ D 7

Das Getränk ist weltbekannt, die 20 000-Einwohner-Stadt weniger. Dabei wurde hier 1494 König Franz I. geboren, Förderer der Künste und Freund von Da Vinci. Reich wurde Cognac im 18. Jh., als erfolgreiche Salz-, Wein- und Cognac-Händler großartige Häuser bauen ließen.

Château de l'Yeuse

Schlossambiente in traumhafter Lage. »Cognathèque« mit Riesenauswahl an Cognacs und Zigarren. Terrasse und Pool. Die Küche genießt einen hervorragenden Ruf. Besondere Spezialität: das Cognac-Menü.
65, rue de Bellevue, Châteaubernard, Quartier de l'Echassier; Tel. 05 45 36 82 60; www.yeuse.fr; 24 Zimmer ●●● ♿

Domaine de l'Echassier

Hibiskus, Lavendel, Palmen schaffen südliches Ambiente, genau wie Pool und Terrasse. Außen traditionelles Landhaus, innen modern und funktionell, teils Privatbalkon oder -terrasse. Restaurant nur abends.
72, rue de Bellevue, Châteaubernard; Tel. 05 45 35 01 09; www.echassier.com; 22 Zimmer ●● ♿

Hôtel Héritage

Kleines, sympathisches Hotel in der Fußgängerzone, das 1635 zur Herberge wurde. Individuell und farbenfroh präsentieren sich die Zimmer. Restaurant, Bar, kleiner Garten.
25, rue Angoulême; Tel. 05 45 82 01 26; www.hheritage.com; 19 Zimmer ●●

St-Léger

Die kleinen Häuser scheinen Schutz zu suchen bei der romanischen »Mutter Kirche« von 1130, drängen sich an ihre Flanken. Für Tageslicht sorgt eine später eingebaute Rosette über dem romanischen Rundportal. Benediktinerinnen malten das Weinranken-Dekor in den Seitenkapellen.

Mairie

Das Rathaus im Stadtpark ist ein typisches Beispiel für die prächtigen und individualistischen Bauten der reichen Cognac-Händler des 18. Jh.

Maison de Cognac Martell

Die Besichtigungstour in den 150 Jahre alten, vom Cognac-Pilz schwarz gefärbten Lagerhallen mit Lichteffekten und Videos ist ein Erlebnis. Rekonstruktion der historischen Produktionsstätten und Wohnräume des Gründers Jean Martell (1715), dazu ein echter Lastkahn im in Szene gesetzten Wasserbecken.
7, place Edouard Martell; Tel. 05 45 36 33 33; April–Okt. Mo–Fr 10–17, Sa, So 12–17 Uhr (Okt. So geschl.), Nov.–März nur auf Anmeldung; Führung in Deutsch

Als das heute älteste Cognac-Haus präsentiert die Brennerei Otard ihre Produkte noch immer im historischen Schlossgemäuer des Château de Cognac (→ MERIAN-Tipp, S. 108).

Böttcherei
Seit 2000 Jahren sind es dieselben Handgriffe und Techniken, mit denen aus Eichenholzbrettern Fässer zur Lagerung und Reifung von Wein und Cognac hergestellt werden.
Tonnellerie Anjems, ZAC Montplaisir, 10, rue de la pépinière (Führungen organisiert das Tourismusbüro von Cognac)

»Espace découverte«
Hier soll die Lust geweckt werden, per Rad, Auto oder zu Fuß die Umgebung zu entdecken: romanische Kirchen (300 allein im Departement Charente!), Schlösser, Dolmen, Museen und natürlich Weingüter.
Place de la Salle verte; Tel. 05 45 36 03 65; www.espace-decouverte.fr; Juni–Sept. 10–18.30, April/Mai, Okt. 10–18, März, Nov. 14–18 Uhr, Dez.–Feb. nur auf Anmeldung, Okt.–April Mo geschl.; Eintritt frei

MUSEEN
Musée des Arts du Cognac
Hier erfährt man alles zur Geschichte, Herstellung, Vermarktung des Cognacs anhand von traditionellen Werkzeugen und Maschinen sowie modernen individuellen Computerstationen und Videoprojektionen.
Place de la Salle verte; Tel. 05 45 36 21 10; www.musees-cognac.fr; Juli/Aug. tgl. 10–18.30, April–Juni, Sept./Okt. Di–So 11–18, Nov.–März Di–So 14–17.30 Uhr; Führung in Deutsch; Eintritt 4,50 €, bis 18 Jahre frei

ESSEN UND TRINKEN
La Belle Epoque
»In«-Lokal in der Fußgängerzone mit hübschem Innenhof und netter Bar.
25, rue Angoulême; Tel. 05 45 82 01 26; www.hheritage.com ●●

Le Bistro des Quais
Treffpunkt der Feinschmecker und Ästheten zwischen Hafenstraße und schön restaurierter Altstadtgasse.
11, quai des Flamands; Tel. 05 45 82 60 32; E-Mail: lebistrodesquais@orange.fr; Mo–Fr-abend ●●

La Courtine
Im Parc François Ier, am Fluss zu Füßen der Stadt. Terrasse im Grünen, dunkles Holz und Rottöne im gemütlichen Innenraum. Okt.–Mai gibt es wöchentliche Jazzkonzerte.
Parc François Ier; Tel. 05 45 82 34 78; www.restaurant-la-courtine.fr ●●

EINKAUFEN
Die Museumsläden Espace découverte en pays du Cognac (www.espace-decouverte.fr) und Musée des Arts du Cognac (www.musees-cognac.fr) führen originelle Souvenirs, lokale Spezialitäten, auch regionales Kunsthandwerk. Viele Cognac- und andere Geschäfte liegen an der Place François Ier im Zentrum. Die Markthalle ist eine typische Metall-Glas-Konstruktion des 19. Jh. (Di–So jeweils vormittags Markt).

FESTE UND EVENTS
Fête du Cognac
Stände am Flussufer mit Cognac, Pineau und regionalen Leckereien wie »cagouilles« (Schnecken) ...
Anfang Juli; www.lafeteducognac.fr

Blues Passions
Gratis ist der Musikgenuss auf Straßen und Plätzen, Eintritt kosten Konzerte im offenen Stadtparktheater.
Ende Juli; www.bluespassions.com

Coup de chauffe
Straßenkunst in der ganzen Stadt.
Anfang Sept.; www.avantscene.com

SERVICE
Office de tourisme
16, rue du XIV juillet, 16100 Cognac; Tel. 05 45 82 10 71; www.tourism-cognac.com

Ziel in der Umgebung

Flussfahrt   ⟶ D 7
Gemächlich tuckert die »Dame Jeanne« 6 km die Charente flussaufwärts zwischen Alleen und Treidelwegen (heute Rad- und Wanderwege), pas-

MERIAN-Tipp

8 ☆ **Château de Cognac**

Im »paradis« – früher Verlies und heute Paradies für Spinnen und jede Art von Pilzen, die in zentimeterdicken Schichten an Wänden, Decken, Boden wuchern – lagern die größten Schätze des Schlosses: zehn große Korbflaschen oder »dames-jeanne« mit Branntwein von 1820. Im ältesten Gebäudeteil hat man mittelalterliche Szenen inszeniert: Da tafelt etwa König Franz I., der hier 1494 geboren wurde, in voller Größe von 2 m mit Freund und Gemahlin. Später kaufte ein gewisser Otard das Schloss und begründete die erste Cognac-Dynastie. Diese Verbindung von Historie und aktuellem Industriebetrieb prägt die Faszination des Ortes.

127, boulevard Denfert-Rochereau; Tel. 05 45 36 88 88; www.otard.com; Jan.–März geschl.   ⤳ D 7

siert eine handbetriebene Schleuse und kehrt nach 2 Std. zurück in den einst geschäftigen, heute geruhsamen Hafen von Cognac (70 Plätze). Tel. 05 45 82 10 71; Juli/Aug. 10, 14.30, 16.45, Juni, Sept. 14.30, 16.45 Uhr, Mai nur Wochenende; Ticket 6,50 €

Saintes   ⤳ D 7

Auch Saintes (27 000 Einw.) verdankt seine letzte Blütezeit im 19. Jh. dem Cognac, wirklich bedeutend war es jedoch fast 2000 Jahren zuvor unter römischer Herrschaft. Ein idyllischer Fußweg durch Gärten, über Steigen und Treppen verbindet antikes Amphitheater, Altstadt mit Fußgängerzone und Kirche St-Eutrope.

HOTELS/ANDERE UNTERKÜNFTE

Hôtel Le Relais du Bois St-Georges
In einer Parkanlage am Stadtrand gelegen: Hotel mit zwei Kategorien,

drei Sterne (20 Zimmer ●●●) und vier (10 Zimmer ●●●●). Die Räume haben Themen wie »20 000 Meilen unter dem Meer« oder »von Zagora bis Tombouctou«, die Luxusunterkünfte private Terrassen. Bistro (●●), gastronomisches Restaurant (●●●●). Mo und Mi Klavierabend. Parc Atlantique, 132, Cours Genêt; Tel. 05 46 93 50 99; www.relaisdubois.com; 30 Zimmer ♿

Design Hôtel des Francs Garçons

Historische Baugeschichte und Moderne verbindet dieses Hotel (17. Jh.) in einem mittelalterlichen Dorf bei Saintes. Der Pool liegt neben der Kirche aus dem 12. Jh., originelles Interieur zeitgenössischer Designer. 1, rue des Francs Garçons, St-Sauvant; Tel. 05 46 90 33 93; www.francsgarcons. com; 7 Zimmer ●● ♿

SEHENSWERTES

Les Arènes

Das römische und teilweise restaurierte Amphitheater, um 40 n. Chr. erbaut, bot bei Gladiatorenkämpfen Platz für alle damals 15 000 Einwohner der Stadt. Rue Lacurie; Okt.–Mai Mo–Sa 10–17, So 13.30–17, Juni–Sept. tgl. 10–20 Uhr; Eintritt 2 € (bis 10 Jahre frei, dann 1 €)

St-Eutrope

Seit dem Jahr 1081 gehört diese einst gewaltige Kirche zu den offiziellen Stationen auf dem Pilgerweg nach Santiago de Compostela und steht heute auf der Kulturgut-Liste der UNESCO. Vom einst gigantischen Kirchenschiff blieb nur der Chor übrig, die jetzige Kirche. Die Krypta birgt das Grab des hl. Eutrope. Tgl. 9–19 Uhr; Eintritt frei

Kathedrale St-Pierre

Von außen schöner als St-Eutrope, wenn auch weniger bedeutend; Kuppel und südliche Kreuzstrebe aus der früheren romanischen Kirche. Tgl. 9–19 Uhr; Eintritt frei

Abbaye aux Dames

In der riesigen Abtei, heute ein Kulturzentrum, fanden früher Jakobspilger Unterkunft. Sehenswert: die Kirche Notre-Dame (11./12. Jh.), der romanische Glockenturm mit Portalbögen, das Klostergebäude (17. Jh.) mit lokalhistorischer Ausstellung.

Zwei Eingänge: Rue St-Pallais + Rue Geoffroy Martel (kostenloser Parkplatz); Tel. 05 46 97 48 48; April–Sept. tgl. 10–12.30, 14–19, Okt.–März 14–18 Uhr; Eintritt 2 €

Musée Archéologique

Hier entdeckt man Bruchstücke von Säulen, Fresken, Statuen und Grabdenkmäler aus römischer Zeit.

Esplanade André Malraux; Tel. 05 46 74 20 97; April–Sept. Di–Sa 10–12.30, 13.30–18, Okt.–März Di–So 14–17 Uhr; Eintritt 1,70 €, bis 18 Jahre frei

ESSEN UND TRINKEN
Saveurs de l'Abbaye

Zwischen Fluss und Abtei zentral gelegen. Heller Saal, kleine Terrasse. Moderne, fantasievolle Küche.

1, place St-Pallais; Tel. 05 46 94 17 91; www.saveurs-abbaye.com; Mo, im Winter auch So geschl. ●●/●●●

L'Atelier gourmand de Jean-Yves

Fröhliches Ambiente, wo man dem Koch über die Schulter schauen darf ... und auch mitmachen kann (Kochkurse Sa-morgen).

41, rue de la République, 17460 Thenac; Tel. 05 46 97 84 26; www.l-ateliergourmand.com; 12–13.30, 19–21.30 Uhr, So-abend und Mo geschl. ●●

La Table de Marion

Typisches Charente-Haus aus Naturstein, innen Dekor in Beige und Braun. Sehr persönlich bekocht Marion Monnier (ein Herr, trotz des Frauennamens) seine Gäste.

10, place Blair; Tel. 05 46 74 16 38; http://latabledemarion.unblog.fr/; Mi, Di- und So-abend geschl. ●●

EINKAUFEN

Markt Di bis So, jeweils vormittags an drei verschiedenen Orten. Di und Fr: Place du 11 Novembre; Mi und Sa: Place St-Pierre; Do und So: Avenue Gambetta; Jahrmarkt: 1. Mo des Monats, ganztägig.

FESTE UND EVENTS
Festival de Saintes

Die ganze Stadt, insbesondere aber die Abbaye aux Dames stehen alljährlich im Juli zehn Tage lang unter dem Zeichen klassischer Musik.
www.abbayeauxdames.org

Sites en scène

Im August organisiert Saintes einige wenige Vorstellungen im Amphitheater für rund 2000 Zuschauer.

SERVICE
Office de Tourisme de Saintes
62, cours National, 17100 Saintes; Tel. 05 46 74 23 82; www.ot-saintes.fr

Angoulême   ···⟩ D 7

Majestätisch thront der Ort über dem Tal der Charente als »porte des vignobles« (Tor zu den Weinbergen). Seit Jahrhunderten ist die romanische Kathedrale ein wichtiges Etappenziel der Jakobspilger. Auch Comic-Fans pilgern in diese Stadt, seit sie als »ville de l'image« ein Zentrum für die in Frankreich sehr geschätzten Comics bzw. BD (»Bande dessinée«) wurde mit Studios und Fachschulen, Wandbemalungen mit Comic-Helden, originellen Straßenschildern in Form von Sprechblasen.

HOTELS/ANDERE UNTERKÜNFTE
Le Couvent des Cordeliers

Das alte Franziskanerkloster am Fluss beherbergt fünf luxuriöse Gästezimmer. Speisesaal mit Wandmalereien aus dem 16. Jh., Klostergarten, Liegewiese am Naturstein-Pool. Tischtennisraum und Konzertsaal befinden sich in der ehemaligen Kirche. Table d'hôtes mit Anmeldung.

8, rue du Dr. Deux Després, Verteuil/Charente (ca. 30 Min. nördl. von Angoulême); Tel. 05 45 31 01 19; www.lecouventdes cordeliers.com; 5 Zimmer ●●●

Mercure Hôtel de France

Der Charme des alten Gebäudes wurde äußerlich bewahrt. Zentral, dennoch ruhig gelegen. Garten auf Stadtmauer mit Blick auf die Charente. Innen klassischer Hotelkettenstil. Restaurant-Bistro mit Terrasse, Bar.

1, place des Halles Centrales; Tel. 05 45 95 47 95; www.accorhotels.com; 89 Zimmer ●●● ♿ ♻

Chambre d'hôtes de Champ Fleuri

Nomen est Omen, Name und Adresse verraten die Essenz dieser fünf Gästezimmer am Golfplatz von Angoulême: auf blühender Wiese, am Schwalbenweg. Terrasse, Pool, schöner Blick auf die Stadt.

Chemin de l'Hirondelle; Tel. 06 85 34 47 68; www.champ-fleuri.com ●●

Hôtel du Palais

Ehemaliger Klosterbau von 1778. Ihren farbenfrohen Stil verdanken die Zimmer der Renovierung durch eine italienisch-französische Designerin.

4, place Francis-Louvel; Tel. 05 45 92 54 11; www.hoteldupalais16.com; 46 Zimmer ●

SEHENSWERTES
Circuit des murs peints

Im Tourismusbüro erhältlich ist eine detaillierte Broschüre zu den mehr als 20 Wandmalereien, die mit diversen Figuren und Szenen die Welt der Comic-Helden in den Stadtalltag bringen – z. B. Lucky Luke und die Daltons (58, avenue Gambetta) oder der in Frankreich sehr beliebte »Titeuf« (Boulevard Pasteur).

Cente National de la bande dessinée et de l'image (C.N.B.D.I.)

Den Startschuss für den internationalen Ruhm Angoulêmes als Comic-Hauptstadt gaben 1985 die Architekten R. Castro und J. Remond mit dem historisch-futuristischen Bau dieses Zentrums für Comic und Bild.

121, rue de Bordeaux; Di, Mi, Fr 10–18, Do 12–19, Juli/Aug. Di–Fr 10–19, Sa, So, Fei 14–18 Uhr; Eintritt 6 €, bis 18 Jahre frei

Kathedrale St-Pierre

Der Kathedralenturm weist seit Jahrhunderten Jakobspilgern den Weg. Drei Kuppeln wölben sich über das Kirchenschiff, eine davon lässt mit einem Ring von Glasfenstern Licht eindringen. Berühmt die Fassade mit 75 Figuren, die wie in einem Comic Szenen aus der Bibel illustrieren.

Tgl. 9–19 Uhr

MUSEEN
Musée d'Angoulême

Im alten Erzbischofspalast wird seit Kurzem nach allen Regeln moderner Museumspädagogik Geologie und Archäologie der Region erklärt. Im verglasten Treppenaufgang 2 m vor der Kathedrale steht man wie in einem Lift der Kathedralenfassade Auge in Auge gegenüber.

1, rue de Friedland; www.angouleme.fr/ musee/; Di–So 10–18 Uhr, 1. Nov., 25. Dez., 1. Jan., 1. Mai geschl.; Eintritt frei

ESSEN UND TRINKEN
Agape

Für ein gemütliches, eher reichhaltiges Essen unter Freunden oder »en famille« im gemütlichen Speisesaal, im Sommer auf der Terrasse.

16, rue du Palet; Tel. 05 45 95 18 13; www.jedecouvrelafrance.com/f-5200. charente-restaurant-angouleme.html; Mo–Fr, Sa nur abends ●●

Chez Paul

Farbig und fröhlich sind die Stühle und Stoffe im großen Speisesaal, witzig der Innenhof mit künstlichem Fluss. Genauso bunt das Publikum.

8, place Francis Louvel; Tel. 05 45 90 04 61; www.chez-paul.com; tgl. 11–15, 19–24 Uhr ●/●●

Le Lieu-Dit
Ideal für einen Imbiss am späteren Abend oder Snack am Tag. Einrichtung mit Holz und Schmiedeeisen. Hier trifft man die »Schönen« und »Schicken« der Stadt, bei warmem Wetter sitzt man auf der Terrasse.
44, rue de Genève; Tel. 05 45 95 17 17; Di–Sa 11.55–1.55 Uhr

EINKAUFEN
Es gibt zahlreiche Läden, in denen alte und neue Comics angeboten werden. Als originelles Mitbringsel zu empfehlen: nach alter Tradition handgeschöpftes edles Papier aus den Mühlen Moulin du Verger und Moulin de Fleurac. Am Samstagmorgen findet der Wochenmarkt statt.

FESTE UND EVENTS
Festival International de la B. D.
Alljährlich im Januar steigt das weltweit bedeutendste Comic-Festival.
71, rue Hergé; Tel. 05 45 97 86 50; www.bdangouleme.com

SERVICE
Office de tourisme
7 bis, rue du chat, place des Halles, 16007 Angoulême; Tel. 05 45 95 16 84; www.angouleme-tourisme.com

Ziele in der Umgebung

Abbaye de St-Amant-de-Boixe ⋯⋗ D 7
Seit 2008 ist diese Abtei aus dem 12. Jh. – wo einst Benediktinermönche Wein und Branntwein herstellten – nach umfassender Restaurierung erneut das Ziel von Pilgern und Kulturtouristen. Ausstellung zur Geschichte des Ortes. Verblüffend die bananenkrumme Form des Kirchenschiffs. Die Krypta birgt Wandmalereien aus dem 14. Jh. und Sarkophage. Kulturprogramm mit Vorträgen, Konzerten und Sonderführungen.
St-Amant-de-Boixe; Tel. 05 45 94 24 27; http://abbaye.saintamantdeboixe.fr; Juni, Sept. Di–Fr 10–13, 14–18, Juli/Aug. Di–Sa 10–13, 15–19, So 15–19, Okt.–Mai Di–Fr 10–12, 14–18 Uhr, 20. Dez.–20. Feb. geschl.; Eintritt 4,50 €

Verteuil ⋯⋗ E 6
Kleine Steinhäuser und eine alte Mühle kuscheln sich um ein romantisches Märchenschloss aus dem 11. Jh., das sich noch heute im Besitz der Gründerfamilie La Rochefoucault befindet. In der romanischen Kirche **St-Médard** stehen lebensgroße farbige Tonstatuen des 16. Jh.
40 km nördl. von Angoulême

Wie in vielen anderen Klöstern entwickelten auch die Mönche der Abtei St-Amant-de-Boixe ihre eigenen Winzertechniken, um die Qualität des Messweins zu steigern.

Poitiers   ⸺⸻▸ E 6

5000 Jahre alt ist die quirlige Stadt auf dem von Flüssen umgebenen Hügel. Zu gallisch-römischer Zeit hatte sie rund 35 000 Einwohner, heute dreimal so viele, davon ein Viertel Studenten. Zahlreiche Orden gründeten Niederlassungen in Poitiers – was ihr den Spitznamen »Stadt der 1000 Glockentürme« einbrachte.

HOTELS/ANDERE UNTERKÜNFTE

Château du Clos de la Ribaudière
Historisch genau restauriert wurde das Schlosshotel (19. Jh.) nördlich von Poitiers, unweit des Technologieparks »Futuroscope«. Großzügige Terrassen- und Parkanlagen, Pool.
Chasseneuil du Poitou; Tel. 05 49 52 86 66; www.ribaudiere.com; 41 Zimmer ●●●● &

Le Grand Hôtel
Ideale Bleibe mit modernem Komfort in der City, ruhige Zimmer nach hinten. Frühstück bei schönem Wetter auf der Terrasse im 1. Stock. Einfach zu finden (Hinweis »Parking Carnot«).
28, rue Carnot; Tel. 05 49 60 90 60; www.grandhotelpoitiers.fr; 47 Zimmer ●● &

Hôtel de l'Europe
Mehrere Gebäude im Herzen der Stadt, darunter Poststation aus dem 19. Jh. Zimmer im traditionellen, China- oder Kolonialstil. Kleiner Garten.
39, rue Carnot; Tel. 05 49 88 12 00; www.hotel-europe-poitiers.com; Weihnachtsferien geschl.; 88 Zimmer ● &

SEHENSWERTES

Notre-Dame-La-Grande
Die Kirche von 1090 gilt als eines der schönsten Beispiele romanischer Kunst. Früher waren die Fassaden bunt bemalt … im Sommer tauchen abends Projektionen das Eingangsportal in historisch korrekte Farbe.
Mo–Sa 9–19, So 12–19 Uhr, »Les Polychromies« Ende Juni–Mitte Sept. tgl. 22.30 Uhr

Kathedrale St-Pierre
Am Ende der Grand' Rue liegt die Kathedrale in englischer Gotik (12. Jh.), erbaut auf der Basis des ersten christlichen Monuments in Frankreich – damals am Stadtrand, weil das Christentum nicht etabliert war.
Tgl. 8.30–18 Uhr (Sommer bis 19 Uhr)

Baptisterium St-Jean
Taufkapelle aus karolingischer und romanischer Zeit, Tauchbecken aus dem 4. Jh., Wandmalereien 12./13. Jh.
Rue Jean Jaurès; Okt.–März Mi–Mo 14.30–16.30 Uhr; Eintritt 1 €

Palais de Justice
Sicherheitschecks am Eingang des bombastischen Justizpalastes verweisen auf die Nutzung als Gerichtsgebäude. Die Wandelhalle (»salle des pas perdus«, um 1200) war seinerzeit der größte Zivilsaal Frankreichs.
Place Alphonse Lepetit; Mo–Fr 8.45–12, 13.45–17.30 Uhr (außer Fei); Eintritt frei

Futuroscope
Poitiers eröffnete 1991 diesen riesigen, moderner Bildtechnologie und Kinotechnik gewidmeten Vergnügungspark im Norden der Stadt.
Jaunay-Clan; Tel. 05 49 49 11 12; www.futuroscope.com; tgl. 10 Uhr bis Sonnenuntergang; Eintritt 33 €, Kinder 25 €

ESSEN UND TRINKEN

Le Poitevin
Sehr angenehmes Restaurant mit drei kleinen Sälen in einem rustikalen Rahmen. Jean-Pierre Palard kocht nach lokalen Rezepten und lässt die Schätze der Region Poitou munden.
76, rue Carnot; Tel. 05 49 88 35 04; www.le-poitevin.fr ●●

Passion & Gourmandise
Lange ein Insider-Tipp für exquisites Essen (»nouvelle cuisine«) am Stadtrand, jetzt offiziell mit einem Stern im Guide Michelin ausgezeichnet. Überraschende Kreationen wie Gänselebercreme mit Feigensorbet.

6, rue du square, St-Benoît; Tel. 05 49 61
03 99; www.passionsetgourmandises.com;
So-abend, Mo und Mi-mittag geschl. ●●

Le Vingélique
Eines der besseren Lokale in der
Restaurantstraße Rue Carnot. Terrasse im Innenhof. Angenehme Stimmung in ocker-rotem Ambiente. Exzellente Fisch- und Gemüsespeisen.
37, rue Carnot; Tel. 05 49 55 07 03;
Sa- und Mo-mittag geschl. ●/●●

Au Coing de vigne
Sympathische Weinbar mit kleinen
Snacks. Weinproben-Kurse.
169, Grand Rue; Tel. 05 49 37 99 53;
Mo–Sa 10.30–23 Uhr ●

EINKAUFEN
Grand' Rue: viele Galerien, Studen-
tenkneipen, ausgefallene Läden,
alte Handwerkerateliers und Kunst-
restauratoren. In der »ciergerie«
werden nach alter Tradition Kerzen
und in der wohl letzten französischen »fabrique de parapluie« Re-
genschirme von Hand hergestellt.

SERVICE
Office de tourisme de Poitiers
45, place Ch. de Gaulle, 86009 Poitiers;
Tel. 05 49 41 21 24; www.ot-poitiers.fr

Ziele in der Umgebung

Chauvigny ⤑ E 6
Mächtig ragen die Ruinen fünf mittelalterlicher Burgen gen Himmel.
Darüber ziehen gewaltige Adler
ihre Kreise – Teil der Show »Géants du ciel«. Vasallen des Bischofs
von Poitiers bauten im 12. und 13. Jh.
die Burgen, von denen später nur
zwei instand gehalten wurden: das
Château de Gouzon als Wachtturm
(heute Museum zur Industriege-
schichte) und das **Château d'Harcourt** als Gefängnis. Sehenswert ist
auch die Kirche Collégiale St-Pierre.
»Les géants du ciel«: Ostern–Ende Sept.
14–19 Uhr (Juli/Aug. auch 10–12.30 Uhr);

www.geantsduciel.com; Eintritt 8,50 €,
Kinder 5,50 €; Office de tourisme: 5, rue
St-Pierre, Cité Médiévale, Chauvigny
(ca. 30 Min. östl. von Poitiers); Tel. 05 49
46 39 01; www.chauvigny.fr

Abbaye de St-Savin-sur-Gartempe
⤑ E 6
Frisch renoviert sind die Deckenfres-
ken der Abteikirche aus dem 12. Jh.
in 17 m Höhe auf 400 qm: 55 Szenen
aus dem Alten Testament, von der
UNESCO in die Kulturerbe-Liste der
Menschheit aufgenommen. Techno-
logisch wie pädagogisch auf dem
neuesten Stand ist auch das Museum im alten Klostergebäude. Von
der Weintradition des Klosters zeugt
der Nachbarort **La Vigne-aux-moi-
nes** (Mönchs-Weinberg).
Place de la Libération, St-Savin (ca. 40 Min.
östl. von Poitiers); Tel. 05 49 84 30 00;
www.abbaye-saint-savin.fr

Weinbaugebiet Haut-Poitou ⤑ E 6
Rund um Neuville im Nordwesten
von Poitiers. Verkauf und Weinprobe
bei der Winzergenossenschaft: Cave
du Haut Poitou, 32, rue Alphonse
Plault; Tel. 05 49 51 21 65.
www.cavehautpoitou.free.fr,
www.vinsduhautpoitou.com

*Nicht nur die Tradition ist in Poitiers zu
Hause, die Zukunft präsentiert sich in
Form des Technologieparks Futuroscope.*

Weingüter

Château de Montifaud ⤳ D 7

Michel Vallet gehört zu den wenigen Weinbauern der Charente, die kein Branntwein-Rohmaterial an große Häuser liefern und stolz sind auf ihre eigene Cognac-Marke. »Fine Champagne« steht auf dem selbst entworfenen Etikett. Das mögen die Kunden, es klingt gut, auch wenn es einfach nur bedeutet, dass die Trauben für diesen Cognac aus den beiden lokalen Anbaugebieten »petite« und »grande Champagne« stammen. Michel Vallet gibt schmunzelnd zu, dass dieses Missverständnis durchaus verkaufsförderlich ist. Genauso wie der Domaine-Name »Château« – das echte Schloss wurde im Krieg zerstört. Um Marketing kümmert sich Michel Vallet genauso wie um Weinberge, Verschnitt, Flaschendesign, Etiketten, Korken, Fässer …. Ein echter Hans-Dampf-in-allen-Gassen. 200 000 Flaschen – darunter auch seltene Jahrgangs-Cognacs »millésimes« – exportiert er jährlich in alle Welt. Zusammen mit Sohn und Frau managt er nun in der sechsten Generation die Firma und bietet günstigere Preise als die großen Marken (ab 18 €).

36, route d'Archiac, Jarnac-Champagne; Tel. 05 46 49 50 77; http://chateaumontifaud.com; Führung auch in Deutsch

Domaine de Chez Beillard ⤳ D 7

Seit dem 19. Jh. bewirtschaftet die Familie dieses Gut, verkaufte eher nebenbei auch Branntwein. Erst der Vater des heutigen Besitzers veräußerte 1975 Kühe & Co, installierte eine Brennblase (»alambic charentais«) im Stall und setzte ganz auf Cognac. Seit der Krise Ende des letzten Jahrtausends versucht das Familienunternehmen wie viele andere, das Risiko zu verteilen … und produziert nun neben Branntwein und Pineau einfachen Landwein, der unter der Bezeichnung »vin de l'Atlantique« zu moderaten Preisen gehandelt wird. Schließlich ist Nicolas Blanleuil mit Haut und Haaren leidenschaftlich gern Winzer und findet als ausgebildeter Önologe seine Erfüllung darin, eigenen Wein zu kreieren. Auch wenn er das Destillieren mag, weil es »nach Leben« riecht und ihn in die Tradition »der Alten« stellt. 90 % der Ernte liefert er noch immer als »bouilleur de Cru« destilliert an große Cognac-Häuser, 10 % der Traubenproduktion verwendet er seit 2000 für die Herstellung der eigenen »Jenssen«-Cognacs.

Zur Diversifizierung gehören auch die zwei Ferienwohnungen bzw. Ferienhäuser für rund zehn Personen, die wochenweise zu mieten sind, außerhalb der Saison auch über das Wochenende.

Jenssen Cognac, Le Maine Pertubaud, Bonneuil; Tel. 05 45 96 99 50; www. jenssen.fr; Chez Beillard, Criteuil La Magdeleine; Tel. 05 45 80 52 01; www.chezbeillard.com

Domaine du Breuil de Segonzac
⤳ D 7

Mit den Diplomen für seine Bioweine kann Patrick Brillet bereits eine ganze Wand tapezieren. Dabei gehört seine Familie eigentlich zu den 6000 Schnapsbrennern der Region und beliefert seit vier Generationen die großen Cognac-Häuser. Wein der eigenen Marke »Vigne Sainsi« produziert Patrick erst seit 2000, nach Abschluss eines einjährigen Önologie-Studiums. Fruchtig ist sein Rosé, erstaunlich intensiv der Rotwein aus Merlot- und Cabernet-Franc-Reben, obwohl er nicht in Barriquefässern heranreift. Doch er entstammt denselben Rebsorten und demselben Bodentyp aus Ton und Kalk wie der berühmte Petrus-Cru aus dem Médoc … nur beim Preis bleibt er weitaus bescheidener. Schließlich können Weine aus der Cognac-Region keine AOC-Gütemarke vorweisen, gelten nur als Landwein »Vin de Pays charantais«: 5 € bis 7 € im Direktverkauf.

Patrick und seine deutschsprachige Mitarbeiterin Emmanuelle führen Besucher gern durch den gesamten Prozess der Cognac- und Weinherstellung. Noch immer verkauft Patrick 85 % seiner Ernte – seit 2006 zu 100 % aus rein biologischem Anbau – in Form von fertig destilliertem Schnaps an Rémy Martin. Vielleicht entdeckt die Weltfirma irgendwann seinen Bio-Cognac (seit 2009 mit Bio-Siegel »AB«) als Marktnische? Angeboten wird auch eine Ferienwohnung für zehn Personen.
Lieu-dit Collet, Segonzac; Tel. 05 45 83 41 79; www.domaine-breuil-segonzac.fr

Domaine de Villemont ┈┈┊ E 6
Zum kleinen Anbaugebiet Haut Poitou gehört dieses Gut und damit zum wenig bekannten Rest einer einst großen, erstaunlich flachen Weinbauregion bei Poitiers. Der Süden von Poitou-Charentes hat mit seinem Cognac dem Norden längst den Rang abgelaufen, dennoch halten dort einige Winzer die Tradition

hoch und produzieren fruchtige rote, weiße und rosé Qualitätsweine VDQS, die eher mit Loire-Weinen zu vergleichen sind denn mit südlicheren Erzeugnissen. Typisch für die Gegend ist der Familienbetrieb Bourdier: Sohn und Vater kümmern sich mit großer Liebe und Leidenschaft um Reben und Wein, die Mutter um die Buchhaltung, die Tochter hat nach einem Deutschland-Aufenthalt das Marketing übernommen und gestaltet auch den Internetauftritt des Unternehmens auf Deutsch.

Besucher sind herzlich willkommen, das breite Spektrum ihrer Marke »Villemont« zu probieren und gemeinsam mit den Produzenten zu kommentieren. Wer mag, darf im Garten unter schattigen Bäumen neben Eseln picknicken und ruhen. Denn das Credo der Winzerfamilie ist die Freude am gemeinsamen Genießen. Mit dem Wein wollen sie anderen eine Idee von ihrer Region und ihrer Geschichte weitergeben.
Seuilly, 6, rue de l'Ancienne Commune, Mirebeau; Tel. 05 49 50 51 31; www. domainedevillemont.com; ganzjährig Mo–Sa 9.30–18.30 (auch in Deutsch)

Cognacflaschen im Château de Montifaud – mit persönlicher Kundenbetreuung, attraktiven Preisen und Ideenreichtum erobern kleine Cognac-Hersteller weltweit Marktlücken.

Loiretal – Sancerre

Aus Familienbetrieben im Herzen Frankreichs kommen herbe Weißweine und fruchtige Rotweine.

Die Weinberge rund um Sancerre (→ S. 118) gehören noch immer zu kleinen Familienbetrieben, die sich seit den Fünfzigerjahren als Gemeinschaft organisiert haben und ihrem Wein so zu großem Prestige verhelfen konnten.

Loiretal – Sancerre

Als Lustgarten schätzten Pariser schon immer das Loire-Tal südlich der Hauptstadt, bietet es doch alles, was großstadtmüde Menschen schätzen: prächtige Schlösser, wilde Flusslandschaften, strukturierte Gärten, Wälder zum Jagen und natürlich edle Weine zum guten Essen.

Gleich nach Bordelais und Rhône-Tal steht das Val de Loire an dritter Stelle der französischen Weinanbaugebiete und ist stolz auf die mit 1000 km längste Weinstraße des Landes. Die Strecke zwischen Chalonnes-sur-Loire und dem romantischen Wasserschlösschen Sully-sur-Loire wird von der UNESCO zum Weltkulturerbe gerechnet, weil sie – einer kostbaren Perlenkette gleich – Kirchen, Kapellen, Weinberge, Lustschlösser und Feinschmeckerlokale aneinanderreiht.

Der Wein gibt die beste Reisezeit vor – entweder zur Blüte Anfang bis Mitte Juni oder 100 Tage danach zur Lese im September. Der Hochsommer zeigt sich häufig sehr warm, und Touristen aus aller Welt tummeln sich in Schlössern und Städten. Sie schätzen als reizvollen Rahmen für all die Kulturgüter auch die natürlichen Schönheiten, die Wälder, Hügel und faszinierenden Auenlandschaften. Denn die Loire – übrigens die Wettergrenze Frankreichs, die oft nördliches Grau von südlicher Sonne scheidet – zwängte man nie in ein festes Flussbett, ließ ihr vielmehr die Freiheit, bei Hochwasser über die Ufer zu treten und anliegende Wiesen zu überfluten.

Gleich der ungezähmten Loire haben die Weine aus dieser Region ihren eigenen Charakter. Schließlich galt es schon immer als »erlaubt«, die fruchtigen Rotweine aus Bourgueil oder Chinon gekühlt auch zu Fischgerichten zu reichen. Ein Glücksfall für alle, deren Magen Weißwein nur ungern akzeptiert.

Das breite Spektrum der Loire-Weine mit 24 AOC umfasst sowohl fruchtige Rote – die bekanntesten aus den Anbaugebieten Chinon und Bourgueil – und edle Weiße wie den Sancerre, der an der Grenze zum Burgund heranwächst. Letzterer verdankt seine weltweite Beliebtheit einer einzigartigen Promotionskampagne der Weinbauern selbst. Während der Absatzkrise der Sechzigerjahre bepackten die Winzer in Sancerre damals Autos und Lieferwagen randvoll mit Weinkisten und fuhren gemeinsam nach Paris, wo sie tagelang von einem Restaurant oder Bistro zum nächsten zogen. Sie erzählten von ihren Weinbergen und schenkten den Wirten ein oder zwei

Winzer am Königsfluss Loire

Flaschen … mit der Bedingung, die Gäste diesen Sancerre kosten zu lassen. So eroberte der Wein zunächst die Herzen und Gaumen der Pariser – und von dort der ganzen Welt.

In den Jahrhunderten zuvor waren es die französischen Könige selbst, die an den Höfen Europas Loire-Weine aus den Anbaugebieten rund um Schlösser wie Chinon bekannt und beliebt machten. Engagiert arbeiten Winzer seither daran, ihre Reben mit immer weniger Chemie noch weiter zu verbessern. Liebhaber entdecken inzwischen auch kleinere Anbaugebiete wie Pouilly-Fumé oder Menetou-Salon, genauso wie die noch wenig bekannten Rotweine aus Sancerre.

Gestern wie heute ist dem Prestige der Loire-Weine sicher förderlich, dass sie zwischen traditionsreichen Städten und prächtigen Schlössern gedeihen. Außerdem inspirierten die frischen, nicht zu schweren Weine so manchen namhaften Dichter zu Meisterleistungen, sodass sich im Loire-Tal in ganz besonderer Weise Poesie und Kunst mit Speis und Trank verflechten.

Sancerre   --->〉F 5

Auf einem 315 m hohen Hügel liegt der für einen so berühmten Namen überraschend kleine Ort Sancerre mit 2200 Einwohnern, die fast alle direkt oder indirekt vom Wein leben. Malerisch dominiert er das Anbaugebiet des gleichnamigen AOC-Weines. Mit hohem persönlichen Einsatz gelang den Kleinbauern in den Fünfzigerjahren dank einem mutigen Werbefeldzug der Durchbruch, seither findet ihr Wein reißenden Absatz. Aber der Tradition sind sie trotz des großen Erfolgs treu geblieben: Die Weinberge werden seit Generationen weitervererbt, die Winzer fühlen sich wie eine einzige große Familie. Das prägt die Stimmung in Sancerre. Gerne probiert man den Wein der Nachbarn, gern lässt man Besucher teilhaben an der Erfolgsstory des Weines.

HOTELS/ANDERE UNTERKÜNFTE
Hôtel Le Panoramic
Nüchtern-modern ist die Inneneinrichtung des Drei-Sterne-Hotels im

Schon im frühen Mittelalter wurde der Sancerre-Wein von Dichtern als einer der herausragenden Loire-Weine besungen.

Ortszentrum mit allem Komfort und schönem Blick aus den Panoramafenstern, von der Terrasse und dem Pool. Die Hoteliers sind Winzer. **Remparts des Augustins; Tel. 02 48 54 22 44; www.panoramicotel.com; 60 Zimmer ●●/●●●**

Chambre d'hôtes La Chancelière
Wo im 18. Jh. die Geschäftsführer der Abtei St-Satur residierten und über zwei Etagen voller Wein und Korn wachten, da betten heute in schlossartigem Ambiente Übernachtungsgäste ihr Haupt. Traumhaft das üppige Frühstück auf der Terrasse. **Nicole & Jacques Audibert, 5, rue Hilaire Amagat, St-Satur (gleich neben Sancerre); Tel. 02 48 54 01 57; www.la-chanceliere. com; 4 Zimmer ●●**

SEHENSWERTES
Ein roter Faden – oder besser: Strich – zieht sich durch das Städtchen und führt zu den Sehenswürdigkeiten. Wer den steilen, treppenreichen Aufstieg nicht scheut, dem bietet sich vom Turm aus ein gewaltiger Blick über das Loire-Tal und die Dachlandschaft von Sancerre. Einziger Schandfleck des malerischen Städtchens ist der Hauptplatz mit Betonterrassen, die bald einem begrünten Amphitheater weichen sollen.

Maison des Sancerre
Unterhaltend und informativ erfährt man alles Wissenswerte über Sancerre-Wein: Dreidimensionale Projektionen auf eine riesige Reliefkarte illustrieren die geologische Geschichte, in Videos erzählen Winzer von ihrer Arbeit, ihrer Liebe zum Wein und wie sie in den Fünfzigern mit Pferdewagen und schrottreifen Autos einige Flaschen nach Paris brachten und so die Erfolgsstory des Sancerre begründeten. Weinproben (ab 2010 auch Führung in Deutsch). **3, rue du Méridien; Tel. 02 48 54 11 35; www.maison-des-sancerre.com; April, Mai, Okt., Nov. 10–18, Juni–Sept. 10–19 Uhr**

La Tour

Fantasievoll zelebriert der junge Küchenchef im Ambiente des 14. Jh. große Kochkunst. Seine Menüs heißen »plaisir des sens« (Sinnesfreude) oder »promenade maraîchère« (Gemüsespaziergang). Er bevorzugt einfache Produkte wie Eier oder Tomaten. »Hummer kann schließlich jeder«, so sein Credo …

31, Nouvelle Place; Tel. 02 48 54 00 81; www.la-tour-sancerre.fr ●●●

La pomme d'Or

Mit mediterranen Motiven schafft das Tapetenbild eine italienisch angehauchte, freundliche Atmosphäre. Für die Qualität der Küche spricht, dass sie regelmäßig die Winzervereinigung mit Speisen versorgt.

1, rue de la Panneterie; Tel. 02 48 54 13 30; pomme.or@sancerre.fr ●●

Auberge Joseph Mellot

Den Namen Mellot liest man häufig in Sancerre, die Familie gehört seit Generationen zu den wichtigsten Winzern. Im traditionellen Gasthaus wird seit 100 Jahren exzellenter Hauswein serviert, die resolute Chefin führt das Zepter und verwöhnt ihre Gäste mit großen Portionen.

16, Nouvelle Place; Tel. 02 48 54 20 53; www.joseph-mellot.fr ●

Bar des Arcandiers, Chez Gérald

Von außen wirkt die kleine Bar am unteren Rand der Stadt unscheinbar. Und doch haben Winzer, Köche, Önologen und sonstige lokale Persönlichkeiten gerade sie zu ihrer Stammkneipe erkoren. Am Standardtresen schenkt Gérald beste Weine aus und wirkt dabei so glücklich, dass hier wirklich ein guter Sancerre-Geist zu Hause sein muss.

1, remparts Dames; Tel. 02 48 54 13 49

Es gibt zahlreiche Weingeschäfte, dazwischen einzelne Künstlerateliers, Souvenir- und Postkartenläden, Metzgereien und Bäckereien mit Spezialitäten wie dem auf Weinholz geräucherten Schinken »jambon de Sancerre fumé aux sarments de vigne«, grüne Linsen aus der Region Berry (»lentilles Vertes du Berry«) oder typischen Mandelgebäck (»lichou«, »croquets de Sancerre«).

Eine hübsche Auswahl an Büchern, regionaltypischen Mitbringseln sowie Praktischem wie Weinkellnerschürzen, witzigen Korkenziehern oder Weingläsern bietet der Museumsladen in der Maison des Sancerre (→ S. 118).

La Foire aux Vins de Sancerre

Zwei Tage lang ruft diese Ausstellung zur Entdeckung der Schätze des Terroir auf. Dabei werden die Weine von Sancerre vorgestellt: mehr als 400 unterschiedliche Cuvées, und alle präsentierten Weine für einmalig 5 € können gekostet werden.

Pfingstwochenende in den Caves de la Mignonne; www.vins-centre-loire.com; Eintritt frei

Jazz aux caves

Jazz im Weinkeller heißt ein alljährlicher Jazzabend Anfang Juli. Sitzplätze kosten rund 20 € und sind – genau wie detailliertere Informationen – erhältlich bei der Maison des Sancerre (→ S. 118).

Office de Tourisme de Sancerre

Esplanade Porte César, 18300 Sancerre; Tel. 02 48 54 08 21; www.ville-sancerre.fr

Ziele in der Umgebung

Chèvrerie de la Tour ····› F 5

Zwar haben Reben die Ziegen von den Weinhängen in Chavignol, der Heimat des berühmten »crottin«, verdrängt. Doch die zahlreichen Chèvreries in Nachbarorten sorgen für Nachschub – so etwa Martine und Philippe Custodio (Martine spricht Deutsch). Im Februar und September gibt es junge Zicklein, täglich um 17.30 Uhr werden die 200 Ziegen gemolken.

La Tour, Neuvy-deux-Clochers; Tel. 02 48 79 43 38; Mo–Sa 8–12.30, 15–19, So, Fei 8–12, 17.30–19 Uhr

Wanderwege

Im Internet findet man unter www.berrylecher.com/cher-loisirs-sport/activites-decouvertes-sportives/randonnee-pedestre/randonnee-pedestre.htm einige gut beschriebene Wege zwischen Rebstöcken und sanften Hügeln – bei »La boucle de Chavignol« etwa spazieren Sie in ca. 3 Std. 11 km weit durch reizvolle Gegenden.

Alternativ dazu wandert man entlang der Weinberge auf von Maschinen geebneten Wegen. Die Rosenstöcke am Weinbergrand dienen nicht nur der Zierde, sondern sollen Winzer vor Krankheiten warnen. Rosen reagieren empfindlicher als Weinstöcke, sodass man dann noch rechtzeitig etwas gegen die Pflanzenkrankheit unternehmen kann und nicht einfach vorbeugend die Chemie einsetzen muss, wie das in den Sechzigerjahren der Fall war.

Bourges　　⤳ F 5

Im Herzen Frankreichs liegt die alte Bischofsstadt Bourges (70 000 Einwohner), rein rechnerisch fast genau in der Landesmitte – und dennoch weitgehend abseits der Touristenströme. Dabei entschied sich hier einst das Schicksal Galliens und vielleicht gar Europas: In der Schlacht um Avaricum – wie Bourges damals hieß – besiegte Caesar im Jahr 52 v.Chr. die aufständischen Gallier unter Vercingetorix und setzte damit Frankreich endgültig den lateinischen Zivilisationsstempel auf. Seit Kurzem besinnt sich die Stadt nach einer langen Zeit des Dornröschenschlafs auf ihre kulturelle Bedeutung und setzt die historischen Schätze gekonnt in Szene, die 400 Fachwerkbauten, die imposanten Bürgerhäuser, die romantischen Wege entlang der alten Stadtmauer (»promenade des remparts«).

HOTELS / ANDERE UNTERKÜNFTE

Les Bonnets rouges

Seit 1418 betten in den »roten Mützen« Reisende ihr müdes Haupt. Das

Die Kathedrale St-Étienne in Bourges gilt zu Recht als eine der schönsten Frankreichs. Das Metier der Winzer findet sich hier in Steinskulpturen und Glasfenstern wieder.

Gebäude entstammt dem 15. Jh., und der Kräutergarten verströmt wunderbare Aromen, die schon der Schriftsteller Stendhal schätzte. Er blieb mehrere Monate und schrieb die »Memoires d'un touriste«.

3, rue de la Thaumassière; Tel. 02 48 65 79 92; http://bonnets-rouges.bourges. net/html/accueil.htm; 4 Zimmer ●● ♿

Chambre d'hôtes Cèdre bleu

Unter der »blauen Zeder« verbirgt sich hinter hohen Mauern ein verblüffender Garten mit Springbrunnen. Liebevoll dekoriert präsentiert sich die hübsche Villa von 1872.

14, rue Voltaire; Tel. 02 48 25 07 37; www.lecedrebleu.fr; 3 Zimmer ●●

SEHENSWERTES
Kathedrale St-Étienne

Die gotische Basilika ohne Querschiff, erbaut 1195 bis 1255, wurde von der UNESCO 1992 zum Weltkulturgut erklärt. Einigen gilt sie wegen ihrer architektonischen Leichtigkeit als schönste Kathedrale Frankreichs. Leuchtend farbige Glasfenster im Chor von 1214 illustrieren Geschichten aus der Bibel. Motive zum Weinbau an den West-Portalen, z. B. Noah pflanzt den ersten Rebstock.

April–Sept. tgl. 8.30–19.15 Uhr

Palais Jacques Cœur

Ein gotisches Meisterwerk, das sich der Schatzmeister König Charles' VII. Mitte des 15. Jh. erbauen ließ. Jacques Cœur brachte es zu großem Ansehen und Reichtum, wurde später wegen Mordverdachts inhaftiert, konnte aber fliehen. Nie verleugnete er seine bürgerliche Herkunft und ließ die Fassade seines Palasts mit steinernen Köpfen von Dienern, Handwerkern und Bauern verzieren.

Rue Jacques Cœur; Tel. 02 48 24 79 42; http://palais-jacques-coeur.monuments-nationaux.fr; Mai–Juni tgl. 9.30–12, 14–18.15, Juli, Aug. 9.30–12.30, 14–18.30, Sept.–April 9.30–12, 14–17.15 Uhr; Eintritt 6,50 €

Hôtel Lallemant (Kunstgewerbemuseum)

Aus Nürnberg kamen zwei Brüder Ende des 15. Jh. nach Bourges, wo sie bald zu den wichtigsten Händlern der Stadt zählten. Nach der Zusammenarbeit mit dem Multitalent Leonardo Da Vinci schmückten sie ihr gotisches Haus mit einem Mittelteil im Renaissancestil.

6, rue Bourbonnoux; Tel. 02 48 57 81 17; tgl. 10–12.30, 13.30–18.30 Uhr, So-morgen und Mo geschl.; Eintritt frei

ESSEN UND TRINKEN
Le Jardin Gourmand

Wie zu einer privaten Einladung betritt man durch das Gartentor den gepflegten Vorgarten des Bürgerhauses. Runde Tische in mehreren in Pastellfarben gehaltenen Salons, klassische französische Küche.

15 bis, avenue Ernest Renan; Tel. 02 48 21 35 91; www.jardingourmand.fr; So-abend, Mo und Di-mittag geschl. ●●

Cheu l'Zib

Origineller Familiengasthof im Zentrum des Weinorts Menetou-Salon. Die Wirtin wacht mit scharfem Auge darüber, dass die Gäste auch richtig zugreifen. Beste Hausmannskost, riesige Käseplatten, Berge von Desserts. Man sitzt an langen Holztischen, sieht in der Küche Mutter und Tochter werkeln und kommt schnell miteinander ins Gespräch.

2, route Aix, 18510 Menetou-Salon; Tel. 02 48 64 81 20; Mi, So-abend, Ende Aug.–Mitte Sept. und 2 Wochen im Jan. geschl. ●

Cak't – La Table des Agaceries

Romantischer Gewölbekeller im Festungsturm aus dem 13. Jh. – innen geschichtsträchtige Mauern, außen ein Garten an der Stadtmauer. Hausgemachte Kuchen, mittags auch Quiches, reiche Auswahl an Tees.

74 bis, rue Bourbonnoux; Tel. 02 48 24 94 60; www.cak-t.com; Di–Sa, 12–14, 15–19, So, Mo 15–19 Uhr

In der Rue Bourbonnoux ist traditionelle Handwerkskunst zu Hause. In kleinen Werkstätten und malerischen Innenhöfen gehen Geigenbauer, Polsterer, Grafiker und Antiquare ihrem Beruf nach.

Maison Forestines

»Forestines« heißt eine Spezialität von Bourges: bunte, mit Mandelcreme gefüllte Bonbons. Wunderschön gestaltet wurde das Stammhaus des Unternehmens von 1884 in der Altstadt von Bourges.

3, place Cujas; Tel. 02 48 24 00 24; Di–Sa 9.30–12.15, 14–19.15, Mo 15–19 Uhr

Monin

Seit 90 Jahren gehören die Sirups der in Bourges ansässigen Firma Monin zu den Spitzenreitern der Branche. 1912 erfand George Monin ein Getränk aus Zitronenschalen und tropischen Pflanzen (»Monin Original«), das in Amerika zum Hit wurde. Heute gibt es 100 Geschmacksrichtungen für Sirup, Soßen, Liköre.

Place des Marronniers; Tel. 02 48 50 64 36; www.monin.com

Printemps de Bourges

Alljährlich im April wird Bourges zur Musikhauptstadt Frankreichs. Dann strömen 100 000 Fans moderner Musik hierher, um neue Talente und alte Kulturschätze zu entdecken.

www.printemps-bourges.com

Nuits Lumière

An Sommerabenden führen blaue Straßenlaternen vom Garten des alten erzbischöflichen Palais über verschiedene Plätze und Innenhöfe, laden ein zum Verweilen bei klassischer Musik und Projektionen auf Fassaden und Mauern. Winzer aus dem Loire-Tal bieten dazu ihre Weine zum Probieren an. Die Nuits Lumière (Licht-Nächte) sind kostenlos.

Ende Juli/Anfang Aug.

Été à Bourges

Klassische Musik und Jazz, kostenlose Konzerte in Parks, auf öffentlichen Plätzen und Höfen. Die letzte Kampagne stellte Weine des Centre-Val-de-Loire durch rebenumrankte Musikinstrumente dar. Politischer Hintergrund ist das »Loi Evin«, das im Kampf gegen Alkoholismus verbietet, Wein in einem Genussumfeld darzustellen. So ersetzen nun Geigen, Trompeten, Klarinetten Gläser, Flaschen und trinkende Menschen.

21. Juni–21. Sept.

Wein-Kathedrale

Führung durch die Kathedrale zum Thema Wein und Bibel – in Bourges wurde bis ins 19. Jh. Wein angebaut. Anschließend findet eine Weinprobe im Garten des Tourismusbüros statt.

Juli/Aug. Mi 18–20 Uhr; Ticket 8 €, Anmeldungen Tourismusbüro oder unter www.bourges-tourisme.com

Office de Tourisme Bourges

21, rue Victor Hugo, 18000 Bourges; Tel. 02 48 23 02 60; www.bourges-tourisme.com

Ziele in der Umgebung

La Borne   ····⋙ F 5

In dem Künstlerdorf 20 km nördlich von Bourges leben Kunsthandwerker von Luft und Liebe sowie vom Verkauf ihrer Arbeiten (tgl. außer Di 14–18 Uhr). In der winzigen Épicerie stapeln sich Gewürze, Heilkräuter, Süßwaren, Tees, Eselsmilchseifen oder rosafarbenes Himalaya-Salz und Räucherstäbchen aus aller Welt. Die Taverne serviert biologische Menüs, hausgemachten Kuchen und viele Teesorten. Abends oft Musik, wenn ein Winzer zum Akkordeon oder zur Gitarre greift.

Henrichemont, L'Epicerie; Tel. 02 48 26 90 80; Ostern–Okt. geöffnet (Ostern–Juni und Sept., Okt. So-abend und Mo geschl.);

10

Centre de création Céramique; Tel. 02 48
26 96 21; www.ceramiquelaborne.org;
tgl. außer Di 14–18, Sommer bis 19 Uhr

Château Menetou-Salon   ⋯⟶ F 5
Die »Route Jacques Cœur« führt in
die Welt der Schlösser, Adligen und
Parforce-Jagden – auch zum Château Menetou-Salon, heute noch im
Privatbesitz des Prinzen von Aren-
berg. Amüsant die Führung der Gou-
vernante durch Schloss, Kapelle,
Garage mit Oldtimer-Autos und zur
Weinprobe. »Clos de la dame« heißt
der Weinberg nach Agnès Sorel, der
berühmten königlichen Geliebten
von König Karl VII., die hier lebte.
Menetou-Salon; Tel. 02 48 64 01 86;
www.chateau-menetou-salon.com

Chinon   ⋯⟶ E 5

Alles dreht sich um Rabelais in Chinon. Und um Wein – was eigentlich
dasselbe ist. Denn der Dichter,
Mönch, Priester und Philosoph François Rabelais symbolisiert in Frankreich Lebensfreude und Genuss
schlechthin. Gern wird er zitiert:
»Buvez toujours, vous ne mourrez
jamais« (Trinkt immer, nie werdet
ihr sterben!). Spritzig fruchtig ist der
Geist, der in Chinon herrscht – und
genauso ist auch der begehrte rote
und wenig tanninbetonte Wein des
gleichnamigen Anbaugebiets. An
sanft geschwungenen Hängen und
in lieblichen Tälern gedeihen bilder-
buchreife Reben mit Veilchen- und
Johannisbeer-Duft. Die 10 000-Ein-
wohner-Stadt Chinon am Loire-Zu-
fluss Vienne wirkt südlich, was am
hellen Kalkstein der Häuser und Felsen liegt, aber auch an den vielen
Genussmenschen von nah und fern.
Sie sind zwischen alten Mauern dem
Geist der Dichter genauso auf der
Spur wie dem nächsten Gourmet-
restaurant, wo sie in anregender
Konversation über Poesie, Wein,
Gott und die Welt zusammen tafeln.

HOTELS/ANDERE UNTERKÜNFTE
Chambre d'hôtes Jardin d'Elsie
Rosenduft zieht durch das geschmackvoll eingerichtete Haus und
sorgt für ein heiteres Flair, Rosen-
Konfitüre gibt es zum Frühstück, Rosen prägen den prächtigen Garten,
durch den die Herbergsmutter und
gebürtige Holländerin Elsie führt.

*Nuits Lumière: An Sommerabenden erwachen die historischen Mauern von Bourges
dank der vielen farbigen Projektionen auf Wände, Tore und Fassaden zu neuem Leben.*

Elsie de Raedt, 1–5, route de Huismes; Tel. 02 47 98 07 58; www.elsiederaedt.com; 5 Zimmer; Gartenbesichtigung (90 Min.) für Hausgäste kostenlos, sonst 6 € ●● ♿

Domaine de Beauséjour

»Schöner Aufenthalt« heißt das Weingut zu Recht und bietet Gästezimmer der edleren Art mitten im Weinberg. Drei Gästezimmer und eine Ferienwohnung am sanften Südhang zwischen Bougainvilliers, Hortensien, Palmen und Geranien. Pool und romantische Veranda in einer der typischen Kalksteinhöhlen. 37220 Panzoult (östl. v. Chinon); Tel. 02 47 58 64 64; www.domainedebeausejour.com; Okt.–April geschl. ●●

Gästezimmer in Savigny-en-Véron

Einfache, preiswerte Gästezimmer inkl. Esszimmer und Küche finden sich im Dorf Savigny direkt an der »bocage«, einem landschaftlich schönen Überschwemmungsgebiet der Vienne, an der Weinstraße »Route des Vignobles de Touraine Val de Loire« und am Fahrradweg »Loire à vélo« (→ S. 125). Cheviré, 11, rue Basse, Savigny-en-Véron; Tel. 02 47 58 42 49; www.ch-hotes-chevire.fr; Mitte Nov.–Mitte März geschl. ●

(→ S. 125)

SEHENSWERTES

Caves Painctes

Viele Weinkeller der Stadt sind eigentlich Höhlen, die in den porösen Kalkstein gehauen wurden. Einige wurden mit Türen und Fenstern zu Wohnungen, sogenannten Troglodyten. In den »Caves Painctes« – Weinkeller-Höhlen des 16. Jh. und bei Rabelais' Tempel der »Dive bouteille«, der göttlichen Flasche, tagt viermal im Jahr die zweitgrößte Weinbruderschaft Frankreichs, die »Confrérie des Bons Entonneurs Rabelaisiens«. Les Bons Entonneurs Rabelaisiens, Impasse des caves painctes; Tel. 02 47 93 30 44; www.entonneursrabelaisiens.com; Führung Juli/Aug. tgl. außer Mo 11, 15, 16.30, 18 Uhr; Eintritt 3 € inkl. Weinprobe

Forteresse Royale de Chinon.

1000 Jahre Geschichte hat das Schloss von Chinon bereits hinter sich, gewaltig in den Ausmaßen mit 430 m Länge und 85 m Breite und wegen der andauernden Restaurierungsarbeiten als Jahrhundertbaustelle bekannt. Im 12. Jh., als es wie ein Großteil Frankreichs unter englischer Herrschaft stand, residierte hier König Heinrich II. von England. Tel. 02 47 93 13 45; www.monuments-touraine.fr; ganzjährig 9.30–17, April–Sept. bis 19 Uhr; Eintritt 3 €, Kinder bis 12 Jahre frei

ESSEN UND TRINKEN

Les Chandelles gourmandes

Nur biologische Naturprodukte verwenden Bernard und Dominique Charret in ihrem Restaurant östlich von Tours. An der Theke treffen sich regelmäßig Bio-Winzer und Bio-Bauern. Weit reicht inzwischen der Ruhm des Chefs, der als Spezialist für Gerichte mit Loire-Fischen gilt. 44, rue nationale, Larçay; Tel. 02 47 50 50 02; www.chandelles-gourmandes.fr; So-abend, Mo geschl. ●●●

Au Chapeau rouge

Hier steht ganz im Sinne des Dichters Rabelais Genuss an erster Stelle: erlesene Weinkarte, fantasievoll zubereitete Flussfische, originelle Desserts, dazu das entwaffnende kommunikative Lächeln der Chefin. 49, place Général de Gaulle; Tel. 02 47 98 08 08; www.chapeaurouge.fr; So-abend, Mo geschl. ●●

Auberge Val de Vienne

Reichlich, delikat und erstaunlich preiswert speist man in diesem Landgasthof östlich von Chinon. Kleine Appetithäppchen oder »amuse-bouche« verkürzen die Zeit beim Studium der Weinkarte mit 400 verschiedenen edlen Tropfen. 30, route Chinon, Sazilly; Tel. 02 47 95 26 49; www.aubergeduvaldevienne.com; So-abend, Mo geschl. ●

EINKAUFEN

Vinothek: La Pause Rabelaisienne

Am schönsten Platz von Chinon eröffnete der gebürtige Deutsche Rainer Schmidt die erste Vinothek der Stadt. Neben Loireweinen verkauft er kulinarische Spezialitäten und hausgemachte Imbisse. Als Mitbringsel empfehlen sich »poires tapées«, im Holzkohleofen getrocknete, flach geklopfte Birnen, die später in Loirewein aufgekocht werden (www.poirestapees.com).
28, place du Général de Gaulle; Tel. 02 47 93 35 25; Juli–Aug. tgl. 9.30–19, Dez.–Juni, Sept., Okt. Do–Sa und So-morgen 9.30–19 Uhr

FESTE UND EVENTS

In den **Caves Painctes**, gewaltigen Höhlen, wurde mit Flaschen-Skulpturen, Lichtspielen (und Heizung!), Bühne, Bar und Speisesaal ein einzigartiges Ambiente geschaffen, in dem Feste und öffentliche Sitzungen der Weinbruderschaft stattfinden. Für 90 € kann jeder Mitglied werden (wie Gérard Depardieu u. a.) und bei solch einem »chapitre« in traditioneller »confrèrie«-Tracht antreten. 70 € kostet das Bankett (anmelden!).
www.entonneursrabelaisiens.com

SERVICE

Office de tourisme du Pays de Chinon
Place de Hofheim, 37500 Chinon; Tel. 02 47 93 17 85; www.chinon.com

Ziele in der Umgebung

Bootsausflug in Candes St-Martin
····➔ D/E 5

Am Zusammenfluss von Vienne und Loire liegen traditionelle Holzboote bereit, Passagiere für einen Ausflug einzuladen. Das schönste trägt den klingenden Namen »Amarante«.
Robin Delaporte, 1 bis, rue des Perrières, Candes St-Martin; Tel. 02 47 95 80 85; www.bateauamarante.com; Juni–Sept. tgl. 15–16.30, 17–18.30 Uhr; Ticket 13 €, Kinder 8 €

»Songes et Lumières« im Château d'Azay-le-Rideau
Sobald es Nacht wird, verwandelt sich das Schloss von Azay-le-Rideau in einen Traum. Der Besucher spaziert im Park und entdeckt dabei die Natur und die Architektur.
1. Juli–31. Aug.; Tel. 02 47 45 42 04; www.chenonceaux-blere-tourisme.com/tourisme-culturel/sons-et-lumieres/; Eintritt 9 €, Kinder bis 12 Jahre frei

»Loire à vélo«
Wer lieber radelt als läuft, der wird diesen gut beschilderten Radweg schätzen. Karten und Broschüren sowie teils deutsche Audio-Kommentare unter der Adresse www.loire-a-velo.fr, die voller Tipps und Neuheiten steckt.

MERIAN-Tipp

9 ★ **La Devinière**

Das Geburtshaus (1483) des Dichters François Rabelais, Humanist und Genussmensch. Mit kritisch-satirischem Blick beobachtete er die Gesellschaft seiner Zeit und karikierte liebevoll allzu menschliche Fehler, scharf die borniert Obrigkeit. Berühmt sind seine fünf Bücher über den Riesen Gargantua und den Kampf zweier Völker. Die Moral von der Geschicht': Genießt das Leben! Hört niemals auf, euren Durst nach Wein und Wissen zu stillen. Und seid nett zueinander! Zu besichtigen sind Wohnräume, Taubenschlag (17. Jh.), Kellerhöhle, zu probieren edle Tropfen des alten Weinbergs »Clos de la devinière«.

Musée Rabelais, Seuilly (6 km südwestl. von Chinon); Tel. 02 47 95 91 18; www.musee-rabelais.fr; tgl. außer Di 10–12.30, 14–17 (Sommer bis 19 Uhr), 25. Dez.–1. Jan. geschl., April–Juli 1. So im Monat Theateraufführung mit Verkostung; Eintritt 4,50 €, Kinder bis 12 Jahre frei ····➔ E 5

Noch immer gehört viel Handarbeit zur Weinlese. Die fruchtigen Rotweine von der Loire sollen schon Frankreichs Könige verführt haben, gerade hier ihre Schlösser zu bauen.

Weingüter

Domaine Vincent Gaudry   ⤏ G 5

Die Stufe des biologisch-dynamischen Anbaus (seit 1993 mit dem Bio-Siegel AB) habe er überwunden, erklärt Vincent. Jetzt arbeitet er mit dem Fluss von Energien. Durch Auflegen der Hand an die Inox-Tanks kommuniziert er mit dem Wein. Manchmal spürt er ein Kribbeln, ein andermal stechende Schmerzen, an guten Tagen warme Strömungen ... und dementsprechend wählt er den richtigen Moment für die Weiterverarbeitung. Er versteht sich als Dolmetscher, um die Botschaft des Weines für jedermann zu übersetzen.

Seine Weine tragen vielsagende Namen wie »Esprit de Rudolf« nach dem österreichischen Anthroposophen Rudolf Steiner oder »Vincentgetorix« – in Anspielung auf den gal-lischen Heerführer, der bei der entscheidenden Schlacht gegen die Römer unter der Führung von Cäsar unterlag. Was für die Entwicklung des Weines sicher von Vorteil war ...

Petit Chambre, Sury-en-Vaux; Tel. 02 48 79 49 25, mobil 06 86 45 79 85; www.vincent-gaudry.com

Domaine Caves du Prieuré   ⤏ G 5

Im riesigen Weinkeller lagert Gilles vor allem die wenig bekannten, aber hervorragenden Sancerre-Rotweine aus Pinot-Noir-Trauben (ein Drittel seiner Produktion, neben den klassischen Sauvignon-Weißweinen), die erst nach fünf Jahren ihr volles Aroma entfalten. 20 ha bewirtschaftet er biologisch, verwendet schon seit 2002 nur mehr natürliche Behandlungsmittel wie ätherische Öle. Neben dem Interesse für Umweltfragen und guten Wein engagiert er sich politisch für die Winzervereinigung. Positiv beurteilt er den Gemeinschaftssinn im Sancerre-Gebiet. Sorgen dagegen macht ihm – wie der gesamten Weinindustrie Frankreichs –, dass allzu drastische Maßnahmen des Staates gegen übermäßigen Alkoholgenuss ungewollt der Weinkultur schaden könnten. Über diese und andere Themen diskutiert der Winzer gerne mit seinen Besuchern, die auf der Domaine immer herzlich willkommen sind und sogar auf Deutsch begrüßt werden.

Gilles Guillerault, 2 rue du Lavoir, Reigny, Crézancy-en-Sancerre; Tel. 02 48 79 02 84; www.cavesduprieure. com

Domaine de Loye   ···⟩ G 5

Im Anbaugebiet Menetou-Salon nördlich von Bourges ist die Familie Moindrot zu Hause. Urkunden bezeugen, dass hier schon im 11. Jh. Weinbau betrieben wurde, eine AOC-Gütemarke tragen die 450 ha seit 1959. Charmant erklärt Valentin, dass seine Weine glücklicherweise dem Zeitgeist entsprechen, weil die sommerlichen, trockenen Rosés, die Sauvignon-Weißweine, aber auch die fruchtig-frischen Pinot-Noir-Rotweine sogleich Genuss bereiten und nicht erst nach mehreren Jahren des Lagerns zu trinken sind. Diese Weine kann man »gegen den Durst« zu vielen Gelegenheiten trinken – als Aperitif, Cocktail, zu Fisch, Geflügel oder auch zum Ziegenkäse der Region. Der Kontakt mit Kunden ist dem Winzer ein Vergnügen und seit einem Praktikum in Dresden spricht er auch etwas Deutsch.

Valentin Moindrot Loye, Morogues; Tel. 02 48 64 35 17; E-Mail: scev.domaine. loye@terre-net.fr, www.winealley.com/ exposants_140.htm; tgl. geöffnet

Domaine Beauséjour   ···⟩ E 5

Wie fast alle jüngeren, in Fachhochschulen gut ausgebildeten Winzer betreibt David Chauveau »agriculture raisonnée«, verwendet nur das Nötigste an chemischen Hilfsmitteln, ist er doch überzeugt, dass es im Wein »Leben und Liebe« gibt. Er will zurück zu den Methoden »des anciens«, der Alten. Dabei kann er sich auf keine große Familientradition stützen, denn seine Eltern kamen aus der Mode- und Architekturbranche, bevor sie Grundstück und Bauernhof erbten und sich mit der Kunst des Weinbaus vertraut machten. Heute kümmert sich Madame vor allem um die Gästezimmer (→ S. 124), David Chauveau führt das Zepter im Weinberg und Weinkeller, produziert alljährlich 230 000 auf dem Gut abgefüllte Flaschen Rotwein und Rosé der AOC Chinon.

David und Marie Claude Chauveau, Panzoult; Tel. 02 47 58 64 64; www. domainedebeausejour.com

Domaine Wilfried Rousse   ···⟩ D/E 5

Wilfried Rousse hat sich seinen guten Ruf hart erkämpft. Mit einem einzigen gemieteten Hektar begann er einst, heute gehört ihm ein Flickenteppich von insgesamt 22 ha, auf denen er jährlich 80 000 Flaschen fruchtig-leichten Weines produziert – vor allem Rotwein und Rosé. Die Umstellung auf eine biologische Produktionsweise bedeutet für ihn, Natur und Umwelt Respekt zu zollen, aber auch neue Kundenkreise zu erschließen. Obwohl Rousse sicherlich 2 bis 3 € mehr pro Flasche verlangen muss, weil die Bodenbearbeitung unter Verzicht auf chemische Hilfsmittel sehr arbeitsintensiv ist. Als Symbol des Weingutes hat sich Wilfried Rousse eine Nymphe auserkoren, die schon seit dem 16. Jh. das alte Bauernhaus ziert. Als »cave touristique« empfängt das Weingut gern auswärtige Besucher … nur in der Mittagszeit widmet sich Wilfried Rousse ausschließlich seiner Familie.

La Halbadière, 19–21, route de Candes, Savigny-en-Véron; Tel. 02 47 58 84 02; www.chinonrousse.com

Stars als Winzer

Ein eigener Weinberg gehört seit einigen Jahren zu den Träumen, die sich Prominente gern erfüllen.

Vielleicht brauchen Berühmtheiten aus Film, Funk und Fernsehen ja ein Gegengewicht zum Glitzerglanz des Show-Business, suchen nach echten Wurzeln in bodenständigem Einklang mit der Natur. Jedenfalls machen in den letzten Jahren immer mehr Stars auch als Winzer Schlagzeilen. Natürlich mag jeder seine Gründe haben, sich den Traum vom eigenen Weinberg zu erfüllen. Doch sie alle eint die Faszination für das Gourmet- und Kulturgut Wein, für das langsame Heranwachsen und die Pflege der Reben, für die fast magische Verwandlung von Trauben in den facettenreichen Göttertrank.

Bei Gérard Depardieu und Francis Ford Coppola darf inzwischen die Frage erlaubt sein, was sie lieber produzieren: Filme oder Wein? Andere schätzen vor allem das Prestige, das ihnen als Winzer entgegengebracht wird, und benützen Wein zur Imagepflege. So schmückt **Christophe Lambert**, Miteigentümer des Weinguts Château-Tour-Seran (Médoc), einen Teil seiner Produktion

mit dem eigenen Portraitfoto. Ähnliche Motive veranlassten wohl Fußballstar David Beckham, in der Provence Weinland zu erwerben.

Ganz anders der »große Blonde«: **Pierre Richard** suchte eigentlich ein Ferienhaus im Languedoc, als er 1986 dem Charme eines verlassenen Weinberges verfiel, der Domaine Château Bel Évêque (Aude). Mit großem persönlichen Engagement gelang es ihm, 1989 seinen ersten Corbières-Wein herzustellen. Ihm geht es weniger um Profit, sondern um Qualität. Freimütig gibt er zu, wie schwierig dies – selbst mithilfe eines hervorragenden Önologen – ist. »Rebstöcke bleiben einfach immer launenhafte Gören«, so sein Urteil.

Auch **Jean-Louis Trintignant** legt selbst Hand an bei der Produktion von 20 000 Flaschen Côtes du Rhône Village, besonders bei der »assemblage« von zwei Dritteln Carignan- und einem Drittel Syrah-Reben. Seit 1996 gehört ihm die 5 ha große Domaine Rouge Garance im Anbaugebiet Côtes du Rhône (Gard).

Neben Kinostars begeistern sich Musiker und Sportler für den Weinbau. Michael Schumacher etwa besitzt einen Weinberg in St-Raphaël (Var), Jean Alesi in Lirac (Côtes du Rhône); Bob Dylan, Sting, der französische Sänger Francis Cabrel und viele andere verbinden ihren Namen mit einem bestimmten Wein.

Neben **Francis Ford Coppola**, der für sein kalifornisches Weingut im berühmten Napa Valley gerade einen französischen Starönologen verpflichtet hat, ist wohl **Gérard Depardieu** der bekannteste Starwinzer – und ein Vorreiter des Trends. Den ersten Weinberg kaufte er bereits in den Siebzigern im Burgund; später erweiterte er seinen Besitz mit einem Grundstück im Anjou (1989) und schließlich – zusammen mit Carole Bouquet – mit dem Erwerb des edlen Weinguts Château Lussac St-Emilion. Er setzt auf Qualität und gründete 2001 mit dem Grands-Crus-Besitzer Bernard Margrez die Firma »Vins d'exception« zur Unterstützung kleinerer Weingüter.

Zwar mag mancher Normalbürger vom eigenen Weinberg träumen, doch die finanziellen Grundlagen sind nur von echten Stars zu erfüllen: Der Preis eines Weingutes variiert heutzutage zwischen 800 000 und 40 Mio. €, je nach Region und Lage in Meeres- oder Stadtnähe. Meist investieren Leute des Showbusiness vorsichtig, sie kaufen ein eher kleines Grundstück, das sich bereits als Weinland bewährt hat. Immerhin lassen sich mit 30 ha bereits 200 000 Flaschen produzieren. In manchen Gegenden wie dem Languedoc sind zudem heute noch weiträumige Landgüter relativ preiswert zu haben. Gérard Depardieu, Pierre Richard und Luc Besson – Inhaber der Domaine de Senaux (Appellation St-Chinian) – haben also sicher eine gute Wahl getroffen. Ganz nebenbei können sie so auch Steuern sparen, Weinanbauflächen gelten als Produktionsmittel und sind zudem steuergünstig zu vererben.

Doch was sind die Weine der Stars wirklich wert? Insgesamt schätzen Experten durchaus das Engagement von Berühmtheiten, die nun ernsthaft das Metier des Winzers erlernen wollen. Bereits jeder zweite Neuwinzer stammt aus einer vollkommen anderen Branche. Und manche ernten echte Achtungserfolge: Jean-Louis Trintignant bekam für die Weine »Les St-Pierre« (2003) und »Garance« (2004) von Spezialisten bei einer blinden Weinprobe immerhin 4,5 von 5 Punkten. Félicitations!

Stars wie Francis Ford Coppola haben auf ihren Weingütern ein zusätzliches Feld gefunden, um ihre Kreativität auszuleben.

Wissenswertes über Frankreichs schönste Weinregionen

Um gute Tropfen wirklich zu schätzen, braucht man eine feine Nase, eine gewisse Bildung der Geschmacksnerven und Neugier … was Frauen nach allgemeinem Expertenurteil zu den besseren Weinkennern macht.

Nützliche Hintergrundinfos zur Weinherstellung, praktische Tipps und vieles mehr, was Sie für Ihren Urlaub in den französischen Weinregionen wissen sollten, finden Sie hier – von A bis Z.

Weine, Rebsorten und Vinifikation

Alle Welt spricht von Wein, trinkt Wein, schwärmt von Wein ... und weiß, dass der alte Göttertrank aus Weintrauben hergestellt wird. Weniger bekannt ist, wie dies im Einzelnen vor sich geht und warum gerade Rebensaft eine solche kulturelle und wirtschaftliche Bedeutung erlangte. Also beginnen wir ganz von vorne:

Wein (vom lateinischen »vinum«) ist ein alkoholisches Getränk aus vergorenem Saft oder Maische von Weintrauben. Im Gegensatz zu anderen Früchten müssen dabei weder Zucker noch Säure noch Enzyme oder andere Substanzen zugesetzt werden, da die natürlichen Inhaltsstoffe der Beeren allein für den Gärungsprozess genügen. Zusammen mit dem Anbaugebiet und der Rebsorte entscheiden Gärung, Beerenverarbeitung, Ausbau und Lagerung des fertigen Weins über dessen Aroma, das sich aus fast 1000 verschiedenen Komponenten zusammensetzt.

Wein ist in Frankreich seit Jahrhunderten ein wichtiges Handelsgut, Reben wachsen auf 3 % der genutzten landwirtschaftlichen Fläche des Landes. Jährlich produzieren die französischen Winzer ca. 55 Mio. hl Wein, wovon ein Drittel exportiert wird und der Handelsbilanz 6 Mrd. € einbringt. Mit Ausnahme des Nordens und äußersten Westens sowie der alpinen Regionen und des Zentralmassivs wird in fast allen Regionen Wein angebaut. Das weite Spektrum umfasst so unterschiedliche Landschaften und Klimata wie die elsässische Rheinebene, die Hügel des Jura und des Burgund, das lange breite Loire-Tal zwischen Atlantikküste und Südostfrankreich, den einst von englischer Herrschaft geprägten Südwesten, das Nord und Süd verbindende Rhône-Tal sowie ganz Südfrankreich von Toulouse bis zur Provence und Nizza.

Wie macht man Wein?
Wenn die Beerenhaut der reifen Trauben im Gärbehälter aufplatzt, kommt der austretende Saft mit den Hefen in Kontakt, die ganz natürlich auf den Beeren siedeln. Die Hefe (Saccharomyces cerevisiae) ernährt sich vom im Traubensaft enthaltenen Zucker und erzeugt als Abbauprodukte Alkohol und Kohlenstoffdioxid – dies nennt man alkoholische Gärung. Die Aufgabe des Winzers besteht darin, während der Gärung die Bildung der erwünschten und wohlschmeckenden Verbindungen zu fördern und die der unerwünschten – beispielsweise Essiggeruch oder Geschmack von ranziger Butter – zu verhindern.

Die große Zahl möglicher Verbindungen ist für die breit gefächerte Geschmacksvielfalt der Weine verantwortlich. Dabei ist ungewiss, welche der vielen Hefearten, die auf der Schale der reifen Beeren zu finden sind, sich schließlich im Weinansatz durchsetzt. Qualität und Endergebnis sind somit ebenfalls zu einem gewissen Grad ungewiss, können aber vom Winzer beeinflusst werden. Eine wichtige Rolle spielt dabei auch der Weinkeller, dessen Ausstattung über die Weinpresse (im Fall von Weißwein) oder über das Umpumpen des noch gärenden Weins über den Tresterhut (im Fall des Rotweins) in den Verlauf der Gärung eingreift.

Bei der alkoholischen Gärung entsteht Wärme. Hefen arbeiten in einem schmalen Temperaturband zwischen 12 und 37 °C. Früher verließ man sich dabei auf das typische Herbstklima, das warm genug war, um den Gärprozess anzuwerfen, zugleich aber so kühl, dass die Temperatur im Gärbottich nicht über den Höchstwert stieg. Durch starke Belüftung des Kellers oder durch Bespritzen der Außenwand des Bottichs mit Wasser versuchte man sich in einer Temperaturregulierung.

Doch der Prozess der Weinherstellung oder »vinification« ist nur ein Teil des Ganzen: Rebsorte, Ertrag des Weinstocks, Klima, Reife in Holzfässern oder anderswo sowie auch die Lage des Weinbergs bestimmen den Geschmack eines Weines. Hartnäckig hält sich der Irrglaube, Weißwein stamme aus weißen, Rotwein aus dunklen Trauben. In Wirklichkeit ist die Sache etwas komplizierter.

Für **Weißwein** müssen die (hellen oder dunklen) Beeren nach der Ernte möglichst ganz bleiben. Bei einer Beschädigung der Beerenhaut beginnt in kleinem Umfang eine ungewollte Maischegärung. Zuweilen werden die Trauben komplett mit den Stielen gepresst, meist jedoch von den Stielen befreit (Abbeeren), da diese die im Weißwein wenig erwünschten Gerbstoffe enthalten. Bei der Pressung sollte das Fruchtfleisch kühl bleiben, damit die Gärung nicht zu früh einsetzt.

Für **Rotwein** werden die (dunklen) Trauben entrappt und zerdrückt; diese Mischung aus Most, Schalen, Kernen, Stielen lässt man dann gären, wobei die festen Bestandteile der Maische durch die entstehende Kohlensäure an die Oberfläche gedrückt werden und den sogenannten Tresterhut bilden. Dieser muss regelmäßig mit dem Most vermengt werden, damit sich die Phenole und Tannine aus den Schalen lösen und den Most einfärben. Einfache Rotweine entstehen durch eine kurze Maischestandzeit von zwei bis drei Tagen, erstklassige Rotweine brauchen bis zu drei Wochen. Über eine Temperaturregelung beeinflusst man die Gär- und Maischedauer. Nach der Gärung wird der Most abgelassen, geschwefelt und zum weiteren Ausbau in diversen Behältern, Holzfässern oder Barriques (→ MERIAN-Spezial, S. 102) eingelagert. Der Trester wird durch Pressen entsaftet.

Rosé- bis lachsfarbene Weine gewinnt man aus roten Trauben. Diese werden rasch gepresst, sodass nur wenig Farbstoff aus der Beerenhaut in den Wein gelangt. Aus der gärenden Maische (für Rotwein) wird nach einigen Stunden oder wenigen Tagen ein geringer Anteil von 10 bis 20 % des Mosts abgezogen und weiter zu Roséwein verarbeitet.

In Frankreich – wo man das Reglementieren fast noch mehr liebt als in Deutschland – teilt man Weine in folgende Kategorien ein:
• **Vin de table** (Tischwein), meist eine preiswerte Mischung von Weinen minderer Qualität aus einer Region.
• **Vin de qualité** (Qualitätswein), die immer eine Herkunftsbezeichnung tragen und zu denen sowohl die VDQS gehören (»vins délimités de qualité supérieure«, Weine höherer Qualität), bei denen das Anbaugebiet eine gewisse Qualität garantiert, als auch die AOC (»vins d'appellation d'origine contrôlée«, Weine mit kontrollierter Herkunftsbezeichnung), zu denen die besten Weine zählen.

Diese 80 Jahre alten Weinstöcke stehen noch in vollem Saft. Der Nachwuchs im Vordergrund ist etwa fünf Jahre alt.

Die wichtigsten Rebsorten

Von den insgesamt fast 16 000 bekannten Rebsorten wurden nur etwa 1000 für den gewerblichen Weinbau zugelassen. In den letzten 25 Jahren kam es zu einer Konzentration auf einige wenige Sorten. Die bedeutendsten Frankreichs sind Cabernet Sauvignon, Merlot und Syrah für rote Trauben, bei Weißweinen Chardonnay, Sauvignon Blanc und Riesling.

Aligoté
Weiße Rebsorte, die im Burgund (und in Osteuropa) angebaut wird.

Aramon
Rote Traubensorte aus dem Mittelmeerraum Südfrankreichs. Sie hat heute an Bedeutung verloren, obwohl sie sich nach der Reblauskrise großer Beliebtheit erfreute.

Arbois
Weiße Rebsorte in der Touraine. Nicht identisch mit dem gleichnamigen Wein aus dem Jura.

Auxerrois
Rebsorte aus Lothringen, die für Alsace-Pinot und Alsace-Klevner verwendet wird.

Breton
Im Loiretal wird die Traubensorte Cabernet-Franc so genannt.

Cabernet Franc
Dunkle Weintraube. Sie wird im Bordeaux-Gebiet mit Cabernet-Sauvignon und Merlot kombiniert, liefert gut lagerfähige Weine und wird auch im Loire-Tal angebaut.

Cabernet Sauvignon
Sehr alte, edle Rotweintraube, die bei Médoc und Graves-Weinen dominiert und dunkle, kräftige Weine ergibt, die sich lange lagern lassen.

Carignan
Mediterrane, dunkle Rebsorte. Sie liefert sehr kräftige Weine.

Chardonnay
Aus dem Burgund stammende Weißweintraube, die sich gut zum Ausbau im »barrique« eignet und gut altert. Sie wird vor allem in der Franche-Comté und in der Champagne angebaut, aber auch anderswo in der Welt. Aus dieser Rebsorte entsteht der berühmte Chablis.

Chenin
Im Loiretal weit verbreitete, weiße Traubensorte, die sehr feine, ausgewogene Weine ergibt.

Gamay
Sehr häufige rote Traubensorte, Standard-Rebe für die Herstellung des Beaujolais, wo sie fast ausschließlich angebaut wird.

Gewürztraminer
Rosafarbene, sehr aromatische Traubensorte für Weißweine.

Grenache
Rotweintraube in Südfrankreich und Spanien. Ergibt feurige Weine.

Grolleau
Dunkle Rotweintraube, die überwiegend an der Loire angebaut wird.

Gros Plant = Folle Blanche
(»Weiße Irre«) Weiße Rebsorte, die einen spritzigen Weißwein liefert.

Jurançon
Weiße Traubensorte, die fast nur in Südwestfrankreich vorkommt und einen trockenen, geschmackvollen, frischen Wein ergibt, den Jurançon Sec. Übrigens soll König Heinrich IV. mit diesem Wein getauft worden sein.

Malbec
Rote Traubensorte im Bordelais.

Manseng
Weiße Traube im Jurançon, unterteilt in die beiden Sorten Gros Manseng und Petit Manseng.

Melon
Weiße Rebsorte in Burgund, die an der Loiremündung als Muscadet bezeichnet wird.

Merlot
Rote, international verbreitete Rebsorte. Typisch ist das weiche Tannin und das fleischige Aroma. Sie eignet sich auch als Verschnittpartner für große Bordeauxweine.

Meunier
Schwarzriesling oder Müllerrebe. Rote Traubensorte, die vom Pinot abstammt und die Grundsorte für Champagner stellt.

Muscadelle
Weiße Traubensorte. Im Bordelais wird sie zusammen mit den Sorten Sauvignon oder Sémillon verarbeitet.

Muscadet
Vorwiegend an der Loire angebaute Weißweinsorte (Melon), die einen frischen, fruchtigen Wein ergibt.

Petit Verdot
Im Bordelais werden Merlot-Trauben und Cabernet-Trauben vereinzelt mit dieser Traubensorte ergänzt.

Pinot Blanc = Weißburgunder

Pinot Gris = Grauburgunder
Weißweinrebe, ergibt einen meist extraktreichen und säurearmen Wein.

Pinot Noir = Spätburgunder
Sehr alte rote Edel-Rebsorte und wichtigste dunkle Traubensorte im Burgund. Die daraus gewonnenen Weine treten durch besonders lange Lagerfähigkeit hervor, haben aber relativ wenig Farbintensität. In Frankreich weiß gekeltert (Blanc de noirs).

Riesling
Eine der besten und wichtigsten Weißweintrauben, die häufig im Elsass anzutreffen ist und spät reift.

Rolle
Feine, weiße Traubensorte, die vorwiegend an der Côte d'Azur und in der Provence verarbeitet wird.

Romorantin
Weiße Weintraube mittlerer Qualität, die im Tal der Loire zu finden ist.

Roussanne
Weiße Traubensorte, vorwiegend in der Drôme angebaut, die delikate, gut lagerfähige Weine ergibt.

Sauvignon blanc
Frühreife, saftreiche Weißweinsorte für einen gut lagerfähigen feinen Wein. Sie stammt ursprünglich aus Bordeaux, wird aber in vielen Gegenden angepflanzt. Charakteristisch ist das Aroma von Rauchschinken, daher der Beiname »Blanc-Fumé«.

Sémillon
Vorwiegend an der Garonne angebaute, weiße, edle Traubensorte, aus der die berühmten Süßweine gewonnen werden, z. B. Château d'Yquem.

Silvaner
Weiße Rebsorte, die im Elsass weit verbreitet ist.

Syrah
Rote Rhône-Sorte, die im Süden Frankreichs schwere dunkle Weine ergibt, heißes Klima gut verträgt und die Grundsorte für weltberühmte Weine wie Hermitage oder Châteauneuf-du-Pape stellt.

Zinfandel
Rote Rebsorte.

Bacchus, Dyonisos, Satyrn – der Weinbau hat seinen Niederschlag in der antiken Mythologie gefunden, und die bildende Kunst griff die Motive gerne auf.

Weinflaschen

Jedes Anbaugebiet hat also mehr oder weniger seine speziellen Rebsorten. Regional unterschiedlich ist auch die Flaschenform und -größe. So entspricht eine »bouteille« an der Loire (Anjou, Touraine, Nantes) einer Menge von 75 cl, im Elsass 72 cl, im Jura 62 cl, im Burgund 75 oder 80 cl (hier heißt die Flasche auch »bourguignonne«). Bordeauxweine werden in Flaschen von 75 cl abgefüllt, bei Champagner sind es 80 cl. »Magnum« nennt man im Bordelais die nächstgrößere Flaschenform (1,5 l), es folgen »double magnum« (3 l), »jérobam« (4 l) und »impériale« (6 l). Noch breiter ist das Angebot bei Champagner: Zusätzlich zur »magnum« (1,6 l) und »jérobam« (4,8 l) gibt es noch die »réhoboam« (4,8 l), »mathusalem« (6,4 l), »salmanazar« (9,6 l), »balthazar« (12,8 l) und »nabuchodonosor« (16 l).

Weniger edel trotz des hübschen Namens sind die »damesjeannes«: Korbflaschen aus Glas oder Keramik, die 20 bis 50 l enthalten und v. a. dem Transport von Wein dienen, eigentlich eine moderne Fassung der antiken Amphoren. Um diese wasserdicht zu verschließen, benutzte man meist in Öl getauchte und mit Hanf umwickelte Holzstopfen. Für längere Transporte erwies sich das System jedoch als wenig tauglich. Wie so oft in der Geschichte hatte ein Mönch – der Benediktiner Pierre Pérignon, der als »Dom Pérignon« die Erfolgsstory des Champagners begründete – die entscheidende Idee und benützte Ende des 17. Jh. erstmals Korken. Das Material setzte sich bald europaweit durch, da es elastisch ist, an der Glasflasche haftet, dennoch einen Hauch von Austausch mit der Umgebung gestattet und so den Wein langsam altern lässt.

So schwören Experten noch heute auf natürliche Korken, die traditionell aus der Rinde der Korkeiche hergestellt werden – entweder direkt in Form gestanzt oder aber für billigere Versionen aus dem Abfall in Form gepresst. Da die Korkeiche aber nur alle zehn Jahre einmal geschält werden kann, ist das Rohmaterial verständlicherweise recht teuer. Außerdem gelangen gelegentlich Spuren von Trichloranisol vom Korken in den Wein. Sie geben ihm dadurch einen muffigen Geruch und einen unangenehm bitteren Korkgeschmack, von den Franzosen »bouchon« genannt.

Daher verwendet man zunehmend Plastikkorken oder Schraubverschlüsse, die allerdings für eine längere Lagerung nicht geeignet sind. Einige Winzer setzen auf neu entwickelte Glaskorken mit einer Dichtungsschicht aus Kunststoff (»vino-lok«). Denn so praktisch Schraubverschlüsse auch sein mögen, auf das »Plop«-Geräusch beim Öffnen mögen in Europa viele Weinliebhaber (noch) nicht verzichten, animiert es doch die Geschmacks- und Geruchsnerven und lässt den baldigen Genuss vorausahnen ...

So halt doch still!
Die »Méthode champenoise«

Über Jahrhunderte hinweg war der Champagner eigentlich ein stiller Wein. Seine Neigung, Kohlensäure zu produzieren, sobald er aus dem Fass in Flaschen gefüllt war, kannte man natürlich. Aber weder vermochte man, dieses Schäumen zu kontrollieren noch schätzte man es. Teufelswein nannte man den unberechenbaren Wein, der die Flaschen explodieren ließ, oder »saute-bouchon«, übersetzt etwa »Springkorken«. Erst ab dem 18. Jh. erforschte man das prickelnde Geheimnis genauer. Es liegt in einer zweiten Gärung, die mittels Hefe und Zucker in Gang kommt und den Zucker dabei in Alkohol und Kohlensäure verwandelt. Weil der perlende Wein aber zu gefallen begann – auch in Versailles –, begann man aus dem Zufall System zu machen. Als Schlüsselfigur gilt dabei Dom Pérignon (1638–1715), Benediktinermönch und Kellermeister der Abtei Hautevillers bei Epernay. Es stimmt zwar nicht, dass er die »méthode champenoise« erfunden hat, doch hat er zu ihrer Entwicklung maßgeblich beigetragen. Sie wird heute noch, wenn auch ungleich technisierter, angewendet. Vor allem aber verstand Dom Pérignon sich meisterhaft auf die Zusammenstellung der Cuvées. Denn die »assemblage« ist die hohe Kunst bei der Champagnerzubereitung.

Anders als beispielsweise im Burgund, wo der Winzer den Geschmack eines bestimmten Terroirs und Jahrgangs in die Flasche bannen will, werden beim Champagner Grundweine verschiedener Jahrgänge, Parzellen und Traubensorten verschnitten. Die Aromenpalette ist dabei schier unendlich, verschiedene Cuvées können den Eindruck erwecken, man stecke seine Nase in Mandeln, Pfirsiche, Birnen oder auch ins Unterholz, in frische Pilze oder gar einen Busch Pfefferminz.

Reserveweine, das sind ältere Jahrgänge, erlauben es den Champagnerhäusern, die für sie typischen Cuvées zu kreieren, die allenfalls im Lauf von Jahrzehnten ihre Note verändern. Nur außergewöhnliche Jahrgänge und die Trauben bester Lagen, die Grand Crus, werden manchmal getrennt verarbeitet. Besondere Champagner sind auch der »Blanc de Noirs«, der nur aus dunklen Rebsorten, und der »Blanc de Blancs«, der nur aus weißen, meist Chardonnay-Trauben gewonnen wird.

Die Flaschengärung dauert ungefähr drei Wochen, dabei setzt sich die Hefe als Satz in der Flasche ab. Auf diesem Satz müssen die Weine, je nachdem ob es sich um jahrgangslose Weine oder Jahrgangschampagner handelt, noch mindestens 15 Monate oder drei Jahre reifen. Sie können aber auf der Hefe auch mehrere Jahrzehnte liegen bleiben und in der Qualität – sowie im Preis – steigen.

In dieser Zeit sind die Flaschen nicht mit einem dicken Korken verschlossen, sondern mit einer Metallkapsel. Um vor dem Verkauf das Hefedepot aus der Flasche zu bekommen, »rüttelt« man diese. Dabei werden die Flaschen im Verlauf von drei Wochen langsam aus der Waagerechten in die Senkrechte gebracht und dabei immer ein wenig gedreht, bis sich die Hefe im Flaschenhals gesammelt hat. Heute erledigen meist Maschinen diese Arbeit, manche Häuser lassen aber einen Teil ihrer Flaschen noch immer an sogenannten Rüttelpulten eigens von Hand rütteln.

Um den Propf nun aus der Flasche zu bekommen, macht man sich den Kohlensäuredruck zunutze. Die Flaschenhälse werden kopfüber in ein Eisbad getaucht, wieder umgedreht und geöffnet. Der Druck katapultiert die gefrorene Hefe hinaus. Was dabei an Champagner verloren geht, wird mit Dosagelikör wieder aufgefüllt, einer Mischung aus Wein und sehr viel Rohrzucker. Die Dosis dieses Likörs entscheidet über den Süßegrad des Champagners – beispielsweise »brut«, »sec« oder »demi-sec«. Dann erst wird von der Flasche der Staub ihrer Kellerjahre abgespült, sie bekommt ein Etikett, und es wird ein pilzförmiger Korken aufgesetzt, den ein zusätzlicher Drahtverschluss sichert. Jetzt ist das Produkt fertig für den Verkauf.

Im 18. Jh., als die mindere Flaschenqualität den Transport des ungestümen Weins unmöglich machte, verschickte man den Champagner als einfachen Wein im Fass. Der Sendung legte man den Dosagelikör bei und eine Gebrauchsanweisung für die zweite Gärung. Jetzt war es am Käufer, dem stillen Wein seine begehrten Perlen zu entlocken.

Glossar rund um den Wein

Abbeeren
Ablösen der Traubenstiele von den Beeren.

Acidität
Fachbegriff für die Säure, die dem Wein Nervigkeit und Frische gibt. Wenn der Säuregehalt jedoch zu hoch ist, gibt die Acidität dem Wein einen »grünen« und »beißenden« Charakter. Bei einem zu geringen Gehalt an Säure wird der Wein fade.

Appellation
(Geografisch) begrenztes und gesetzlich kontrolliertes Anbaugebiet. Die Vergabe von Qualitätssiegeln an Weine ist nach französischer Gesetzgebung eng verknüpft mit dem Anbaugebiet. Nur bestimmte Gebiete in Frankreich dürfen Qualitätsweine anbauen. Außerdem sind für jedes Gebiet Rebsorte(n) und die jährliche Produktionsmenge gesetzlich vorgeschrieben. Schließlich bestimmen die Boden- und Klimabedingungen des Anbauortes in Verbindung mit der passenden Rebsorte die Weinqualität. Und die Begrenzung der Produktionsmenge sorgt dafür, dass Qualität über Quantität gestellt wird. Als Nebeneffekt kann man dafür manchmal das »zu viel Produzierte« von prestigeträchtigen Anbaugebieten als »deklassierten« Wein günstig erwerben – manchmal sogar im Supermarkt um die Ecke aus unscheinbaren Fässern …

AOC, appellation d'origine contrôlée
AOC entspricht dem deutschen Gütesiegel »Qualitätswein«. Laut französischem Weingesetz bezeichnet es die kontrollierte Herkunftsbezeichnung, die innerhalb eines begrenzten Gebietes den Höchstertrag, den Mindestalkoholgehalt, die Höchstzahl der Rebstöcke sowie die angebauten Rebsorten regelt. Letztere wurden ursprünglich danach ausgewählt, ob sie auf dem vorgegebenen Gebiet unter den gegebenen klimatischen Bedingungen und der lokalen Bodenbeschaffenheit den bestmöglichen Wein ergeben. 340 der insgesamt 1370 französischen Herkunftsgebiete tragen das Gütesiegel AOC. Über die Einhaltung der Vorschriften wacht in Frankreich die INAO (Institut National des Appellations d'Origine).

Aroma
Gesamtheit der Duftstoffe im Wein. Nach der Gärung enthält der Wein bis zu 1000 Aromastoffe. Man unterscheidet zwischen Primäraromen (natürliche Fruchtaromen der Traube), Sekundäraromen (während der Gärung entstanden, z. B. erdig, marmeladig) und Tertiäraromen (während des Alterungsprozesses entstanden, z. B. Schokolade, Tabak).

Als »aromatisch« gelten Weine mit ausgeprägtem, angenehmem Geruch und Geschmack durch einen hohen Gehalt an Geschmacksstoffen. Aromatische Rebsorten sind solche mit besonders üppigen, blumigen Aromen, wie Gewürztraminer, Merlot oder Zinfandel.

Assemblage oder »Vermählung«
Das Mischen verschiedener Weine gleichen Ursprungs, um eine einheitliche Cuvée zu erhalten bzw. das Komponieren eines Weines aus unterschiedlichen Fasspartien oder Rebsorten, um einen harmonischen Wein bzw. Champagner zu erhalten. Besonders in der Champagne und in der Region von Bordeaux üblich.

Auffüllen
Der durch Verdunstung bedingte Schwund im Fass wird nachgefüllt, damit der Wein nicht mit Luft in Berührung kommt.

Ausbau
Alle Arbeiten des Winzers/Kellermeisters im Weinkeller von der Gärung des Weins bis zu dessen Abfüllung in Flaschen.

Ban des vendanges
In Frankreich der amtlich festgelegte Zeitpunkt des Beginns der Weinlese.

Barriqueweine
→ MERIAN-Spezial, S. 102

Blanc de Blancs
Nur aus weißen Trauben hergestellter, weiß gekelterter Wein.

Blanc de Noires
Aus roten Trauben weiß gekelterter Wein.

Blume
→ Bouquet (Bukett)

Botrytis cinerea
Ein Pilz, der die Edelfäule der Trauben bewirkt durch die Perforierung der Beerenhaut und die daraus verursachte Konzentration des Zuckers in der Beere durch Verdunstung. Er bildet die Grundlage für die Herstellung weißer Süßweine.

Brut
Frz.: »trocken«; herbe, aber nicht saure Weine; Geschmacksbezeichnung für Sekt und Champagner (und auch Cidre) mit geringem Zuckergehalt.

Bouquet (Bukett)
Frz.: »Blumenstrauß«; Summe aller Geruchs- und Geschmacksstoffe, die dem Wein sein typisches Geruchsbild verleihen. Viele Rebsorten haben ein spezifisches »sortentypisches« Bukett.

Caudalie
Maßeinheit für die Verweildauer der Aromastoffe des Weins im Mund (»Abgang«) – also wie lange nach dem Schlucken der Geschmack des Weins im Gaumen erhalten bleibt. Eine Caudalie entspricht einer Sekunde. Ein Abgang von 20 Caudalies wird als gut eingestuft, Weine mit 50 Caudalie gelten als Spitzenklasse.

Caudalie ist auch der Name einer Kosmetik- und Spa-Marke bei Bordeaux, die Pflegeprodukte auf der Basis von Weintraubenkernen herstellt (→ MERIAN-Tipp, S. 92).

Cave
Frz.: »Keller«; Weinkeller.

Caveau
Frz.: »Gewölbe«; Weinprobenkeller.

Cellier
Frz.: »Weinkellerei«.

Cep
Frz.: »Rebstock«, »Weinstock«.

Cépage
Rebsorte, ausgewählter und veredelter Weinstock.

Chai
Weinlager, Weinkellerei. In Gebieten, wo keine Weinkeller gegraben werden können, muss der Wein in ebenerdigen Gebäuden gelagert werden.

Chambrer (»chambrieren«)
Frz.: »chambre« = Zimmer; Wein (meist Rotwein) auf Zimmertemperatur erwärmen.

Champagner
Champagner muss aus dem Gebiet der Appellation contrôlée »Champagne« stammen und in Flaschen gären. Alle anderen Schaumweine heißen »mousseux« oder »crémant« und dürfen als Qualitätshinweis höchstens den Zusatz »méthode champenoise« tragen (falls sie wie Champagner hergestellt sind).

Chaptalisation
Zusatz von Zucker, um den Alkoholgehalt zu erhöhen, streng kontrol-

Besondere Sorgfalt und bemerkenswerten Fantasiereichtum beweisen die Cognac-Hersteller bei der Gestaltung der Flaschen und Karaffen – bisweilen stößt man auf wahre Schmuckstücke aus Kristall.

liert und auf sehr spezielle Fälle (z. B. zur Erhöhung des Alkoholgrades und Verbesserung der Haltbarkeit bei Weinen aus nördlichen Anbauregionen) begrenzt. Benannt nach dem Erfinder der Prozedur: Jean-Antoine Chaptal.

Chartreuse
Kartause bzw. kleines »Château« vom Beginn des 19. oder dem ausklingenden 18. Jh. im Bordelais. Es gibt auch einen gleichnamigen Likör der Kartäusermönche.

Château
(Eigentlich frz.: »Schloss«) bedeutet einen Besitz, ein Weingut, vor allem bei den Bordeauxweinen. Im Burgund dagegen spricht man meist von »Domaine« (Weingut).

Clairet
In Burgund und im Bordelais erzeugter leichter, fruchtiger Rosé oder Rotwein. Ganz allgemein bezeichnet man in England Bordeauxweine als Clairet bzw. anglisiert »Claret«. Schließlich war die Handelsmetropole Bordeaux 300 Jahre lang – von 1152 bis 1453 – der englischen Krone untertan. Kein Wunder also, dass England und später die Englisch sprechende Welt eine Vorliebe für den Wein aus der Region entwickelte. Er wurde als Clairet bezeichnet, weil er damals gegenüber den mächtigen, dunklen spanischen und portugiesischen Weinen leichter und heller war. Bekannt wurde der Begriff »Clairet« auch durch den James-Bond-Film »Diamantenfieber«, weil »007« einen verdächtigen Kellner mit der Frage enttarnte, ob zu dem entsprechenden Essen nicht anstatt des Bordeaux (1955er Mouton-Rothschild) besser ein Clairetwein gepasst hätte. Die falsche Antwort bezahlte der Bösewicht mit seinem Leben ...

Clos
Frz.: »eingeschlossen«; im Burgund verwendet man diesen Begriff für Weinberge, die von einer Hecke oder Mauer umschlossen sind. Gleichzeitig nennt man die Grand-Cru-Lage im Bereich Chablis einfach »les clos«, wie etwa die Grand-Cru-Lage »Clos de Vougeot« an der Côte de Nuits. Wird von manchen Weingütern auch anstatt »Domaine« oder »Château« im Namen geführt.

Cognac
Cognac wird in verschiedene Qualitätsstufen eingeteilt, die der Reifezeit des jüngsten darin verwendeten Branntweins entspricht:
– **VS** = Very Special oder *** muss zwei Jahre im Fass gelagert sein.
– **VO** oder **VSOP** = Réserve, Very Old oder Very Superior Old Pale (blass): mindestens vier Jahre.

– **XO** = Extra Old (oder: Extra, Napoléon, Vieux, Vieille Réserve): mindestens 12 bzw. 15 Jahre.

Cognac Tonic
Beliebtes Getränk der US-Rapper-Szene. Dafür gießt man 2 bis 3 cl eines VS- oder VSOP-Cognacs auf drei Eiswürfel, füllt das Glas bis zu 2/3 mit Tonic auf und gibt eine Zitronenschale dazu.

Côte, côtes
Frz.: »Hang«; so nennt man Rebflächen in einer Hanglage, die damit einem günstigeren Einfallswinkel des Sonnenlichts ausgesetzt sind. Häufig Teil der Appellationsbezeichnung, z. B. Côtes de Beaune.

Coupage
Verschneiden, Mischen verschiedener Weine. Bedeutet aber keine generelle Qualitätsminderung, wie es im deutschen Sprachgebrauch der Begriff Verschnitt nahelegt.

Crémant
Qualitätsschaumweine mit Flaschengärung und kontrollierter Herkunftsbezeichnung außerhalb der Champagne, z. B. »Crémant d'Alsace«.

Cru bzw. Grand cru
Frz.: »roh«; Wein aus einer bestimmten Lage entsprechend der französischen »Terroir«-Philosophie. In der Region von Bordeaux (Aquitanien) wird damit nicht nur der Wein, sondern auch das Weingut klassifiziert, z. B. Cru Bourgeois, Grand Cru, Cru classé, Premier Cru usw.

In Burgund steht Grand Cru (»Großes Gewächs«) für die höchste Qualitätsstufe einer bestimmten Lage; im Bordelais ist die Bezeichnung Grand Cru Classé auf ein bestimmtes Château bezogen.

Cuvage
Gärung; bezeichnet das Fasslager im Keller.

Cuve
Bottich, Fass, Gärtank, Gärbottich.

Cuvée
Inhalt des Gärbehälters, Jahrgang. D. h. die Zusammenstellung (franz.: »assemblage«) verschiedener Weine, gegebenenfalls auch Weine verschiedener Traubensorten gleichen Ursprungs, um einen bestimmten Geschmack zu erzielen. Das Verfahren wird besonders bei der Champagnerherstellung eingesetzt.

Dekantieren (»décanter«)
Wein (v. a. Rotwein) wird aus der Flasche vorsichtig in eine Karaffe umgegossen, um ihn vom Depot zu trennen. Durch den Kontakt mit der Luft entfalten ältere Rotweine leichter ihr ganzes Aromaspektrum. Ganz professionell funktioniert das mit einem »Dekanter«, einem speziell geformten Trichtersieb. In der Technik bezeichnet man »auch eine Horizontalzentrifuge zur Entsaftung von Traubenmaische als »Dekanter«.

Demi-sec
Bei Schaumweinen die Bezeichnung für eine halbtrockene Geschmacksrichtung. Entspricht einem Gehalt von 35 bis 50 g Zucker pro Liter.

Dépôt
Meist kleine Ablagerungen im Wein, die aufgrund der natürlichen Reifeprozesse entstehen und keinen Qualitätsverlust darstellen. Beim Dekantieren oder vorsichtigen Einschenken trennt man das Depot vom klaren Wein.

Domaine
Frz.: »Länderei, Landgut«; so nennt man meist ein Weingut im Burgund.

Doux
Frz.: »süß«.

Élevé en fût de chêne
Frz.: »im Holzfass ausgebaut«.

Filtration
Mechanische Klärung des Weins.

French paradox
Der Begriff stammt aus der Sendung »60 minutes« des Senders CBS in den USA. Dort wurde 1991 gezeigt, dass die Bewohner Südfrankreichs weniger an Herz-Kreislauf-Erkrankungen leiden, obwohl sie sehr fette Nahrung zu sich nehmen. Diese Tatsache wurde damit begründet, dass dort viel Rotwein mit einem hohen Gehalt an Polyphenolen (Tanninen) getrunken wird, welche das Cholesterin »bekämpfen«. Es wurde also belegt, dass Wein, v. a. Rotwein, gesundheitsfördernd sein kann.

Gärung
Durch die Wirkung der Hefe entstehender Prozess, der den Zucker des Traubensafts oder Mosts zu Alkohol umwandelt. Dabei wird 1 Teil Zucker zu 2 Teilen Ethanol, 2 Teilen Kohlendioxid und Wärme zerlegt.

Gobelet
Frz.: »Kelch«; Art des Rebenschnitts. Der Stock sieht aus wie ein umgestülpter Becher.

Graves
Weinbaugebiet im Médoc. Aber auch ein Boden mit hoher Durchlässigkeit, der für den Anbau hochklassiger Weine bestens geeignet ist.

Haltbarkeit
Durch Schwefelzugabe wird der Wein haltbarer (v. a. Weißwein, da Rotweine durch Tannin ohnehin länger haltbar sind). Alternativ oder zusätzlich zur Schwefelung dient auch der Ausbau von Wein in Eichenfässern (frz. »barrique«) der Steigerung der Haltbarkeit. Neben Geschmacksstoffen des Eichenholzes gelangen auch Gerbstoffe aus dem Holz in den Wein und wirken antimikrobiell. Ein im Eichenfass ausgebauter Wein, der jung getrunken

wird, schmeckt deshalb oft hart und adstringierend. Über Jahre der Lagerung werden die Gerbstoffe langsam wieder abgebaut, der Wein wird runder und voller im Geschmack.

Hefe
Sehr kleiner, einzelliger Zuckerpilz *(Saccharomyces)*, der die alkoholische Gärung des Mosts bewirkt.

INAO
Abkürzung für Institut National des Appellations d'Origine. In Frankreich die nationale Behörde, die die Einhaltung der Erzeugungsbedingungen für A.O.C.-Weine überwacht.

ITV
Abkürzung für Institut Technique de la Vigne et du Vin. In Frankreich eine Organisation, die sich mit der Technik der Vinifikation (Weinbereitung), Weinforschung und Versuchszucht von Traubensorten befasst.

Jung
Jung nennt man einen Wein, der seinen Höhepunkt schon ein Jahr nach der Ernte erreicht hat.

Keltern
Die Weintrauben werden zum Platzen gebracht, damit der Saft austreten kann. Dieser Vorgang geschieht in der Regel in einer Presse, kann aber auch durch das Eigengewicht der Beeren eingeleitet werden.

Kohlensäuremaischung
Dieses Verfahren (»macération carbonique«) wird überwiegend zur Herstellung von Primeurweinen angewendet. Bevor die geernteten, unverletzten Trauben in den Gärbehälter gefüllt werden, wird dieser mit Kohlendioxid gefüllt.

Korken (»bouchon«)
Weinflaschen werden noch immer weitgehend mit Korken aus Naturmaterial (Rinde der Korkeiche) ver-

schlossen; zunehmend jedoch finden auch Schraubverschlüsse, Plastikkorken und für wertvolle Weine auch Glaskorken Verwendung.

Lieblich
Landläufige Bezeichnung für einen Wein, der weniger säurebetont, sondern eher leicht süßlich schmeckt.

Liquoreux
Zuckerreicher Weißwein, der seinen etwas eigentümlichen Geschmack dadurch bekommt, dass sich auf den Trauben die Edelfäule gebildet hatte.

Lie
Hefesatz.

Maischegärung
Während des Gärvorgangs bleiben die festen Bestandteile des Leseguts im Gärbehälter.

Malolaktische Gärung
Auch als zweite Gärung bezeichnet. Dabei wird die Apfelsäure in Kohlendioxid und Milchsäure umgebaut. Der Wein verliert dabei etwas vom säuerlichen Geschmack.

Mehltau
Schmarotzerpilz, der die grünen Pflanzenteile des Rebstocks befällt. Es gibt zwei Hauptarten, den Echten Mehltau und den Falschen Mehltau.

Millésime
»Jahrgang«. Das Jahr der Weinernte sollte bei hochklassigen Weinen auf dem Hauptetikett angegeben sein, ist aber häufig auch auf einem kleineren Hals- oder dem Rückenetikett zu finden. Alle Qualitätsweine sind »millésimés«, d. h., ihr Etikett weist das Erntejahr aus. Es gibt gute und schlechte Jahrgänge – was je nach Anbaugebiet sehr variieren kann.

Mis en bouteille(s)
Frz.: »In Flaschen abgefüllt«; meist in Zusammenhang mit dem Hinweis, dass der Wein auf dem Weingut selbst abgefüllt wurde und nicht in einer Kooperative o. Ä.

Mousseux
Frz.: »schäumend«; »Vin mousseux« = Schaumwein, Sekt.

Mutage
Frz.: »verstummen lassen«; durch Zusatz von Alkohol wird die alkoholische Gärung des Mostes gestoppt, sodass der Wein einen Teil seines natürlichen Zuckers behält und nicht mehr zu Essig wird (ein Verfahren übrigens, das auf das Jahr 1285 und den Tempelritter, Arzt und Gelehrten Arnaldus von Villanova zurückgeht). Mutage wird in Frankreich teilweise angewandt, in Deutschland ist es unzulässig.

Nase
Fachbegriff für Duft (Aroma, Bukett).

Negoce
In Frankreich der Weinhandel mit all seinen diversen Berufszweigen.

Négociant-éleveur
Weinhändler in Frankreich, der nicht nur mit Wein handelt, sondern auch jungen Wein erwirbt, um ihn auszubauen und zu lagern, bis er reif zur Abfüllung in Flaschen ist.

Nervig
Nervig ist ein Wein, wenn er mit einem angemessenen Säuregehalt und anderen guten Eigenschaften den Mund reizt.

Nouveau
In Frankreich eine Bezeichnung für den Wein der letzten Ernte (Beaujolais nouveau).

Önologe/Önologin
Absolventin/Absolvent einer Weinbauschule. Hochqualifizierte Fachkraft, die alle Bereiche des Weinanbaus und der Weinbereitung vom

Weinberg bis zur Abfüllung in die Flasche fachlich begleitet.

Önologie
Wissenschaft vom Wein, inklusive Kellertechnik und Weinbau.

Önometer
Apparat, um den Alkoholgehalt eines Weins zu messen.

OIV
Abkürzung für Office International de la Vigne et du Vin. Dieses Internationale Weinbüro befasst sich mit Fragen der Technik, der Wirtschaft und der Wissenschaft rund um den Weinbau.

ONIVINS
Abkürzung für Office National Interprofessionnel des Vins. Dieses Weininstitut ist die Nachfolgeorganisation der ehemaligen O.N.I.V.I.T., sie reguliert und steuert den französischen Weinmarkt und vertritt alle Berufsgruppen der Weinerzeugung und -vermarktung.

Oxidation
Durch längere Einwirkung des Luftsauerstoffs treten beim Wein Veränderungen auf. Bei Rotwein ändert sich das Bukett, und es findet eine Farbverschiebung nach Rostbraun statt. In Frankreich sagt man auch »pelure d'oignon« (Zwiebelschale). Ebenso verschlechtern sich Aroma und Geschmack.

Part des anges
Frz.: »Teil der Engel«; so nennt man die 2 % des Alkohols, die während des Reifens und Lagerns im Fass verdunsten. Bei Cognac entspricht das pro Jahr immerhin insgesamt 20 Mio. Flaschen!

Pineau
Aufgespritzter Dessertwein, wird überwiegend in der Charente in Frankreich hergestellt.

Pouilly-Fumé
Einige Weine geben einen Geruch ab, der an geräucherte Lebensmittel erinnert. Besonders ausgeprägt ist das bei der Sauvignon-Traube, aus der unter anderem der Pouilly-Fumé gekeltert wird. Die Traube wird auch Blanc-Fumé genannt.

Premier Cru
Bezeichnet in Burgund die zweithöchste Qualitätsstufe.

Premier Grand Cru Classé
Ist im Bordelais die höchste Einstufung eines Château nach der Klassifizierung von 1885. Derzeit tragen fünf Schlösser diesen Titel.

Primeur
Der junge bzw. der erste Wein des Erntejahres. Ab dem 3. Donnerstag im November darf der junge Wein des Beaujolais verkauft werden. Um den »Beaujolais-Primeur« hat sich inzwischen weltweit ein wahrer Kult entwickelt.

Raisin
Weintraube (nicht: Rosine).

Ratafia
In Burgund und in der Champagne mischt man Traubensaft mit Tresterschnaps in einem ganz bestimmten Verhältnis. Dadurch entsteht dieser Likörwein.

Räuchergeruch
→ Pouilly-Fumé

Reblaus
→ MERIAN-Spezial, S. 76

Rebschnitt
Durch den Beschnitt der Weinstöcke wird das Wachstum und damit auch der Ertrag kontrolliert.

Reinsortig
Wein, der ausschließlich aus einer Traubensorte erzeugt wurde.

MERIAN *live!*-QUIZ

Um wen, was oder welchen Ort geht es hier?

In einem seiner genial geknödelten Wienerlieder pries ein besonders beschwipst klingender Hans Moser die Gesuchte so: *I muß im früh'ren Leben eine ... gewesen sein / sonst wär die Sehnsucht nicht so groß nach einem Wein.* Felix Austria: wo ein Sänger sich in die Gesuchte versetzt, als wäre die gar heiratsfähig. Ist sie aber nicht.

Die Österreicher hatten mit ihr ungute Erfahrungen gemacht – wie schon die Franzosen, die das aber nüchterner sahen. Zu lachen hatten sie jedenfalls nichts, nach der Übersiedlung der Gesuchten aus Amerika. Das war damals, als sich etwa ein Château Lafite alles andere als fit gab und ein elsässischer Edelzwicker so gar nicht mehr zwickte.

Eifrig wurde nach Wegen gesucht, das (teils) unterirdische Treiben der Gesuchten im Zaum zu halten. Doch selbst ein Monsieur Pasteur biss sich an ihr die Zähne aus. Da half nur eine Wurzelbehandlung. Seither ist der Grundstock europäischer Weine, sozusagen, aus einem anderen Holz geschnitzt. Einem aus dem Heimatland der Gesuchten. Zum Wohle der Tropfen neu bepfropft, verlor sie so die Freude am Wirt.

Ihre große Zeit war vorbei, als Kurt Tucholsky 1927 sein »Wirtshaus im Spessart« schrieb. Darin wandert ein sehr weinseliges Triumvirat durchs Fränkische, um interessante Fragen wie die zu erörtern, »ob man eine Winzerin winzen kann«. Eines verkaterten Morgens beklagen die sonst trinkfesten Herren, der Wein möpsele noch heftig nach. Das aber lag am Korken, nicht an der Gesuchten.

Felix Woerther

Saignée
Frz.: »Aderlass«. Im Weinbau versteht man darunter eine Methode zur Herstellung von Roséwein: Dabei werden von Rotwein-Maische nach einigen Tagen oder Stunden des Gärens 10 bis 20 % des inzwischen rötlichen Mostes direkt, also ohne Pressung, abgenommen und zu Rosé weiter vergoren. Gleichzeitig sorgt dieser »Aderlass« dafür, dass die verbleibende Rotweinmaische intensiver wird, da mehr Beerenhäute und somit Farbstoffe und Tannine in dieser Masse verbleiben.

Saignée rosé
Nach kurzer Maischegärung wird der Roséwein vom Gärtank abgezogen. Die Maische wird aufgeteilt in die zur Herstellung des Roséweins bestimmte Menge. Der Rest verbleibt bei den Beerenhäuten und wird von diesen umso intensiver beeinflusst. Letzteres ergibt sehr tanninbetonte Rotweine.

Sommelier
Weinkellner; er berät im Restaurant, welcher Wein am besten mit dem gewählten Essen harmoniert.

Strohwein (vin de paille, vin paillé)
Ein schwerer, lagerfähiger Likörwein, der gekühlt als Aperitif, Dessertwein oder Digestif getrunken wird. Wie der Name verrät, werden für seine Herstellung besonders schöne Trauben ausgewählt und vor dem Pressen einige Monate lang auf Stroh getrocknet, sodass ihr Zuckergehalt steigt. Strohweine werden vor allem im Jura, im Elsass und im Rhônetal produziert.

Sur lie (auf Hefe gelagert)
Dadurch werden im Holzfass ausgebaute Weißweine intensiver und fülliger im Geschmack. In Frankreich wird der Muscadet häufig länger auf dem Hefebett (»lie«) belassen, um ihm mehr Frische zu verleihen.

Tahiti-Wein
Der einzige Wein von einer tropischen Koralleninsel. Mitten im Südpazifik reifen unter Kokospalmen zweimal im Jahr die Trauben, die im Boot zur Weinpresse transportiert werden. Einem französischen Unternehmer und einem Winzer aus dem Burgund gelang es im Jahr 2002 nach jahrelangen Versuchen, den ersten Atoll-Wein herzustellen, der auch in Frankreich zu beziehen ist. Weitere Informationen erhält man unter www.vindetahiti.pf.

Tanin (Tannin)
Gerbstoffe in den Schalen, Stielen und Kernen der Rotweintraube und im Holz neuer Eichenfässer (»barriques«). Tannin wirkt konservierend und ist deshalb in Weinen, die für eine längere Lagerzeit bestimmt sind, ein wesentlicher Bestandteil.

Tassée
Kleines Metallschälchen mit einem Griff, das zum Probieren des Weins benutzt wird. Wird mancherorts auch »tastevin« genannt.

Terroir
Die Gesamtheit der natürlichen Faktoren wie Klima, Boden, Unterboden, Feuchtigkeit und der menschlichen Faktoren wie Tradition und Savoir-Faire, die Weinbau und Weinherstellung prägen. Der Charakter des Weins wird durch die Faktoren Klima, Boden und Mensch bestimmt. Diese französische Qualitätsphilosophie findet heute weltweit Anerkennung.

Textur
Beschaffenheit, Struktur und Zusammensetzung des Weins, der am Gaumen zu schmecken ist.

Träne (»larme«)
Schwenkt man den Wein im Glas, so hinterlässt er Spuren auf der Innenseite, die an romanische Fenster erinnern und durch das Glyzerin her-

vorgerufen sind. Dieser Effekt wird auch »Kirchenfenster« genannt.

Vendanges
Frz.: »Weinlese«; sobald die Trauben reif sind, müssen sie möglichst rasch abgeerntet werden – ein bei Studenten beliebter Saisonjob, der harte Arbeit bedeutet, meist aber auch gute Stimmung verspricht.

Vendange tardive
Frz.: »Spätlese«; im Elsass Weine aus vollreifen Trauben (Edelfäule).

Verschnitt
Die Mischung von verschiedenen Weinen oder Rebsorten ist in Frankreich erlaubt. Sie wird sogar häufig für die Herstellung berühmter Markenweine (Bordeaux, Châteauneuf-du-Pape u. a.) verwendet, um die Geschmackszusammensetzung des Endprodukts zu verfeinern und zu vervollständigen. Die genauen Mischverhältnisse werden natürlich wie ein Betriebsgeheimnis behütet.

Vieille vigne
Alte Weinstöcke. Sie versprechen hohe Qualität, weil bejahrte Weinstöcke einen sehr konzentrierten Wein ergeben. Wird als Bezeichnung auf den Etiketten angegeben.

Vigneron
Frz.: »Winzer«, »Weinbauer«.

Vin jaune (gelber Wein)
Ein schwerer Wein mit intensivem Aroma (Nuss, Honig, Vanille, Zimt etc.), eine exklusive Spezialität der Winzer im Jura. Für dieses »Gold des Jura« (»l'or du Jura«) verwendet man ausschließlich Trauben der Rebsorte Savagnin, die nach dem Vergären mindestens sechs Jahre und drei Monate in einem Barrique-Fass lagern, wobei bis zu 40 % des Weins verdunstet. Vin jaune ist daher relativ teuer (rund 30 € pro Flasche) und kann Jahrzehnte gelagert werden.

Vinification
Frz.: »Weinbereitung«.

Vignoble
Der gesamte Besitz an Anbaufläche eines Winzers.

Viticulture
Weinanbau mit allen Berufszweigen.

Vin Blanc (Weißwein)
→ S. 133

Vin rouge (Rotwein)
→ S. 133

Vin rosé (Rosé)
→ S. 133

VQPRD
Abkürzung für »Vin de qualité produit dans une région déterminée« = Qualitätswein aus einem bestimmten Anbaugebiet. Der Begriff fasst in Frankreich alle A.O.C.-Weine und V.D.Q.S.-Weine zusammen (→ Appellation).

VRP
»Vin-rosé-pamplemousse« heißt der Trend-Aperitif im AOC Chinon, wozu man etwas Grapefruit-Sirup zu kühlem Rosé gibt und den Cocktail dann mit einem Minzeblatt verziert.

Winemaker
Engl.: »Weinmacher«; so nennt man international den Önologen eines Weinguts.

Weinfehler
Veränderungen des Weins, die nicht auf biologische Ursachen zurückzuführen sind, sondern auf den Kontakt mit Sauerstoff oder Materialien, die Düfte abgegeben haben (z. B. Korken), oder auf die negative Einwirkung von Licht bzw. hohen Temperaturen. Biologische Fehlentwicklungen (wie eine Verunreinigung durch Bakterien oder Ähnliches) nennt man Weinkrankheit.

Nützliche Adressen und Reiseservice

ANREISE UND VERKEHRSVERBINDUNGEN

Mit dem Auto

Für Besuche bei den Winzern ist der Privatwagen sicher das geeignetste Transportmittel. Und man verfügt auch gleich über die Kapazitäten, um die Lieblingsweine aus Frankreichs Regionen mit nach Hause zu nehmen.

Zu beachten ist, dass auf Frankreichs Autobahnen Gebühren anfallen – dafür ist die »autoroute« viel leerer als in Deutschland. Sie sind bar oder mit Kreditkarte (nicht aber EC-Karte) an den Mautstellen namens »péages« zu entrichten. Entsprechende Schilder weisen auf die richtige Sperre hin. »CB« steht für »carte bancaire«, Kreditkarte.

Wer mehr entdecken will von Kultur und Landschaft, dem seien die »routes nationales« empfohlen. Diese Nationalstraßen sind meist hervorragend ausgebaut und erlauben streckenweise eine Höchstgeschwindigkeit von 110 km/h, also nicht viel weniger als das Autobahn-Limit von 130 km/h.

Seit Oktober 2008 ist es auch in Frankreich Pflicht, im Auto eine reflektierende Sicherheitsweste und ein Warndreieck mitzuführen, sonst droht eine Strafe von 135 € (Infos unter www.securiteroutiere.gouv.fr).

Mit dem Flugzeug

Jede größere Stadt Frankreichs ist stolz auf den eigenen Flughafen ... So hat etwa Bergerac einen enormen Aufschwung erlebt, seit Billigflieger Touristen aus Nordeuropa zu Schleuderpreisen einfliegen. Aber auch Air France bietet mit der Tochtergesellschaft BritAir akzeptable Preise – und checkt dabei das Gepäck selbst, weil logistisch noch immer nahezu alles über die Pariser Großflughäfen Charles de Gaulle und Orly läuft.

Mit dem Zug

Hervorragend ausgebaut ist das Bahnsystem, solange man auf den Hauptstrecken bleibt. Dort sorgt der Hochgeschwindigkeitszug TGV für regelmäßige und schnelle Verbindungen. Seit Neuestem gibt es auch einige Züge, die Paris umfahren und so Reisenden das mühsame Wechseln des Bahnhofs von einem Ende der Stadt zum anderen ersparen. Infos und Buchungen: www.sncf.fr bzw. www.tgv-europe.de.

Wie beim Fliegen, gilt auch bei der Bahn: So früh wie möglich reservieren! Dann gibt es oft erstaunliche Rabatte. Und nicht vergessen, das Alter anzugeben – Kinder, Jugendliche und Senioren reisen günstiger. Anders als in Deutschland muss man seine Fahrkarte am Bahnsteig an den kleinen gelben Automaten abstempeln, sonst ist sie ungültig. Und sollte der Zug mehr als 40 Min. Verspätung haben (was relativ selten vorkommt), dann verteilen SNCF-Beamte am Bahnsteig Formulare, mit denen man eine Gutschrift für die nächste Bahnreise anfordern kann.

Mietwagen
Fahrzeuge kann man in den größeren Städten leihen. Die Buchung vor dem Urlaub am Heimatort, beim Reisebüro oder bei internationalen Mietagenturen ist in vielen Fällen jedoch günstiger. Wochenpauschalen und Ferienangebote gibt es für Kleinwagen bereits um 250 € pro Woche.
Reservierungszentralen in Frankreich (nur innerhalb Frankreichs)
Avis: Tel. 08 20 05 05 05
Budget France: Tel. 08 25 00 35 64
Europcar: Tel. 08 25 35 83 58
Hertz France: Tel. 08 25 86 18 61
National-CITER: Tel. 08 25 16 12 20
SIXT-Eurorent: Tel. 08 20 00 74 98

Fahrräder
Ob steigende Benzinpreise oder aufkommendes Umweltbewusstsein … Franzosen haben das Radfahren für sich entdeckt. Bisher traten vor allem professionell ausgestattete Freizeitsportler am Wochenende gruppenweise in die Pedale, doch zunehmend wird das Rad einfach als Verkehrsmittel betrachtet. In großen Städten mehren sich die Radwege, viele Regionen legen offizielle Radwanderwege an, fast überall sind Fahrräder stunden- oder tageweise zu mieten. Auf den vielen kleinen Nebenstraßen außerhalb der Städte lässt sich so wunderbar die Landschaft entdecken und von Winzer zu Winzer radeln.

Übrigens müssen alle Radfahrer seit Oktober 2008 außerhalb von Ortschaften nachts und bei schlechter Sicht auch tagsüber eine rückstrahlende gelbe Sicherheitsweste tragen, sonst droht eine Strafe von 35 €.

Öffentliche Verkehrsmittel
… werden zwar hochgelobt und teilweise auch wieder eingeführt (z. B. Trambahnen in Straßburg oder Bordeaux), sind aber nur in Großstädten zu empfehlen. Busse zwischen Kleinstädten und Dörfern wurden fast

Entfernungen (in km) zwischen wichtigen Orten in Frankreich

	Bordeaux	Bourges	Dijon	Lyon	Marseille	Paris	Poitiers	Reims	Strasbourg	Tours
Bordeaux	–	443	765	574	647	585	251	719	1085	347
Bourges	443	–	246	381	651	248	222	351	577	163
Dijon	765	246	–	194	506	314	517	297	328	418
Lyon	574	381	194	–	316	466	510	487	485	528
Marseille	647	651	506	316	–	777	821	798	798	799
Paris	585	248	314	466	777	–	338	143	489	239
Poitiers	251	222	517	510	821	338	–	473	812	102
Reims	719	351	297	487	798	143	473	–	348	373
Strasbourg	1085	577	328	485	798	489	812	348	–	716
Tours	347	163	418	528	799	239	102	373	716	–

durchgängig abgeschafft oder ver-
kehren nur ein- bis zweimal täglich.
»Co-voiturage« wird daher immer
beliebter, also das gegenseitige Mit-
nehmen zum Arbeitsplatz oder auch
zum Einkaufstrip. Wer ohne Auto un-
terwegs ist, sollte sich außerhalb der
Städte einen Mietwagen nehmen.

AUSKUNFT
Französische
Fremdenverkehrsämter
In Deutschland
Maison de la France
Zeppelinallee 37, 60325 Frankfurt/Main;
Tel. 0 90 01 57 00 25 (Servicenummer
0,49 €/Min. aus dem deutschen Fest-
netz); www.franceguide.com

In der Schweiz
Maison de la France
Rennweg 42, 8023 Zürich; Tel. 09 00/
90 06 99 (Einwahl 1,20 €, 0,30 €/Min.),
Fax 01/2 17 46 17

In Österreich
Maison de la France
Lugeck 1–2, Stg. 1/Top 7, 1010 Wien;
Tel. 09 00/25 00 15 (0,68 €/Min.), Fax
01/5 03 28 71

In Frankreich
Mittlerweile kann man alle französi-
schen Fremdenverkehrsbüros unter
einer zentralen Nummer erreichen.
Man wählt die 3265 (0,34 €/Min.)
und nennt laut und deutlich den
Namen der Gemeinde, mit deren
Büro man sprechen möchte.

In den Regionen
Fremdenverkehrsamt
Champagne-Ardenne
50, rue du Général Patton, BP 319,
51013 Châlons-en-Champagne Cedex;
Tel. 03 26 21 85 80; contact@tourisme-
champagne-ardenne.com, www.tourisme-
champagne-ardenne.com

Fremdenverkehrsamt Elsass
20 a rue Berthe Molly, BP 50247, 68005
Colmar Cedex; Tel. 03 89 24 73 50; crt@
tourisme-alsace.com, www.tourismus-
elsass.com

Burgund Tourismus
5, avenue Garibaldi, BP 20623, 21006
Dijon Cedex; Tel. 03 80 28 02 80;
documentation@crt-bourgogne.fr,
www.burgund-tourismus.com

Inter Beaujolais
210, boulevard Victor Vermorel, BP 317,
69661 Villefranche Cedex; Tel. 04 74 02
22 10; interbeaujolais@beaujolais.com,
www.beaujolais.com

Interprofession des Vins AOC Côtes
du Rhône et Vallée du Rhône
6, rue des Trois Faucons, 84024 Avignon
Cedex 1; Tel. 04 90 27 24 00; contact@
vins-rhone-tourisme.com; www.vins-
rhone-tourisme.com

Fremdenverkehrsamt
Provence-Alpes-Côte d'Azur
www.decouverte-paca.fr

Regionales Fremdenverkehrsamt
Aquitanien
23, Parvis des Chartrons, 33074 Bordeaux;
Tel. 05 56 01 70 00; tourisme@tourisme-
aquitaine.fr, www.tourisme-aquitaine.fr/de

Fremdenverkehrsverband
Poitou-Charentes
8, rue Riffault, BP 56, 86002 Poitiers Cedex; Tel. 05 49 50 10 50; crt@crtpc.com,
www.westfrankreich-atlantik.de

Fremdenverkehrsamt
Loiretal-Sancerre
37, avenue de Paris, 45000 Orléans;
Tel. 02 38 79 95 28; crtcentre@visaloire.
com, www.visaloire.com

BIVC Weine aus Centre Loire
9, route de Chavignol, 18300 Sancerre;
Tel. 02 48 78 51 07; contact@vins-centre-
loire.com, www.vins-centre-loire.com

InterLoire
Tel. 02 47 60 55 00; tourisme@
vinsdeloire.fr, www.vinsdeloire.fr

Robert M. Parker: **Parkers Wein Guide Frankreich, 2400 Weine aus allen Regionen Frankreichs getestet und bewertet** (816 Seiten, Heyne, 1996), gilt als die »Bibel« der Weinfreunde und -kenner. Benotung der Weine nach einem System von 50 bis 100 Punkten, Preis-Leistungs-Verhältnis. Michael Böckler: **Sterben wie Gott in Frankreich.** Ein Wein-Roman. Der spannende Krimi spielt im Milieu der Winzer, Weinberge und Weinbruderschaften ... (414 Seiten, Droemer/Knaur, 2004).

Eine allgemeine Einführung zum Thema Wein bietet Jens Priewes Überblickswerk: **Wein – die neue große Schule,** (256 Seiten, Verlag Zabert Sandmann, 2005, mit vielen Fotos und Illustrationen).

Florence Cathiard: **Art de vigne, vivre au pays des grands crus.** Wie das Wortspiel »art de vi(gn)e« (»Lebens-/Wein-Kunst«) andeutet, ein lebensfroher Bildband über die Weinwelt des »Château Smith Haut Lafitte – Caudalie – Vinotherapie« südlich von Bordeaux. Das Buch ist mit zahlreichen Fotos unterlegt (Aubenel, Éditions Minerva, Genf, 2002).

DIPLOMATISCHE VERTRETUNGEN

Informationsstelle der deutschen Botschaft
24, rue Marbeau, 75116 Paris;
Tel. 01 44 17 31 31

Generalkonsulate
– 377, boulevard du Président Wilson, 33200 Bordeaux-Caudéran; Tel. 05 56 17 12 22
– 338, avenue du Prado, 13295 Marseille; Tel. 04 91 16 75 20
– 33, boulevard des Belges, 69459 Lyon Cedex 06; Tel. 04 72 69 98 98
– 6, quai Mullenheim, 67000 Strasbourg; Tel. 03 88 24 67 00

Österreichische Botschaft
6, rue Fabert, 75007 Paris;
Tel. 01 40 63 30 63

Schweizer Botschaft
142, rue de Grenelle, 75007 Paris;
Tel. 01 49 55 67 00

EINKAUFEN

Was Lebensmittel betrifft, so kann man in Frankreich noch immer besser einkaufen als in deutschsprachigen Ländern. Essen und Trinken haben einen hohen Stellenwert im Leben der Franzosen, sie bestehen auf Qualität und Vielfalt. Größere Supermärkte bieten ein reiches Sortiment an Delikatessen und sind meistens ganztägig geöffnet, oft bis 20 oder 21 Uhr, nur sonntags geschlossen. Auf dem Land und in Kleinstädten dagegen schließen fast alle Geschäfte (inkl. kleiner Supermärkte und Apotheken) über die Mittagszeit (meist 12–14 bzw. 15 Uhr) und bleiben am Abend meistens bis 19 Uhr geöffnet.

Wer in Sachen Wein nach Frankreich reist, der möchte sicher gerne ein paar Souvenir-Flaschen mit nach Hause nehmen oder gar den heimischen Weinkeller füllen mit Produkten eines Winzers, den man persönlich schätzen gelernt hat. Darauf hoffen natürlich alle Weingüter, die ihre Pforten Besuchern öffnen. Meist liegen die Preise direkt beim Erzeuger unter den Ladenpreisen, doch sehr teure Weine kann man eventuell anderswo günstiger erstehen.

Weine zu Erzeugerpreisen, sowie andere teils recht hübsche Dinge rund um den Wein – Gläser, Karaffen, Tropfenfänger, Korkenzieher – bieten die lokalen Fremdenverkehrsämter und die Besucherzentren der Winzergenossenschaften. Übrigens verkauft die französische Post spezielle Verpackungen, mit denen sich Weinflaschen bruchfest versenden lassen.

Die Weine von Stars der Filmbranche sind auf ihrem jeweiligen Weingut zu kosten und – oft mit einer Widmung des Starwinzers – zu erwerben. Einzelheiten sind auf den entsprechenden Internet-Seiten zu finden (→ MERIAN-Spezial, S. 128).

FEIERTAGE

Es gibt zehn Feiertage in Frankreich, an denen fast alle Museen und Ämter sowie die meisten Geschäfte geschlossen sind:

1. Jan. Neujahr
Ostermontag
1. Mai Tag der Arbeit
8. Mai Jahrestag der deutschen Kapitulation (1945) in Reims
Christi Himmelfahrt (ein Do im Mai)
14. Juli Nationalfeiertag (Sturm auf die Bastille 1789)
15. Aug. Mariä Himmelfahrt
1. Nov. Allerheiligen
11. Nov. Waffenstillstand 1918
25. Dez. Weihnachten (im Elsass auch 26. Dez.)

Der Pfingstmontag gilt offiziell nicht mehr als Feiertag (das an diesem Tag erarbeitete Geld sollte seit 2005 der staatlichen Sozialversicherung zugute kommen), wird aber effektiv als solcher gehandhabt.

GELD

Seit 2002 ist der Geldwechsel für Bürger aus EU-Staaten, deren Zahlungsmittel der Euro ist, kein Problem mehr. Bürger aller anderen Länder erhalten bei Banken, in Postfilialen und Wechselstuben Euros. Aus **Geldautomaten** (»distributeurs automatiques«) ist die Versorgung rund um die Uhr möglich.

Kreditkarten (CB – »carte bancaire«, »carte de crédit«) sind sehr gebräuchlich und werden nur bei kleinen Familienbetrieben nicht akzeptiert. Postbanken, in denen man Geld bekommt, tragen das entsprechende Kartenlogo. EC-Karten sind in Frankreich weniger verbreitet.

Banken sind im Allgemeinen Montag bis Freitag von 8.30–11.45 und von 13.30–16.30 Uhr geöffnet.

Seit dem 1. Juli 2005 gibt es in Deutschland eine einheitliche Telefonnummer für alles, was sich sperren lässt, also Kreditkarten wie Handys: 11 61 16. Aus dem Ausland wählt man davor 00 49.

INTERNET

www.franceguide.com ist die Website der Maison de la France mit Infos über Reiseziele im ganzen Land und einer Fülle von Tipps und Links sowie vielen Seiten auf Deutsch. Zur Vorbereitung von Weinreisen lohnt sich besonders ein Blick auf den Unterpunkt »Wein und Gastronomie« in der Rubrik »Reisethemen«.

www.weinausfrankreich.com bietet alle Infos rund um das Thema Wein. Auf **www.provenceverte.fr** kann man sich seine ganz persönliche Weinroute zusammenstellen.

KLIMA UND REISEZEIT

Frankreich unterteilt sich in mehrere Klimazonen, wobei die Loire als Wetterscheide gilt. Im Westen am Atlantik bleibt es das ganze Jahr über mild und feucht, im Osten herrscht eher kontinentales, trockeneres Klima, in den Mittel- und Hochgebirgen ist es natürlich kühler als im Flachland. Seit einiger Zeit muss im Sommer fast überall mit heftigen Gewittern gerechnet werden ... was den Winzern viel Kopfzerbrechen bereitet. Als Reisezeit für Weinregionen

Nebenkosten in Euro	
1 Tasse Kaffee	ab 2,00
1 Bier (0,33 l)	ab 3,00
1 Cola	ab 2,50
1 Glas Wein	ab 1,50
1 Baguette	0,65
1 Schachtel Zigaretten	5,00
1 Liter Normal-Benzin	1,35
Mietwagen/Tag	ab 50,00

Stand: Januar 2009

empfehlen sich besonders die Blütezeit des Weins im Juni und die Lese im September und Oktober. Dann finden auch die meisten Festlichkeiten rund um das Thema Wein statt.

MEDIZINISCHE VERSORGUNG

Mit Deutschland und Österreich besteht ein Versicherungsabkommen, das ärztliche Hilfe im Notfall garantiert. Mit der **EHIC**, einer Karte, die den Auslandskrankenschein der Krankenkasse seit 2006 ersetzt, bekommt man bei der Caisse Primaire d'Assurance Maladie einen Behandlungsschein für den Arzt. Der Arztbesuch muss gleich bezahlt werden, und auf der Rechnung des Arztes muss die Diagnose leserlich vermerkt sein. Mit der heimischen Krankenkasse können Arzt- und Apothekenrechnungen abgerechnet werden.

Apotheken (»pharmacie«) erkennt man am grünen Kreuz, Nacht- und Wochenenddienste sind an der Tür oder im Schaufenster angegeben.

NOTRUF

ACE Tel. 00 49/18 02 34 35 36
ADAC Tel. 00 49/18 02 22 22 22
Allgemeiner Notruf Tel. 112
(vermittelt Hilfe je nach Bedarf)
Notarzt, Krankenwagen Tel. 15
Polizei Tel. 17
Feuerwehr Tel. 18

POST

Bei den Postämtern (PTT), im Allgemeinen Mo–Fr 9–12 und 15–18, Sa 9–12 Uhr geöffnet, kann man Geld abheben, Briefmarken und Telefonkarten kaufen – beides erhält man auch im »tabac« mit der roten Zigarre über der Tür. Das Porto beträgt für Postkarten und Briefe bis 20 g ins benachbarte Europa 0,65 €.

REISEDOKUMENTE

Ein bis zu drei Monate gültiger Personalausweis oder Reisepass genügt, für Kinder ein Kinderausweis oder der Eintrag im elterlichen Pass.

RESTAURANTS

In Frankreich öffnen die Restaurants meist nur zur Essenszeit, mittags zwischen 12 und 15 Uhr, abends ab 19.30 Uhr. Eine Ausnahme sind Bistros und Brasserien, wo man rund um die Uhr warme und kalte Gerichte bestellen kann. Fast immer bieten Gaststätten mehrere drei-, vier- oder fünfgängige Menüs an – in der Regel preiswerter als »à la carte«. Inzwischen haben sich auch sogenannte »formules« durchgesetzt, bestehend aus zwei Gängen, wobei dem Gast überlassen bleibt, ob er lieber Vorspeise und Hauptspeise oder Hauptspeise plus Dessert wählt. Ein Brotkorb sowie ein Krug mit Leitungswasser (»carafe d'eau«) sind stets im Preis enthalten und werden auf Nachfrage gratis nachgefüllt.

Zahlreiche Gourmetführer helfen bei der Auswahl der Restaurants – berühmt und von manchen als »Bibel« bezeichnet: der rote »Guide Michelin« sowie »Gault & Millau«.

SCHULFERIEN

Zwei Monate dauern in Frankreich die Sommerferien. Dann sind alle Schulen von Anfang Juli bis Ende August geschlossen. An Weihnachten ha

---

MERIAN-Tipp

10 Les Routiers

Noch immer eine guter Adresse für einfache preiswerte, meist aber hervorragende Hausmannskost sind die Arbeiterrestaurants oder »Routiers« – leicht zu erkennen an den gleichnamigen Schildern am Eingang und den vielen kleinen Lieferwagen, die pünktlich ab 12 Uhr rundherum parken. Im Kreis der Stammkunden – oft Handwerker, Fahrer, Arbeiter – isst man dort in einfachem (manchmal auch lautstarkem) Ambiente für 10 bis 15 € (meist inklusive Wein und Kaffee).

www.relais-routiers.com

ben die Schüler nur rund zehn Tage frei (kurz vor Weihnachten bis Anfang Januar), im Herbst weitere zehn Tage rund um Allerheiligen.

Um die Urlaubsorte besser auszulasten und die Verkehrsstaus etwas zu entzerren, hat man für die je zweiwöchigen Schulferien im Feb./März und im Frühling (April/Mai) die Schulakademien in drei Zonen aufgeteilt). Viele Museen richten für diese Zeit besondere Öffnungszeiten ein. Zu erfahren sind die Ferientermine unter www.education.gouv.fr.

Telefonieren

Ohne »télécarte« (40 oder 120 Einheiten, in der Post, im Tabakladen, in Zeitschriftenläden, bei der Bahn, an Flughäfen und in der Metrostation erhältlich) geht fast nichts mehr. Alle Telefonnummern in Frankreich sind zehnstellig. Günstige Tarifzeiten sind Mo–Fr von 19–8, Sa ab 12 bis Mo 8 Uhr. Das Mobiltelefon heißt »portable« und ist nicht auf bestimmte Netze begrenzt.

D, A, CH → F 00 33
F → D 00 49
F → A 00 43
F → CH 00 41

Tiere

Hunde und Katzen unter drei Monaten haben generelles Einreiseverbot. Hunde bis zu einem Jahr müssen vor der Reise gegen Staupe, Tollwut und Hepatitis, Katzen gegen Katzenseuche und Tollwut geimpft sein, Tiere, die älter als ein Jahr sind, nur gegen Tollwut. Der Stempel im Impfpass des Tieres muss älter als 30 Tage, darf aber höchstens zwölf Monate alt sein.

Unterkunft

Hotels sind je nach angebotenem Standard in vier Kategorien eingeteilt, die an ein bis vier Sternen oder »étoiles« zu erkennen sind (nicht zu verwechseln mit den »Sternen« des Gastronomieführers Michelin). Hotels mit nur einem Stern bieten ru-

dimentäre Anlagen, zum Übernachten mit Komfort ohne große Ansprüche genügt ein Zwei-Sterne-Hotel (meist um die 60 bis 90 €), sehr edel präsentieren sich Drei-Sterne-Häuser, und echten Luxus bieten Vier-Sterne-Hotels (150 € und mehr).

Wer zu zweit reist, wird feststellen, dass fast überall der Preis pro Zimmer berechnet wird – unabhängig davon, ob man dort allein oder zu zweit nächtigt. Zu präzisieren ist, ob man sich ein großes Bett teilen will (»grand lit«) oder zwei getrennte Betten bevorzugt (»deux lits«).

Während »B & B« (Bed and Breakfast) nach englischem Vorbild lange als preiswerte Quartierform galt, haben sich einige dieser »chambre d'hôtes« inzwischen zu wahren Mini-Luxus-Hotels gemausert. Sie bieten zwar nur wenige Zimmer, aber den Service und Komfort eines großen Hotels – manchmal gar mit Pool, oft mit kleinem Park oder Garten, dazu Frühstück im Preis inbegriffen … auch wenn das typische französische Frühstück nach wie vor nur aus Brot, Croissants, Butter, Konfiture und Kaffee oder Tee besteht.

Bei der Auswahl der Unterkunft helfen spezielle »labels«, die etwas über den Stil des Quartiers verraten, also Kategorien wie »bienvenue au Château«, »hôtel de charme« usw.

Zoll

Mengenmäßige Ein- und Ausfuhrbeschränkungen sind innerhalb der EU abgeschafft. Es muss jedoch klar erkennbar sein, dass die Waren ausschließlich für den privaten Gebrauch bestimmt sind. Für Schweizer und beim Dutyfree-Einkauf gilt weiterhin: 200 Zigaretten, 100 Zigarillos, 50 Zigarren oder 250 g Tabak, 1 l Spirituosen oder 2 l Likör und 2 l Wein, 50 g Parfum oder 0,25 l Eau de Toilette. Gefälschte Luxusgüter kann der Zoll ersatzlos beschlagnahmen. Weitere Infos unter www.zoll.de, www.bmf.gv.at/zoll, www.zoll.ch.

Hier finden Sie alphabetisch aufgeführt alle in diesem Band beschriebenen Sehenswürdigkeiten und Museen, Hotels (H) und Weingüter (W). Außerdem enthält das Register wichtige Stichworte sowie alle MERIAN-Tipps und Top-Ten dieses Reiseführers. Wird ein Begriff mehrfach aufgeführt, verweist die **fett gedruckte** Zahl auf die Hauptnennung im Band, eine *kursive* Zahl verweist auf ein Foto.

Liebe Leserinnen und Leser,
wir freuen uns, Ihre Meinung zu diesem Reiseführer zu erfahren. Bitte schreiben Sie uns, wenn Sie Berichtigungen und Ergänzungsvorschläge haben oder wenn Ihnen etwas besonders gut gefällt:

TRAVEL HOUSE MEDIA GmbH, Postfach 86 03 66, 81630 München
E-Mail: merian-live@travel-house-media.de, Internet: www.merian.de

DIE AUTORINNEN

Diesen Reiseführer schrieben Margarete Botzian und Beate Kuhn-Delestre.
Margarete Botzian hat Kunstgeschichte und Interkulturelle Kommunikation studiert. Ihre Ausbildung erhielt sie beim Focus Magazin und auf der Deutschen Journalistenschule München. Am liebsten lebt die freie Reisejournalistin ihren Beruf in den Alpen und in Frankreich aus. Sie wohnt mit Mann und Kind im Süden Münchens.
Beate Kuhn-Delestre lebt und arbeitet als freie Journalistin und Europabürgerin zwischen Deutschland, Frankreich und Österreich. Kultur im weitesten Sinne ist ihr Hauptthema und -anliegen … von Salzburger Festspielen bis Straßentheater, von interkultureller Kommunikation bis Reisen, Essen und Trinken.

Bei Interesse an digitalen Daten aus der MERIAN-Kartographie wenden Sie sich bitte an:
iPUBLISH GmbH, Abt. Cartography
merianmapbase@ipublish.de
www.merianmapbase.de

FOTOS

Titelbild: Weinberg mit Blick auf Sancerre (Schapowalow/Bildagentur Huber).
A1PIX/KOS 35; A1PIX/SAT 32; A1PIX/SGM 52, 126; M. Bertola/Musée Tomi Ungerer 26; Bildagentur Huber 1, 4/5, 38, 113, /Belenos PS 80, /von Dachsberg 90, 103, 106, /Gräfenhain 45, /Kaoso2 59, 63, /F. Olimpio 66; /R. Rinaldi 82, /Stadler 116; Bildagentur-online/ Les courret 40; BIVC 130/131; M. Botzian 8, 54, 78, 85, 133; Bowman/F1 Online 14; Champagne-Ardenne Tourisme 22; CRT CA 76; W. Dieterich/ Arco Images 160; A. Doire/ Bourgogne Tourisme 42, 48; C. Grilhé 64, 68, 74; C. Helsly/ MDLF 89; Hemispheres/laif 61; J. Malburet/MDLF 97; L. Moulet 73; Oxley/ MDLF 17, 20; Photocuisine/F1 ONLINE 118; B. Poisson 120, 123; J. Richter/Look-foto 128; P. Roy/hemis.fr/laif 10/11; Schapowalow/ R. Harding 99; Studio E-Media 12; UPI/laif 129

Bei Interesse an Anzeigenschaltung wenden Sie sich bitte an:
KV Kommunalverlag GmbH & Co KG
MediaCenterMünchen
Tel. 0 89 – 92 80 96 – 44
E-Mail: kramer@kommunal-verlag.de

PROGRAMMLEITUNG
Dr. Stefan Rieß
PROJEKTLEITUNG
Verónica Reisenegger
REDAKTION
Ingra Halder
LEKTORAT UND SATZ
Ewald Tange, tangemedia, München
GESTALTUNG
wieschendorf.design, Berlin
MERIAN-QUIZ
Verónica Reisenegger (Konzept und Idee)
DRUCK
Appl, Wemding
BINDUNG
Auer, Donauwörth
GEDRUCKT AUF
Eurobulk Papier von der Papier Union

1. Auflage

Ein Unternehmen der
GANSKE VERLAGSGRUPPE

Frankreichs
schönste Weinregionen

MERIAN-Tipps
Tipps und Empfehlungen für Kenner und Individualisten

1 **C. comme Champagnes de Propriétaire**
Die hübsche Bar in Epernay führt ausgewählte Champagner von Familienbetrieben – zu Weingutspreisen (→ S. 18)!

2 **Mont St-Odile (Odilienberg)**
Der von einer Heidenmauer umgebene Wallfahrtsort bietet einen tollen Rundblick (→ S. 29).

3 **Château de Rully**
Schlösser gibt es viele in Burgund. Dieses aber ist seit dem 12. Jh. stets von ein und derselben Familie bewohnt (→ S. 47).

4 **La Cuisine de Fred**
Gemeinsames Kochen unter Fred Valettes Anleitung verspricht einen vergnüglichen Abend (→ S. 55).

5 **Le Mazet**
Das familiengeführte Lokal liegt versteckt und doch aussichtsreich inmitten der Weinberge bei St-Marcel (→ S. 70).

6 **Commanderie de Peyrassol**
Seit dem 13. Jahrhundert wird auf diesem ehemaligen Anwesen der Templer hervorragender Wein kultiviert (→ S. 82).

7 **Caudalie**
Trauben machen schön und fit, weiß die Medizin – und dieses Spa bei Bordeaux bietet die »Vinotherapie« dazu (→ S. 92).

8 **Château de Cognac**
Wahrhaft geadelt wird der Cognac beim Lagern in den Gewölben dieses mittelalterlichen Schlosses (→ S. 108).

9 **La Devinière**
Das Geburtshaus des Dichters Rabelais, der Wein als »göttliche Flasche« pries, ist bei Chinon zu besichtigen (→ S. 125).

10 **Les Routiers**
In diesen einfachen Arbeiterlokalen genießt man in authentischem Flair preisgünstige, gute Hausmannskost (→ S. 154).

← MERIAN-TopTen finden Sie auf Seite 1